JE PASSE MON EXAMEN

CODE DE LA ROUTE EN CANDIDAT LIBRE

Cette édition du Code de la route vous donne toutes les clés pour réussir l'examen du Code de la route ou remettre à jour vos connaissances. Elle prend en compte les changements intervenus au cours de l'année et notamment les nouvelles réglementations. Dans cet ouvrage, vous découvrirez aussi 2 séries de grands tests de mise en situation réelle à l'examen.

L'équipe d'Activ Permis, acteurs dans le secteur du permis de conduire depuis des années, conçoit depuis de nombreuses années des produits, outils et services dans le domaine de l'apprentissage du code de la route, et notamment :

→ Les DVD « CODE DE LA ROUTE » pour TF1 vidéo et Sony.

→ Les livres d'apprentissage du code de la route, pour les Editions du Toucan.

→ Les fournitures et le matériel pour le marché du permis de conduire : équipements et solutions pour les auto-écoles fournis par un acteur détenant 50% du marché des auto-écoles (plus de 4.000 auto-écoles) en France.

→ Les boîtiers de tests pour Les Editions Nationales du Permis de Conduire utilisés par plus de 4.000 auto-écoles.

→ Les boîtiers d'évaluation pour la préparation aux épreuves de l'ASSR (Attestation Scolaire de Sécurité Routière obligatoire pour passer l'examen du permis de conduire) ont été agréés par « Education sécurité routière » du ministère de l'éducation nationale.

ANTS

PANNEAUX

L DISPOSITIONS LÉGALES EN MATIÈRE DE CIRCULATION ROUTIÈRE

C LE CONDUCTEUR

R LA ROUTE

U LES AUTRES USAGERS DE LA ROUTE

A LES ACCIDENTS

ÉLÉMENTS MÉCANIQUES ET AUTRES ÉQUIPEMENTS LIÉS À LA SÉCURITÉ

M

RÈGLES D'UTILISATION DU VÉHICULE EN RELATION AVEC LE RESPECT DE L'ENVIRONNEMENT

E

RÈGLEMENTATION GÉNÉRALE ET DIVERS

D

PRÉCAUTIONS NÉCESSAIRES À PRENDRE EN QUITTANT LE VÉHICULE

P

ÉQUIPEMENTS DE SÉCURITÉ DES VÉHICULES

S

ANNEXES

LA SÉRIE DES GRANDS TESTS

INDEX

ACTIV
PERMIS

CODE DE LA ROUTE en CANDIDAT LIBRE

Mode d'emploi

Bienvenue chez ACTIV PERMIS !

Avec ce Pack Complet, ACTIV PERMIS a mis en oeuvre toute son expérience pour apporter la meilleure formation et réussir l'examen du Code de la Route.

Ce Pack Complet fournit toutes les informations et tous les accès afin d'obtenir son Code de la Route en toute sérénité (*) : de l'apprentissage à la réception des résultats de l'examen, tous les outils sont réunis pour assurer la réussite.

Pour bénéficier de tous les avantages de ce Pack Complet, merci de suivre les conseils ci-dessous :

1ère étape : s'incrire sur le site ACTIV PERMIS (*www.activpermis.com*) et saisir le Code Personnel qui se trouve dans la couverture du Pack Complet.

Si l'inscription a déjà été effectuée, se connecter au site ACTIV PERMIS et accéder à «MON COMPTE» pour saisir le Code Personnel.

2ère étape : l'obtention du CODE NEPH est absolument nécessaire pour passer l'examen. Pour obtenir ce code, suivre les indications en pages 8 à 22.

Sans attendre le CODE NEPH, ce Pack Complet permet immédiatement :

- D'apprendre la théorie dans le cahier CODE DE LA ROUTE (pages 35 à 352),
- De s'exercer sur le site ACTIV PERMIS : *www.activpermis.com.*

  Tu as accès, pendant 6 mois à compter de la saisie du Code Personnel :

  - à 57 séries de tests EXAMEN de 40 questions,
  - à 109 séries de tests THEMATIQUES de 20 questions.

Le suivi de la progression s'effectue dans la rubrique «MA PROGRESSION».

3ère étape : une fois prêt(e) à passer l'examen, l'inscription s'effectue sur le site ACTIV PERMIS, rubrique «MON SUIVI».

Nos conseils pour passer cet examen se trouvent en pages 23 à 34 du Pack Complet.

(*) Hors coût d'inscription à l'examen (30 € TTC)

Avec « Code de la Route - Le pack complet », tu auras tous les éléments qui te permettront d'effectuer les démarches en toute simplicité, autonomie et sérénité en vue de passer et de réussir l'examen du Code de la Route.

OBTENTION DE SON CODE NEPH

Retrouve les compléments d'information, mises à jour et modifications sur le site d'ACTIV PERMIS (*www.activpermis.com*), onglet INFO PRATIQUE, rubrique NEPH.

INSCRIPTION SUR LE SITE DE L'ANTS

Première inscription en qualité de candidat libre :

Il te faut procéder à ton inscription en ligne sur le site de l'Agence Nationale des Titres Sécurisés (ANTS) pour obtenir ton Numéro d'Enregistrement Préfectoral Harmonisé (NEPH), il est d'une importance capitale puisqu'il te suivra jusqu'à l'obtention du permis de conduire.

Il te faudra donc le garder précieusement.

Dans un premier temps crée un compte sur le site de l'ANTS
(https://ants.gouv.fr/monespace/s-inscrire)

L'adresse e-mail que tu utiliseras lors de ton inscription te sera nécessaire pour recevoir un courriel qui te permettra par la suite d'activer ton compte ANTS.

Dès lors que ton compte a été activé, cette page s'affichera :

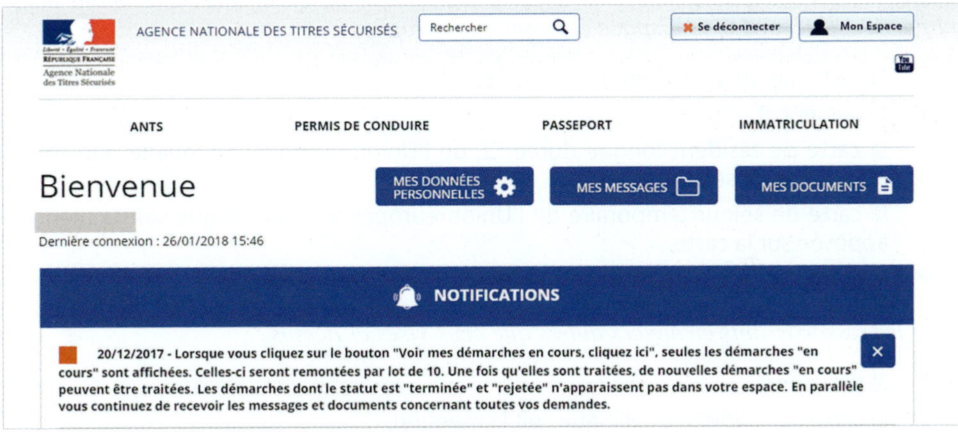

Les identifiants obtenus te permettront d'effectuer les démarches en ligne pour le permis de conduire et suivre ton dossier en temps réel.

Pour réaliser la demande du permis de conduire, un dossier doit être constitué.

Les documents que tu fourniras devront obligatoirement être en format numérique (scannés ou photographiés depuis un smartphone ou une tablette) et être lisibles.

Voici ci-dessous la liste des documents à transmettre :

Un justificatif d'identité :

Pour les Français :

- la carte nationale d'identité (CNI) sécurisée, y compris périmée depuis moins de cinq ans à la date de la demande (pour un usager mineur à la date de délivrance, la CNI aura une validité de 10 ans).
- le passeport sécurisé, c'est-à-dire biométrique ou électronique,
- le passeport de service ou le passeport de mission délivré en application des articles 4 à 17 du décret du 30 décembre 2005 relatif aux passeports, valide ou périmé depuis moins de cinq ans à la date de la demande,
- le passeport non sécurisé, y compris périmé depuis moins de deux ans à la date de la demande,
- le permis de conduire sécurisé conforme au format «Union européenne».

Le lien sur le site service-public.fr explique les différentes générations de passeport :
www.service-public.fr/particuliers/vosdroits/F11603

Pour les ressortissants d'un Etat membre de l'Union européenne, de la Confédération suisse, de la Principauté de Monaco, de la République de Saint-Marin, du Saint-Siège ou partie à l'accord sur l'Espace économique européen :

- la carte nationale d'identité étrangère,
- le passeport,
- la carte de résident longue durée CE de l'Union européenne, quelle que soit la mention apposée sur la carte,
- la carte de séjour temporaire de l'Union européenne, quelle que soit la mention apposée sur la carte,
- le permis de conduire sécurisé au format « Union européenne ».

Pour les ressortissants étrangers autres que ceux visés ci-dessus :

- le passeport,
- la carte de résident, quelle que soit la mention,
- la carte de séjour temporaire, quelle que soit la mention,
- le visa long séjour valant titre de séjour validé par l'Office français de l'immigration et de l'intégration,
- la carte de séjour pluriannuelle, quelle que soit la mention,
- le certificat de résidence algérien,
- l'autorisation provisoire de séjour, quelle que soit la mention apposée sur la carte à la condition qu'elle prolonge un séjour sur le territoire d'une durée supérieure à 185 jours,
- le récépissé de la demande de renouvellement du titre de séjour,
- l'attestation de demande d'asile délivrée depuis plus de neuf mois et autorisant son titulaire à travailler,
- le récépissé constatant la reconnaissance d'une protection internationale remis à l'étranger lui octroyant le statut de réfugié, d'apatride ou le bénéfice d'une protection subsidiaire.

Pour les mineurs étrangers, outre les documents vus précédemment :

- le document de circulation pour étranger mineur,
- le titre d'identité républicain,
- le récépissé constatant la reconnaissance d'une protection internationale remis à l'étranger lui octroyant le statut de réfugié, d'apatride ou le bénéfice d'une protection subsidiaire,
- le passeport,
- le passeport des parents, si le candidat y figure avec une photo ressemblante.

Pour les militaires servant à titre étranger :

- une carte militaire en cours de validité.

Un justificatif de domicile :

Si le demandeur dispose d'une adresse personnelle, l'un des justificatifs suivants :

- facture datant de moins de six mois de téléphone fixe ou mobile, de gaz, d'électricité ou d'eau,
- quittance de loyer non manuscrite,
- avis d'imposition ou certificat de non-imposition (impôt sur le revenu) ou taxe d'habitation, taxe foncière dès lors qu'elle mentionne bien l'adresse de l'usager.

Le demandeur est hébergé, les 3 documents suivants :

- une attestation sur l'honneur de l'hébergeant, datée et signée à la fois par l'hébergé et par l'hébergeant (une attestation signée seulement par l'hébergeant est toutefois acceptée),
- la pièce d'identité de l'hébergeant,
- un justificatif de domicile de l'hébergeant.

Le demandeur est mineur, les 3 documents suivants :

- une attestation d'hébergement sur l'honneur de l'un des parents datée et signée,
- la pièce d'identité du parent qui a signé l'attestation mentionnée,
- un justificatif de domicile de ce même parent.

Le demandeur circule en France et ne dispose pas d'adresse fixe, les deux justificatifs suivants :

- soit l'attestation d'élection de domicile dans les conditions fixées à l'article L. 264-2 du code de l'action sociale et des familles ; soit le livret spécial de circulation ou le livret de circulation,
- une facture de moins de six mois de téléphone fixe ou mobile, de gaz, d'électricité ou d'eau.

Le demandeur réside en hôtel ou en camping, au moyen des deux justificatifs suivants :

- une attestation du gérant ou du directeur de l'hôtel ou du camping,
- une facture de moins de six mois de téléphone fixe ou mobile, de gaz, d'électricité ou d'eau.

Le demandeur réside sur un bateau dont il est locataire ou propriétaire, au moyen des deux justificatifs suivants :

- une facture de moins de six mois de téléphone fixe ou mobile, de gaz, d'électricité ou d'eau,
- une attestation de moins de six mois établie par la capitainerie du port dont les dites personnes relèvent ou, pour les mariniers et bateliers, un certificat de domicile établi par l'entreprise qui les emploie.

Une photo numérique d'identité :

Pour joindre une photo d'identité, deux possibilités s'offrent à l'usager :

- soit un code photo/signature. Ces photos sont faites dans une cabine photo ou chez un photographe « Agréé service en ligne ANTS ». Le code numérique qui est mentionné au-dessus des 4 photos est saisi au moment de la téléprocédure et permet d'intégrer automatiquement la photo et la signature enregistrée.
- soit une photographie d'identité format 45mm x 35mm (répondant à la norme définie par l'arrêté du 10 avril 2007 relative à l'apposition de photographies d'identité sur les documents d'identité et de voyage, les permis de conduire et les titres de séjour) qui sera collée sur le formulaire photo / signature disponible en fin de téléprocédure et transmise en courrier simple au Centre de Traitement et des Numérisations (CTN) dont l'adresse est mentionnée sur le formulaire. Cette photo sera numérisée par le CTN pour pouvoir l'intégrer sur le permis de conduire qui sera créé.

Tant que l'envoi de ce formulaire et de cette photo ne sera pas fait, la demande en ligne ne pourra être instruite car elle ne sera pas complète.

Pièces supplémentaires à fournir à la demande, si tu es de nationalité française :

Pour les candidats de 17 à 25 ans :

- un exemplaire du certificat individuel de participation à la journée de défense et citoyenneté (JDC anciennement JAPD), de l'attestation provisoire « en instance de convocation » à la JDC ou de l'attestation individuelle d'exemption.

Pour les candidats nés après le 31 décembre 1987:

- la copie de l'Attestation Scolaire de Sécurité Routière 2 (ASSR 2) ou l'Attestation de Sécurité Routière (ASR). Si le candidat ne les possède plus, un duplicata peut lui être délivré par le collège qui lui a accordé ces deux attestations. Et s'il n'est pas en mesure de les lui fournir, le candidat peut alors joindre à son dossier une déclaration sur l'honneur par laquelle il déclare avoir passé avec succès le contrôle des connaissances théoriques des règles de sécurité routière ayant donné lieu à la délivrance de l'ASSR 2 ou de l'ASR et ne plus être en possession de cette attestation.

Si l'ASSR 2 n'a jamais été passée, il est nécessaire de se rapprocher du GRETA pour la repasser gratuitement.

Une fois la demande traitée, le code NEPH sera délivré.

> **ATTENTION :** *Si tu as déjà été inscrit dans une auto-école il y a moins de 6 ans, tu possèdes déjà un code NEPH. Dans le cas contraire, ton numéro a été gelé, tu devras alors refaire les démarches pour une nouvelle inscription (cf* ***Première inscription en qualité de candidat libre****,* *(page 8)**).*

Invalidation du permis de conduire entraînée par la perte totale de points

Si tu as déjà passé le permis de conduire mais que tu as malheureusement perdu la totalité de tes points suite à des infractions au Code de la route, tu peux récupérer ton permis avec l'ensemble des catégories détenues au moment de l'invalidation.

Tu devras uniquement repasser l'examen du Code de la route (ETG - Epreuve théorique générale) si les 2 conditions suivantes sont respectées :

1. Le permis détenu avait plus de trois ans à la date de notification de l'invalidation (lettre réf. 48 SI)

2. Avoir entamé les démarches administratives pour effectuer une demande de nouveau permis de conduire dans les 9 mois à partir de la date d'invalidation.

Si l'une des conditions n'est pas respectée alors tu seras contraint de repasser l'examen théorique et pratique du code de la route pour chaque catégorie de permis.

Les démarches à réaliser :

Dès réception de la lettre du ministère de l'intérieur informant de l'interdiction de conduire (réf. 48SI), tu auras 10 jours pour envoyer à la préfecture du lieu de ta résidence l'ensemble des documents par courrier, en lettre recommandée avec accusé de réception.

Voici ci-dessous la liste des documents à envoyer :

- la copie recto/verso de la lettre 48SI du ministère de l'intérieur informant que tu n'as plus le droit de conduire
- le permis de conduire original (en cas de perte, il t'appartiendra de fournir une déclaration de perte délivrée par les autorités)
- une copie recto/verso de la pièce d'identité en cours de validité
- une copie d'un justificatif de domicile à ton nom et prénom de moins de 6 mois
- une enveloppe affranchie au tarif en vigueur

Après réception du titre de conduite par la préfecture, un récépissé de «remise d'un permis de conduire invalidé pour solde de points nul» (réf. 44) sera envoyé par courrier. Ce document te permettra d'entreprendre les démarches en vue d'obtenir un nouveau permis de conduire.

Avant d'entamer toute démarche, il faut que tu sois apte à conduire. Pour cela, il faudra que tu passes un examen médical ET un examen psychotechnique.

L'examen médical s'effectue :

- soit auprès de la commission médicale des permis de conduire de la préfecture de son département, pour les conducteurs ayant fait l'objet de sanctions dont l'une au moins est imputable à une infraction pour conduite sous l'influence de l'alcool ou après usage de substances ou plantes classées comme stupéfiants.
- soit auprès d'un médecin agréé consultant, pour tous les conducteurs qui ont fait l'objet d'une annulation du permis sans lien avec la consommation d'alcool ou de stupéfiant (excès de vitesse ...).

L'examen psychotechnique est obligatoire. Il doit être effectué dans un centre psychotechnique agréé par la préfecture.

Une fois la visite médicale et le test psychotechnique réalisés, tu pourras t'inscrire et effectuer les démarches en ligne sur le site de L'ANTS.

INSCRIPTION DÉJÀ RÉALISÉE VIA UNE AUTO-ÉCOLE

Récupération de son dossier à l'auto-école

Tu dois demander à ton ancienne auto-école de te donner ton dossier d'inscription. Aucun frais de dossier n'est appliqué lors de l'inscription ou le transfert du dossier (il est dans leur obligation de le donner).

Dans ton dossier, tu retrouveras le formulaire Cerfa 02 avec le code NEPH qui y est indiqué.

Il n'est pas nécessaire que tu effectues une nouvelle demande en ligne sur le site de l'ANTS, tu peux donc poursuivre ton apprentissage.

Perte de son dossier

Dans le cas où ton dossier a été perdu ou détruit, une demande de duplicata doit être faîte auprès de la préfecture ou sous-préfecture (du département où se trouve l'auto-école) par courrier.

Voici les documents à leur transmettre :

- une copie de la pièce d'identité en cours de validité (recto verso pour la carte nationale d'identité et le titre de séjour et uniquement la page mentionnant l'état civil pour le passeport).
- la demande de duplicata de demande de permis de conduire.
- une lettre explicative sur la perte du CERFA 02 (obligatoirement rédigée sur papier libre par le candidat).
- le Cerfa 02 RECTO-VERSO imprimé en couleur (sans le livret d'apprentissage, et sans les pièces d'enregistrement) correctement et dûment rempli par l'auto-école et le candidat.
- une enveloppe lettre suivie 100gr, libellée, pour que le dossier soit envoyé (il est essentiel de garder le n° de suivi).

Une fois le dossier complet envoyé à la préfecture, il sera traité et renvoyé a ton domicile grâce à l'enveloppe fournie préalablement. Le code NEPH figurera sur le CERFA 02.

ATTENTION : *cette démarche administrative est relativement longue et peut prendre jusqu'à deux mois, néanmoins il est possible de demander à la préfecture une estimation du temps de traitement du dossier.*

ATTENTION : *il ne faut en aucun cas passer l'examen du Code sans avoir en sa possession ce fameux CERFA 02 avec le code NEPH.*

REMPLIR LE CERFA 02 :

Ce document doit être imprimé sur une feuille A4, recto-verso en couleur.Une fois imprimé munis-toi d'un stylo noir pour remplir tous les champs demandés en lettres majuscules et sans accents. De plus, aucune rature, ni correcteur (tipex, et le blanc) ne sont tolérés sur le document.

ATTENTION : *En cas d'erreur, il est vivement recommandé de recommencer sur un nouveau CERFA 02 autrement ton dossier te sera refusé par la préfecture. En cas de doute il est préférable de le faire relire par une tierce personne.*

Code NEPH

Numéro NEPH
(à remplir par l'administration)

Le NEPH (Numéro d'Enregistrement Préfectoral Harmonisé) est fourni par l'administration et sera indiqué dans ce champ suite au retour du dossier : ne rien inscrire dans cette rubrique.

État civil (Nom de naissance...

Nom de naissance
(Nom figurant sur votre acte de naissance)
Prénom(s)
(Dans l'ordre de l'état civil)
Nom d'usage (s'il y a lieu)
(Ex : nom d'époux(se))
Date de naissance Jour Mois Année Sexe : Femme ☐ Homme ☐ Téléphone portable (Recommandé)
Commune de naissance Département ou Collectivité d'outre-mer
Pays pour l'étranger
(Si vous êtes né(e) à l'étranger)
Adresse
N° de la voie Extension : bis, ter, etc. Type de voie : avenue, boulevard, etc.

Il est conseillé de remplir les champs «Téléphone portable» et «Courriel».
Lors du renseignement de ces champs :

- ne faire apparaître qu'un seul caractère par case, y compris la ponctuation,
- tous les prénoms doivent être indiqués et séparés par un espace,
- comme tous les autres champs, le courriel doit être indiqué en lettres majuscules.

Catégorie de permis

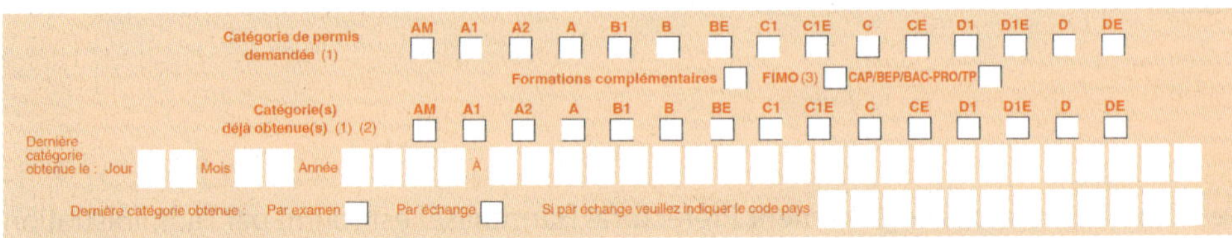
Catégorie de permis demandée (1) AM ☐ A1 ☐ A2 ☐ A ☐ B1 ☐ B ☐ BE ☐ C1 ☐ C1E ☐ C ☐ CE ☐ D1 ☐ D1E ☐ D ☐ DE ☐
Formations complémentaires ☐ FIMO (3) ☐ CAP/BEP/BAC-PRO/TP ☐
Catégorie(s) déjà obtenue(s) (1) (2) AM ☐ A1 ☐ A2 ☐ A ☐ B1 ☐ B ☐ BE ☐ C1 ☐ C1E ☐ C ☐ CE ☐ D1 ☐ D1E ☐ D ☐ DE ☐
Dernière catégorie obtenue le : Jour Mois Année À
Dernière catégorie obtenue : Par examen ☐ Par échange ☐ Si par échange veuillez indiquer le code pays

- *Catégorie de permis demandée*

Coche la case correspondant au permis de conduire que tu souhaites passer.

Le cas échéant, coche également la case correspondant aux cas spécifiques : Formations complémentaires, FIMO, CAP/BEP/BAC-PRO/TP.

<u>Pour les catégories de permis</u> : voir le tableau pages 19 à 22.

- *Catégorie(s) déjà obtenue(s)*

Coche la ou les cases correspondant aux catégories de permis de conduire que tu possèdes déjà, et qui sont toujours valides.

Indique également la date et le lieu d'obtention de la dernière catégorie : cette information est indiquée sur le permis de conduire.

Coche la case correspondant à la méthode d'obtention de cette dernière catégorie : «par examen» ou «par échange». Si la catégorie a été obtenue par échange, indique également le code pays.

Déclarations

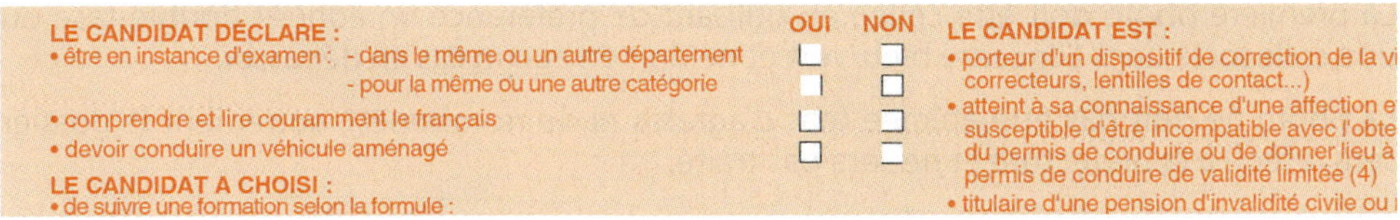
LE CANDIDAT DÉCLARE :
• être en instance d'examen : - dans le même ou un autre département
- pour la même ou une autre catégorie
• comprendre et lire couramment le français
• devoir conduire un véhicule aménagé
LE CANDIDAT A CHOISI :
• de suivre une formation selon la formule :
OUI NON
LE CANDIDAT EST :
• porteur d'un dispositif de correction de la vi
correcteurs, lentilles de contact...)
• atteint à sa connaissance d'une affection e
susceptible d'être incompatible avec l'obte
du permis de conduire ou de donner lieu à
permis de conduire de validité limitée (4)
• titulaire d'une pension d'invalidité civile ou

Réponds à l'ensemble des questions en cochant les cases « oui » ou « non ».

Signature du demandeur

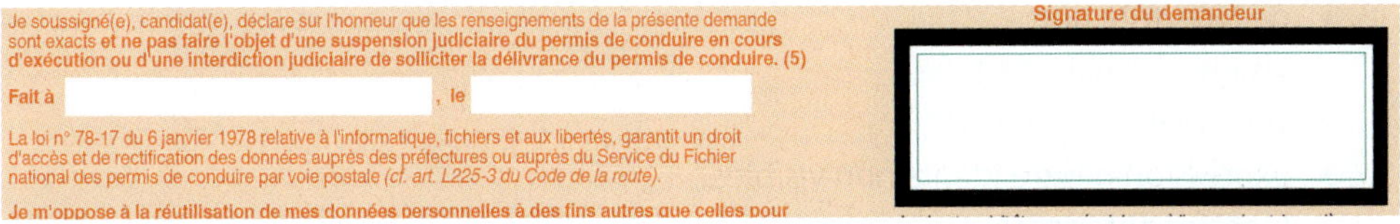
Je soussigné(e), candidat(e), déclare sur l'honneur que les renseignements de la présente demande sont exacts **et ne pas faire l'objet d'une suspension judiciaire du permis de conduire en cours d'exécution ou d'une interdiction judiciaire de solliciter la délivrance du permis de conduire. (5)**
Fait à , **le**
La loi n° 78-17 du 6 janvier 1978 relative à l'informatique, fichiers et aux libertés, garantit un droit d'accès et de rectification des données auprès des préfectures ou auprès du Service du Fichier national des permis de conduire par voie postale *(cf. art. L225-3 du Code de la route).*
Je m'oppose à la réutilisation de mes données personnelles à des fins autres que celles pour
Signature du demandeur

La signature doit être apposée par le demandeur. Si le demandeur est mineur ou non émancipé, il appose sa signature dans cette même case, et la partie «représentant légal» suivante devra être remplie.

Représentant légal et photographie

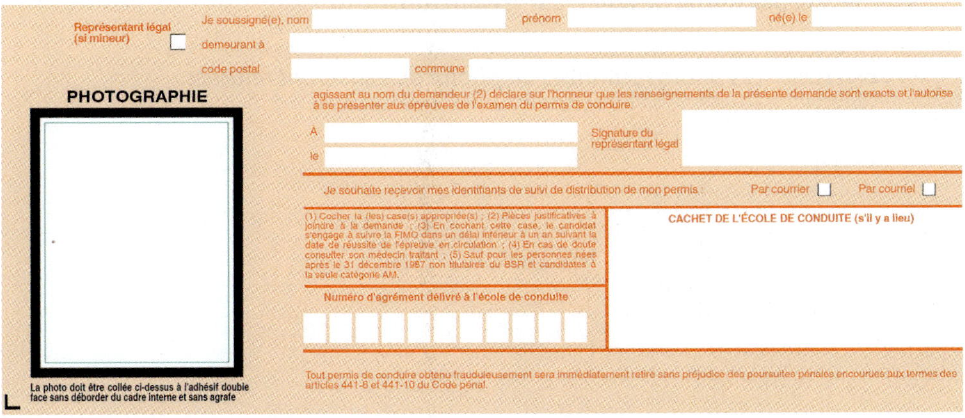
Représentant légal (si mineur)
Je soussigné(e), nom prénom né(e) le
demeurant à
code postal commune
PHOTOGRAPHIE
agissant au nom du demandeur (2) déclare sur l'honneur que les renseignements de la présente demande sont exacts et l'autorise à se présenter aux épreuves de l'examen du permis de conduire.
À
le
Signature du représentant légal
Je souhaite reçevoir mes identifiants de suivi de distribution de mon permis : Par courrier Par courriel
(1) Cocher la (les) case(s) appropriée(s) ; (2) Pièces justificatives à joindre à la demande ; (3) En cochant cette case, le candidat s'engage à suivre la FIMO dans un délai inférieur à un an suivant la date de réussite de l'épreuve en circulation ; (4) En cas de doute consulter son médecin traitant ; (5) Sauf pour les personnes nées après le 31 décembre 1987 non titulaires du BSR et candidates à la seule catégorie AM.
Numéro d'agrément délivré à l'école de conduite
CACHET DE L'ÉCOLE DE CONDUITE (s'il y a lieu)
La photo doit être collée ci-dessus à l'adhésif double face sans déborder du cadre interne et sans agrafe
Tout permis de conduire obtenu frauduleusement sera immédiatement retiré sans préjudice des poursuites pénales encourues aux termes des articles 441-6 et 441-10 du Code pénal.

• *Représentant légal*

Cette partie n'est à remplir que si le demandeur est mineur ou non émancipé lors du dépôt du dossier.

• *Photographie*

3 photographies sont nécessaires à ton dossier.

La première photo doit être collée en utilisant de préférence un adhésif double-face ou une colle forte dans l'encadré bleu/vert et ne doit en aucun cas en dépasser.

La photo ne doit pas être abîmée (pas d'agrafes ni de trombones), autrement le dossier sera retenu à la préfecture et ne sera pas traité.

Les deux autres photos seront à mettre dans l'enveloppe.

Il est impératif que les photos respectent les caractéristiques suivantes (Norme ISO/IEC 19794-5 : 2005) :

- bonne qualité (sans pliure, ni traces),
- en couleur, sur fond clair et uni,
- de face, tête nue,
- visage centré et dégagé,
- yeux visibles et ouverts,
- expression neutre (dents non visibles),
- lunettes autorisées.

Si tu décides de porter une paire de lunettes sur ta photo d'identité, il faut prendre en compte les points suivants :

- les montures épaisses sont interdites,
- la monture ne doit pas masquer les yeux,
- les verres teintés (ou colorés) sont interdits,
- il ne doit pas y avoir de reflets sur les lunettes.

ATTENTION : *Les photos scannées ou photocopiées seront refusées.*

RAPPEL POUR LES CATÉGORIES DE PERMIS

(source : www.service-public.fr)

	Type de véhicule	*Permis nécessaire*
2 roues Scooters	*Cyclomoteur ne dépassant pas 50 cm3, ou d'une puissance maximale de 4 kw et qui ne dépasse pas 45 km/h de vitesse*	→ *Catégorie AM comportant la mention additionnelle 108 du permis* → *ou Brevet de sécurité routière (BSR), option «cyclo»,* → *ou permis de conduire (n'importe quelle catégorie)*
	Moto légère : *Motocyclette avec ou sans side-car, d'une cylindrée maximale de 125 cm3 et d'une puissance de 11 kw maximum*	*Permis A1* → *ou Permis A2* → *ou Permis A* → *ou Permis B obtenu depuis au moins 2 ans à condition d'avoir suivi une formation de 7 heures*
	Moto (avec ou sans side-car), dont la puissance n'excède pas 35 kilowatts (47,5 ch) et dont le rapport puissance/poids n'excède pas 0,2 kw par kilogramme	*Permis A2*

Type de véhicule		Permis nécessaire
2 roues Scooters	*Moto d'une autre cylindrée ou puissance (avec ou sans side-car)*	*Permis A* La catégorie A peut s'obtenir par formation (7 heures) après 2 ans de détention de la catégorie A2
3 roues Scooter	*Tricycle dont la puissance est de 15 kw ou moins*	*Permis A1* → *ou Permis A2* → *ou Permis A* → *ou Permis B obtenu depuis au moins 2 ans à condition d'avoir suivi une formation de 7 heures*
	Tricycle dont la puissance est supérieure à 15 kw	→ *Permis A : la catégorie A peut s'obtenir par formation (7 heures) après 2 ans de détention de la catégorie A2* → *ou Permis B obtenu avant le 19 janvier 2013 à condition d'avoir suivi une formation de 7 heures*
Quad lourd	*Quadricycle lourd à moteur*	*Permis B1* → *ou Permis B*

Type de véhicule			Permis nécessaire
Voiture, véhicule utilitaire	Véhicule de 8 places maximum non compris le conducteur si le poids du véhicule n'excède pas 3,5 tonnes (attelé éventuellement d'une remorque de 750 kg maximum)		Permis B
	Véhicule de 8 places maximum non compris le conducteur attelé d'une remorque de plus de 750 kg et moins de 3,5 tonnes		Permis BE La somme des PTAC (véhicule+remorque) dépasse 4,25 tonnes.
	Voiture avec une remorque de + de 3,5 tonnes de PTAC		Permis C1E
Camion	PTAC compris entre 3,5 et 7,5 tonnes	Remorque dont le PTAC ne dépasse pas 750 kg	Permis C1 ou Permis C
		Remorque dont le PTAC est supérieur à 750 kg	Permis C1E
	PTAC supérieur à 7,5 tonnes	Remorque dont le PTAC ne dépasse pas 750 kg	Permis C
		Remorque dont le PTAC est supérieur à 750 kg	Permis CE

Type de véhicule		Permis nécessaire
Car, bus	*Véhicule de plus de 8 places non compris le conducteur*	*Permis D*
	Véhicule de plus de 8 places non compris le conducteur + remorque supérieure à 750 kg	*Permis DE*
	Véhicule de 16 places maximum + conducteur, de 8 mètres de long maximum avec remorque de 750 kg maximum	*Permis D1*
	Véhicule de 16 places maximum + conducteur, de 8 mètres de long maximum avec remorque de + 750 kg	*Permis D1E*
Tracteur	*Véhicule ou appareil agricole ou forestier dont la vitesse n'excède pas 40 kilomètres par heure (ou un véhicule assimilé)*	*Permis B*
	Véhicule ou appareil agricole ou forestier attaché à une exploitation agricole ou forestière	*Pas de permis et 16 ans minimum **mais seulement durant les activités agricoles ou forestières***

Dès lors que ACTIV PERMIS estime que tu es en mesure de passer et de réussir l'examen du code de la route avec brio, la page pour l'inscription à l'examen se débloque.

PASSAGE DE L'EXAMEN AVEC NOTRE PARTENAIRE LA POSTE

Retrouve les compléments d'information, mises à jour et modifications sur le site d'ACTIV PERMIS (*www.activpermis.com*), onglet INFO PRATIQUE, rubrique EXAMEN.

INSCRIPTION A L'EXAMEN

Tu auras la possibilité de choisir à ta convenance la date, l'heure ainsi qu'un centre d'examen La Poste proche de chez toi où tu pourras passer l'examen théorique du permis de conduire.

L'inscription en ligne peut se faire jusqu'à 2 jours avant l'examen, pour cela il faut se munir de son Code NEPH.

Une fois l'inscription réalisée, un mail de confirmation te sera envoyé.

Tu devras payer la somme de 30 euros TTC pour ton inscription au passage de l'examen du Code de la route sur le site. Il s'agit d'une interface sécurisée.

Une fois la séance d'examen choisie, tu as la possibilité de modifier voire d'annuler ton inscription.

Il est primordial que la modification ou l'annulation soit réalisée deux jours ouvrés avant la session d'examen prévue.

Si ce délai de deux jours est dépassé, alors tu ne pourras ni modifier ni annuler ta date d'examen initialement prévue et tu ne pourras, de ce fait, prétendre à aucun remboursement.

DÉROULEMENT DE L'ÉPREUVE :

Tu devras te présenter 15 minutes (voire plus) avant le début de l'épreuve avec ta convocation et ta pièce d'identité.

Voir Tableau des documents permettant de justifier de l'identité lors de l'épreuve théorique du permis de conduire. (pages 29 - 34)

Aucun retard ne sera toléré; tu te verras refuser l'entrée dans la salle d'examen et ne pourras prétendre à aucun remboursement. De ce fait, il est essentiel de prendre toutes les précautions possibles pour arriver avant l'heure officielle du début d'examen.

Un casier-consigne ou un crochet sera mis à ta disposition pour que tu y déposes tes effets personnels (durant l'épreuve, certains objets ne sont pas autorisés dans la salle d'examen).

Une tablette tactile est fournie avec une paire d'écouteurs, deux incontournables pour passer l'examen. L'utilisation de tes propres écouteurs est interdite, seuls les dispositifs médicaux pour malentendants sont acceptés.

Une fois installé devant ta tablette, tu devras rentrer ton code NEPH et confirmer ton identité.

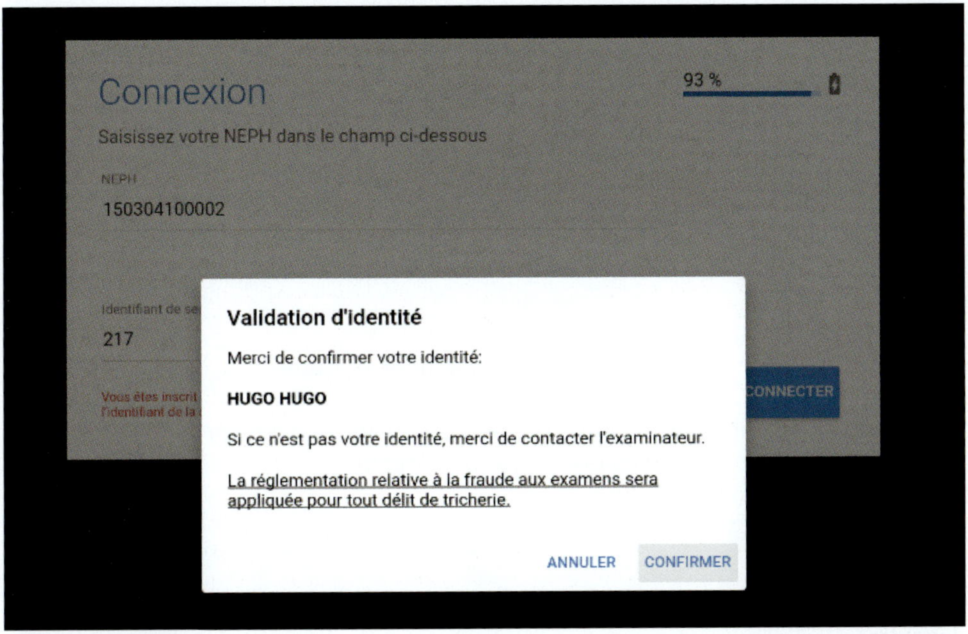

Dès lors que tout est en règle, tu peux ainsi accéder à ta session d'examen. Chaque candidat dispose d'une série unique de questions qui lui est propre et qui est, par conséquent, différente des autres candidats présents dans la salle.

L'examen dure une trentaine de minutes.

Une vidéo de présentation de quelques minutes est lancée sur la tablette. Trois points y sont abordés :

- les consignes du ministère
- le mode d'emploi de la tablette
- 3 questions d'entraînement pour se familiariser avec la tablette

Avant de débuter l'épreuve, nous allons vous proposer

1. LES CONSIGNES DU MINISTÈRE
2. LE MODE D'EMPLOI DE LA TABLETTE
3. 3 QUESTIONS D'ENTRAÎNEMENT

Cela ne prendra que quelques minutes.

Profitez de ce court moment pour vous concentrer et essayer de vous détendre.

Une fois la présentation finie, l'examen débutera, 40 questions défileront les unes à la suite des autres.

Avant chaque début de vidéo un pictogramme apparaît, tu te dois donc d'être attentif puisqu'elle n'est diffusée qu'une seule fois.

Tu devras choisir la ou les bonne(s) réponse(s) en cochant la lettre correspondante à la ou les réponse(s). Tu disposeras de 20 secondes (l'affichage d'un chronomètre sera visible sur l'écran et donnera une estimation du temps restant) pour répondre à chaque question, tu pourras cocher et décocher les réponses autant de fois que tu le souhaites pendant ces 20 secondes.

Les réponses prises en compte seront celles cochées à l'expiration des 20 secondes.

À la fin de l'examen, tu remettras ta tablette et ton casque à l'examinateur. S'il s'agit d'écouteurs jetables, tu peux les garder.

ATTENTION : *une séance peut être considérée invalide si tu es sujet à des perturbations (problème de tablette, bruits, etc.), tu devras dans ce cas prévenir l'examinateur lorsque tu lui remets la tablette. Toute demande ayant lieu après les résultats ne pourra donner suite à un remboursement ou à une réinscription gratuite.*

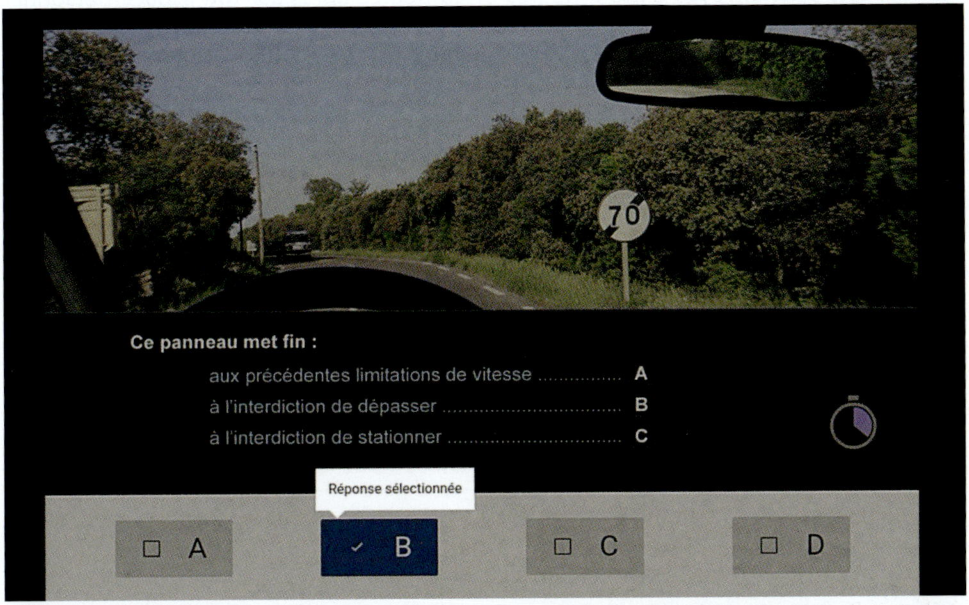
70
Ce panneau met fin :
aux précédentes limitations de vitesse .... A
à l'interdiction de dépasser .... B
à l'interdiction de stationner C
Réponse sélectionnée
A
B
C
D

70
Ce panneau met fin :
aux précédentes limitations de vitesse .... A
à l'interdiction de dépasser .... B
à l'interdiction de stationner C
A
B
C
D
Numéro de question
DOE John
456
4 / 40

RÉSULTATS

Les résultats sont envoyés entre 2 heures et 48 heures après sur ton espace personnel ACTIV PERMIS. Pour réussir l'examen, tu dois obtenir une note égale ou supérieure à 35/40. Si tu échoues tu n'as pas à t'en faire, tu pourras repasser l'examen théorique du Code de la Route autant de fois que tu le souhaites jusqu'à l'obtenir.

Si tu ne reçois pas les résultats dans ton espace personnel sur ACTIV PERMIS, tu peux contacter le service client de la **Poste au 0 806 800 8**82.

CAS EXCEPTIONNEL : *si tu es dyslexique et/ou dysphasique et/ou dyspraxique, ou que tu n'as pas pour langue maternelle le français, il est préférable de se rapprocher de la préfecture de ton département pour avoir plus de précisions. Tu peux éventuellement bénéficier d'aménagements aux épreuves nationales de l'examen théorique du Code de la Route (sous certaines conditions).*

Tableau des documents permettant de justifier de l'identité lors de l'épreuve théorique du permis de conduire

Arrêté du 23 décembre 2016 relatif à la justification de l'identité, du domicile, de la résidence normale et de la régularité du séjour pour l'obtention du permis de conduire

(Source : Ministère de l'intérieur)

Les personnes de nationalité française

La carte nationale d'identité sécurisée

Pas de vérification de validité

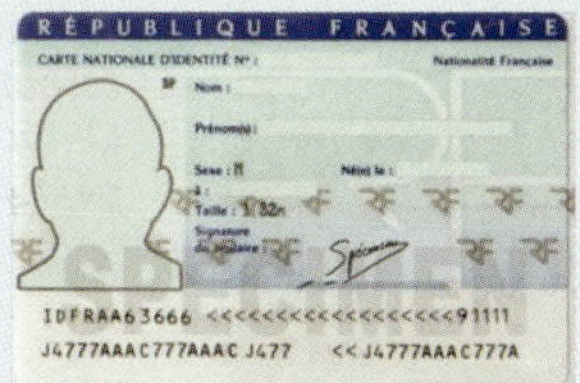

- *Le passeport*
- *Le passeport de service*
- *Le passeport de mission*

Pas de vérification de validité

Le permis de conduire sécurisé conforme au format « Union européenne »

En cours de validité

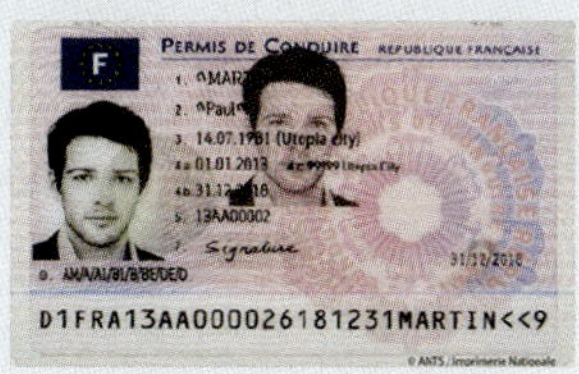

Le récépissé valant justification de l'identité en application de l'article L. 224-1 du code de la sécurité intérieure *En cours de validité* *La forme du récépissé dépend de l'autorité émettrice*	*« L'interdiction de sortie du territoire emporte dès son prononcé et à titre conservatoire l'invalidation du passeport et de la carte nationale d'identité de la personne concernée ou, le cas échéant, fait obstacle à la délivrance d'un tel document.* *Dès notification de l'interdiction de sortie du territoire, et au plus tard dans les vingt-quatre heures à compter de celle-ci, la personne concernée est tenue de restituer son passeport et sa carte nationale d'identité.* *Un récépissé valant justification de son identité est remis à la personne concernée en échange de la restitution de son passeport et de sa carte nationale d'identité ou, à sa demande, en lieu et place de la délivrance d'un tel document. Ce récépissé suffit à justifier de l'identité de la personne. concernée sur le territoire national »*

Les ressortissants d'un Etat membre de l'Union européenne, de la Confédération suisse, de la Principauté de Monaco, de la République de Saint-Marin, du Saint-Siège ou partie à l'accord sur l'Espace économique européen

La carte nationale d'identité *En cours de validité*	***Liste des États émetteurs :** Allemagne, Autriche, Belgique, Bulgarie, Chypre, Confédération suisse, Croatie, Danemark, Espagne, Estonie, Finlande, Grèce, Hongrie, Irlande, Islande, Italie, Lettonie, Liechtenstein, Lituanie, Luxembourg, Malte, Norvège, Pays-Bas, Pologne, Portugal, Principauté de Monaco, République de Saint-Marin, République tchèque, Roumanie, Royaume-Uni, Saint-Siège, Slovaquie, Slovénie et Suède.*

Le passeport *En cours de validité*	***Liste des États émetteurs :*** *Allemagne, Autriche, Belgique, Bulgarie, Chypre, Confédération suisse, Croatie, Danemark, Espagne, Estonie, Finlande, Grèce, Hongrie, Irlande, Islande, Italie, Lettonie, Liechtenstein, Lituanie, Luxembourg, Malte, Norvège, Pays-Bas, Pologne, Portugal, Principauté de Monaco, République de Saint-Marin, République tchèque, Roumanie, Royaume-Uni, Saint-Siège, Slovaquie, Slovénie et Suède.*
Le permis de conduire sécurisé conforme au format « Union européenne » *En cours de validité*	***Limité à ces États émetteurs :*** *Allemagne, Autriche, Belgique, Bulgarie, Chypre, Croatie, Danemark, Espagne, Estonie, Finlande, Grèce, Hongrie, Irlande, Italie, Lettonie, Lituanie, Luxembourg, Malte, Pays-Bas, Pologne, Portugal, République tchèque, Roumanie, Royaume-Uni, Slovaquie, Slovénie et Suède.*
→ *Carte de séjour temporaire de l'Union européenne* → *Carte de résident longue durée CE de l'Union européenne* *En cours de validité*	***Limité à ces États émetteurs :*** *Allemagne, Autriche, Belgique, Bulgarie, Chypre, Croatie, Danemark, Espagne, Estonie, Finlande, Grèce, Hongrie, Irlande, Italie, Lettonie, Lituanie, Luxembourg, Malte, Pays-Bas, Pologne, Portugal, République tchèque, Roumanie, Royaume-Uni, Slovaquie, Slovénie et Suède.*

Les ressortissants des autres Etats

Le passeport étranger
En cours de validité

Les titres de séjour suivants en cours de validité :

- *La carte de séjour temporaire, quelle que soit la mention*
- *La carte de séjour pluriannuelle, quelle que soit la mention*
- *La carte de résident, quelle que soit la mention*
- *Le certificat de résidence algérien*
- *L'autorisation provisoire de séjour, quelle que soit la mention*

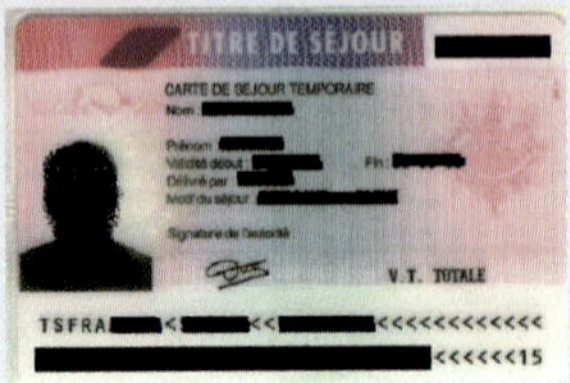

Le visa long séjour valant titre de séjour validé par l'Office français de l'immigration et de l'intégration
En cours de validité
Présence obligatoire de la vignette sécurisée OFII (ci-contre)

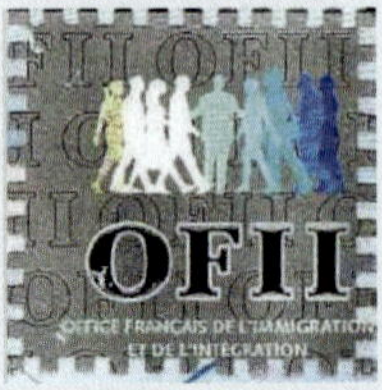

Le récépissé de la demande de renouvellement du titre de séjour
En cours de validité
<u>Remarque :</u> la présence du titre de séjour pour accompagner le récépissé n'est pas nécessaire pour justifier de l'identité à l'examen.

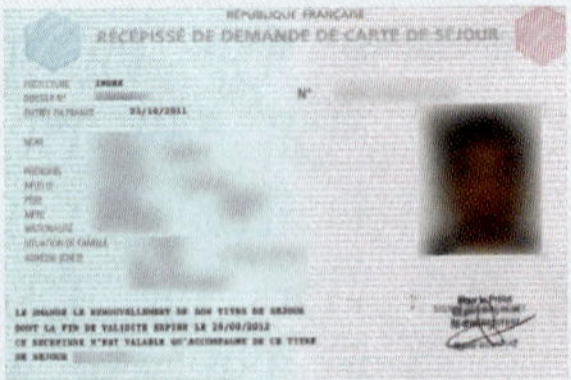

Les documents suivants en cours de validité :

➔ *L'attestation de demande d'asile délivrée depuis plus de neuf mois et autorisant son titulaire à travailler.*
➔ *Le récépissé constatant la reconnaissance d'une protection internationale remis à l'étranger lui octroyant le statut de réfugié, d'apatride ou le bénéfice d'une protection subsidiaire.*

Les mineurs étrangers

Tous les documents précédents en cours de validité

Le document de circulation pour étranger mineur
En cours de validité

Remarque : ce document, en cours de validité, est accepté pour justifier de son identité à l'examen jusqu'à la veille de la date anniversaire des 19 ans de l'intéressé.

Le titre d'identité républicain
En cours de validité

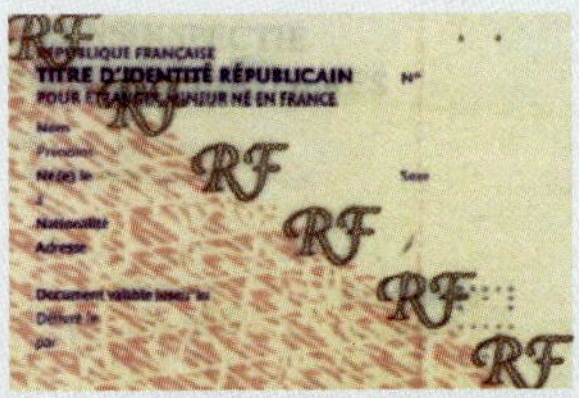

Le passeport des parents, si le candidat y figure avec une photo ressemblante
En cours de validité

Les militaires servant au sein de la Légion étrangère

La carte d'identité militaire	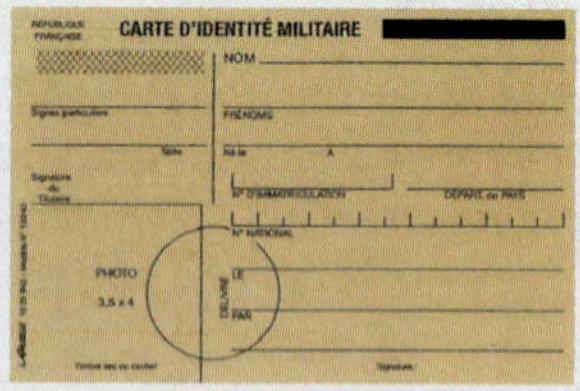

Les détenus, candidats lors d'une permission de sortie ou en aménagement de peine

Le récépissé valant justificatif de l'identité prévu au 7° de l'article 138 du code de procédure pénale En cours de validité	*« Le contrôle judiciaire peut être ordonné par le juge d'instruction ou par le juge des libertés et de la détention si la personne mise en examen encourt une peine d'emprisonnement correctionnel ou une peine plus grave. Ce contrôle astreint la personne concernée à se soumettre, selon la décision du juge d'instruction ou du juge des libertés et de la détention, à une ou plusieurs des obligations ci-après énumérées : … 7° Remettre soit au greffe, soit à un service de police ou à une brigade de gendarmerie tous documents justificatifs de l'identité, et notamment le passeport, en échange d'un récépissé valant justification de l'identité ; … »*

Se présenter sans l'un de ces documents entraînera systématiquement un refus pour le passage de l'examen. Aucun autre document ne sera recevable, même si ce document a été fourni par les services de police et qu'il notifie de la perte de documents officiels.

Il est dans l'intérêt du candidat de modifier la date de l'examen pour pouvoir bénéficier d'un remboursement ou choisir une nouvelle date.

LES PANNEAUX

Panneaux de danger

Virage à droite

Virage à gauche

Succession de virages dont le premier est à droite

Succession de virages dont le premier est à gauche

Cassis ou dos-d'âne

Ralentisseur de type dos-d'âne

Chaussée rétrécie

Chaussée rétrécie par la droite

Chaussée rétrécie par la gauche

Chaussée particulièrement glissante

Pont mobile

Traversée de voies de tramways

Endroit fréquenté par les enfants

Passage pour piétons

Passage pour piétons surélevé

Passage d'animaux domestiques

Passage d'animaux sauvages

Passage de cavaliers

Descente dangereuse

Risque de heurt de véhicules lents

Circulation dans les deux sens, à partir du panneau

Risque de chute de pierres ou de présence sur la route de pierres tombées

Débouché sur un quai ou une berge

Annonce de feux tricolores

Débouché de cyclistes venant de droite ou de gauche

Traversée d'une aire de danger aérien

Vent latéral

Autres dangers

Panonceaux

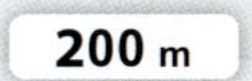

Panonceaux de distance

Panonceaux d'étendue

Panonceaux désignant la voie concernée

Panonceaux de catégories

Panonceaux relatifs au stop

Panonceaux complémentaires aux panneaux de stationnement et d'arrêts

Panonceaux schémas

Panonceaux d'application des prescriptions concernant les panneaux de stationnement et d'arrêt

Panonceaux d'indications diverses

Panonceaux d'identification

Panonceaux signalant des dérogations ou des prescriptions

Panonceaux d'autorisation conditionnelle de franchissement pour cycles

Passages à niveau

Passage à niveau muni de barrières à fonctionnement manuel lors du passage des trains

Passage à niveau muni de barrières ou demi-barrière à fonctionnement automatique lors du passage des trains

Passage à niveau sans barrière ni demi-barrière

Passage à niveau sans barrière ni demi-barrière muni d'une signalisation automatique sonore et lumineuse

Passage à niveau sans barrière ni demi-barrière muni en position d'un panneau Stop imposant à l'usager de marquer un temps d'arrêt avant de franchir le passage à niveau

Signalisation de position des passages à niveau à une voie sans barrière ni demi-barrière et non munis de signalisation automatique

Signalisation de position des passages à niveau à plusieurs voies sans barrière ni demi-barrière et non munis de signalisation automatique

Signalisation de position des passages à niveau à une voie munis d'une signalisation automatique lumineuse et sonore sans barrière ni demi-barrière

Signalisation de position des passages à niveau à plusieurs voies munis d'une signalisation automatique lumineuse et sonore sans barrière ni demi-barrière

Panneaux relatifs aux intersections

Céder le passage aux véhicules débouchant de la ou des routes situées à droite

Intersection avec une route dont les usagers doivent céder le passage

Cédez le passage à l'intersection. Signal de position

Cédez le passage à l'intersection. Signal avancé

Arrêt à l'intersection. Signal de position

Arrêt à l'intersection. Signal avancé

Indication du caractère prioritaire d'une route

Fin du caractère prioritaire d'une route

Carrefour à sens giratoire

Route à caractère prioritaire avec panonceau-schéma

Panneaux d'interdiction

Circulation interdite à tout véhicule dans les deux sens

Sens interdit à tout véhicule

Interdiction d'accès à contresens de bretelles de sortie sur les autoroutes et routes à chaussées séparées

Interdiction de tourner à gauche à la prochaine intersection

Interdiction de tourner à droite à la prochaine intersection

Interdiction de faire demi-tour sur la route suivie jusqu'à la prochaine intersection

Interdiction de dépasser tous les véhicules à moteur autres que ceux à deux roues sans side-car

Interdiction aux véhicules affectés au transport de marchandises de plus de 3,5 tonnes, de dépasser tous les véhicules à moteur autres que ceux à deux roues sans side-car

Arrêt au poste de douane

Arrêt au poste de gendarmerie

Arrêt au poste de police

Arrêt au poste de péage

Accès interdit aux véhicules à moteur à l'exception des cyclomoteurs

Accès interdit à tous les véhicules à moteur

Accès interdit aux véhicules affectés au transport de marchandises

Accès interdit aux piétons

Accès interdit aux cycles

Accès interdit aux véhicules à traction animale

Accès interdit aux véhicules agricoles à moteur

Accès interdit aux voitures à bras

Accès interdit aux véhicules de transport en commun de personnes

Accès interdit aux cyclomoteurs

Accès interdit aux motocyclettes et motocyclettes légères

Accès interdit aux véhicules tractant une caravane ou une remorque de plus de 250 kg, tel que le PTRA dépasse 3,5 t

Accès interdit aux véhicules, véhicules articulés, trains doubles ou ensemble de véhicules dont la longueur est supérieure au nombre indiqué

Accès interdit aux véhicules dont la largeur, chargement compris, est supérieure au nombre indiqué

Accès interdit aux véhicules dont la hauteur, chargement compris, est supérieure au nombre indiqué

Accès interdit aux véhicules dont le PTAC ou le PTRA excède le nombre indiqué

Accès interdit aux véhicules pesant sur un essieu plus que le nombre indiqué

Limitation de vitesse. Ce panneau notifie l'interdiction de dépasser la vitesse indiquée

Cédez le passage à la circulation venant en sens inverse

Interdiction aux véhicules de circuler sans maintenir entre eux un intervalle au moins égal au nombre indiqué

Signaux sonores interdits

Accès interdit aux véhicules transportant des marchandises explosives ou facilement inflammables

Accès interdit aux véhicules transportant des marchandises susceptibles de polluer les eaux

Accès interdit aux véhicules transportant des marchandises dangereuses

Autres interdictions dont la nature est indiquée par une inscription sur le panneau

Entrée d'une zone à vitesse limitée à 30 km/h

Panneaux de fin d'interdiction

Fin de toutes les interdictions précédemment signalées, imposées aux véhicules en mouvement

Fin de limitation de vitesse

Fin d'interdiction de dépasser

Fin d'interdiction de dépasser pour les véhicules affectés au transport de marchandises de plus de 3,5 tonnes

Fin d'interdiction de l'usage de l'avertisseur sonore

Fin d'interdiction dont la nature est indiquée sur le panneau

Sortie d'une zone à vitesse limitée à 30 km/h

Panneaux d'obligation

Obligation de tourner à droite avant le panneau

Obligation de tourner à gauche avant le panneau

Contournement obligatoire par la droite

Contournement obligatoire par la gauche

Direction obligatoire à la prochaine intersection : tout droit

Direction obligatoire à la prochaine intersection : à droite

Direction obligatoire à la prochaine intersection : à gauche

Directions obligatoires à la prochaine intersection : tout droit ou à droite

Directions obligatoires à la prochaine intersection : tout droit ou à gauche

Directions obligatoires à la prochaine intersection : à droite ou à gauche

Piste ou bande obligatoire réservée aux cycles à deux ou trois roues

Chemin obligatoire réservée aux piétons

Chemin obligatoire réservée aux cavaliers

Vitesse minimale obligatoire

Chaînes à neige obligatoires sur au moins deux roues motrices

Voie réservée aux véhicules des services réguliers de transport en commun

Voie réservée aux tramways

Autres obligations dont la nature est mentionnée par une inscription sur le panneau

Panneaux de fin d'obligation

Fin de piste ou bande obligatoire pour cycle

Fin de chemin obligatoire pour piétons

Fin de chemin obligatoire pour cavaliers

Fin de vitesse minimale obligatoire

Fin d'obligation de l'usage des chaînes à neige

Fin de voie réservée aux véhicules des services réguliers de transport en commun

Fin d'obligation dont la nature est mentionnée par une inscription sur le panneau

Panneaux de stationnement

Arrêt et stationnement interdits

Stationnement interdit

Stationnement interdit du 1er au 15 du mois

Stationnement interdit du 16 à la fin du mois

Entrée d'une zone à stationnement interdit

Entrée d'une zone à stationnement unilatéral à alternance semi-mensuelle

Entrée d'une zone à stationnement à durée limitée, avec contrôle par disque

Entrée d'une zone à stationnement payant

Entrée d'une zone à stationnement unilatéral à alternance semi-mensuelle et à durée limitée, avec contrôle par disque

Sortie de zone à stationnement interdit

Sortie de zone à stationnement unilatéral à alternance semi-mensuelle

Sortie de zone à stationnement à durée limitée, avec contrôle par disque

Sortie de zone à stationnement payant

Sortie de zone à stationnement unilatéral à alternance semi-mensuelle et à durée limitée, avec contrôle par disques

Panneaux d'indication de conduite

Entrée d'une zone de rencontre

Sortie d'une zone de rencontre

Entrée d'aire piétonne

Sortie d'aire piétonne

Lieu aménagé pour le stationnement

Lieu aménagé pour le stationnement gratuit à durée limitée avec contrôle par disque

Lieu aménagé pour le stationnement payant

Risque d'incendie

Vitesse conseillée

Fin de vitesse conseillée

Station de taxis

Arrêt d'autobus

Emplacement d'arrêt d'urgence

Station d'autopartage

Circulation à sens unique

Impasse

Présignalisation d'une impasse

Impasse comportant une issue pour les piétons

Impasse comportant une issue pour les piétons et les cyclistes

Présignalisation de la praticabilité d'une section de route. Ce panneau signale qu'une section de route est ouverte ou fermée à la circulation publique. En cas d'ouverture, il précise, le cas échéant, les conditions particulières d'équipement auxquelles sont soumis les véhicules en circulation

Priorité par rapport à la circulation venant en sens inverse

Passage pour piétons

Traversée de voies de tramways

Stationnement réglementé pour les caravanes et les autocaravanes

Conditions particulières de circulation par voie sur la route suivie

Voies affectées à l'approche d'une intersection

Conditions particulières de circulation sur la route ou la voie embranchée

Indication aux frontières des limites de vitesse sur le territoire français

Rappel des limites de vitesse sur autoroute

Voie de détresse à droite

Voie de détresse à gauche

Ralentisseur de type dos d'âne

Réduction du nombre de voies

Présignalisation d'un créneau de dépassement ou d'une section de route à chaussées séparées

Créneau de dépassement à trois voies affectées « deux voies dans un sens et une voie dans l'autre »

Section de route à trois voies affectées « une voie dans un sens et deux voies dans l'autre »

Fin d'un créneau de dépassement à trois voies affectées

Indications diverses

Présignalisation du début d'une section à vitesse régulée

Fin de section à vitesse régulée

Présignalisation d'une borne de retrait de ticket de péage

Paiement auprès d'un péagiste

Paiement automatique par carte bancaire ou accréditive

Paiement automatique par pièces de monnaie

Paiement automatique par pièces et billets

Paiement automatique par abonnement « télépéage »

Route à accès réglementé. Conditions particulières de circulation par voie sur la route suivie.

Fin de route à accès réglementé

Entrée d'un tunnel.

Sortie de tunnel

Piste ou bande cyclable conseillée et réservée aux cycles à deux ou trois roues

Fin d'une piste ou d'une bande cyclable conseillée et réservée aux cycles à deux ou trois roues

Voie verte

Fin de voie verte

Début d'une section d'autoroute

Fin d'une section d'autoroute

Panneaux d'indication de services

Poste de secours

Poste d'appel d'urgence

Cabine téléphonique publique

Informations relatives aux services ou activités touristiques

Terrain de camping pour tentes

Terrain de camping pour caravanes et autocaravanes

Terrain de camping pour tentes, caravanes et autocaravanes

Auberge de jeunesse

Chambre d'hôtes ou gîte

Point de départ d'un itinéraire pédestre

Point de départ d'un circuit de ski de fond

Emplacement pour pique-nique

Gare auto/train

Parking sous vidéos surveillance

Embarcadère

Toilettes ouvertes au public

Installations accessibles aux personnes handicapées à mobilité réduite

Poste de distribution de carburant ouvert 7 jours sur 7 et 24 heures sur 24

Poste de distribution de carburant ouvert 7 jours sur 7 et 24 heures sur 24 assurant le ravitaillement en gaz de pétrole liquéfié (GPL)

Poste de distribution de carburant ouvert 7 jours sur 7 et 24 heures sur 24 assurant la recharge des véhicules électriques

Poste de distribution de carburant ouvert 7 jours sur 7 et 24 heures sur 24 assurant le ravitaillement en gaz de pétrole liquéfié (GPL) et la recharge des véhicules électriques

Poste de recharge de véhicules électriques ouvert 7 jours sur 7 et 24 heures sur 24

Poste de recharge de véhicules électriques ouvert 7 jours sur 7 et 24 heures sur 24 assurant le ravitaillement en gaz de pétrole liquéfié (GPL)

Fréquence d'émission d'une station de radiodiffusion dédiée aux informations sur la circulation routière et l'état des routes

Hôtel ou motel ouvert 7 jours sur 7

Débit de boissons ou établissement proposant des collations sommaires ouvert 7 jours sur 7

Emplacement de mise à l'eau d'embarcations légères

Gare de téléphérique

Point de départ d'un télésiège ou d'une télécabine

Point de vue

Restaurant ouvert 7 jours sur 7

Jeux d'enfants

Station de vidange pour caravanes, autocaravanes et cars

Distributeur de billets de banque

Station de gonflage, hors station service, dont l'usage est gratuit

Point de détente

Poste de dépannage

Moyen de lutte contre l'incendie

Issue de secours vers la droite

Issue de secours vers la gauche

Installations ou services divers

Lieu aménagé pour la pratique du covoiturage

Panneaux de direction

Panneaux de position

Direction comportant une indication de distance

Direction sans indication de distance

Direction de lieux-dits et fermes comportant une indication de distance

Direction de lieux-dits et fermes sans indication de distance

Panneaux de signalisation avancée

Sortie numérotée

Sortie non numérotée

Bifurcation autoroutière

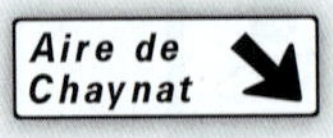

Aire sur route

Aire sur autoroute

Affectation de voies de sortie numérotée

Affectation de voies de sortie non numérotée

Affectation de voies de bifurcation autoroutière

Affectation de voies de sortie numérotée

Affectation de voies de sortie non numérotée

Affectation de voies de bifurcation autoroutière

Panneaux de présignalisation

Sortie numérotée

Sortie non numérotée

Bifurcation autoroutière

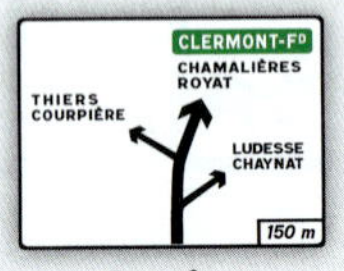

Carrefour complexe

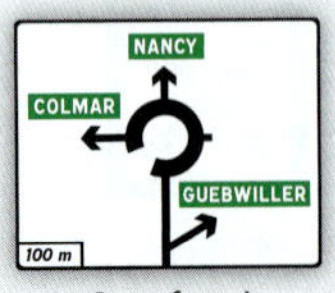

Carrefour à sens giratoire

Carrefour

Village étape à 20 kilomètres environ

Début d'une section routière ou autoroutière à péage à 1500m

Paiement au péage

Affectation de voies de sortie numérotée

Affectation de voies de sortie non numérotée

Affectation de voies de bifurcation autoroutière

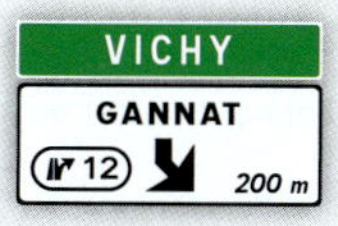

Affectation de voies de sortie numérotée

Affectation de voies de sortie non numérotée

Affectation de voies de bifurcation autoroutière

Panneaux d'avertissement

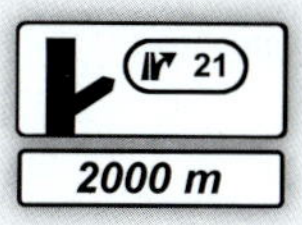

Sortie simple

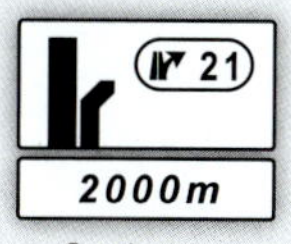

Sortie avec affectation de voies

Bifurcation entre deux autoroutes

Bifurcation entre deux routes à chaussées séparées

Bifurcation avec affectation de voies entre deux routes à chaussées séparées

Panneaux de confirmation

Sur route

Sur autoroute

Prochaine sortie

Prochaine bifurcation autoroutière

Fin d'itinéraire « S »

Fin d'itinéraire « Bis »

Panneaux de signalisation complémentaire

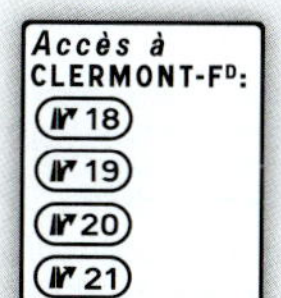

Différentes sorties desservant une agglomération

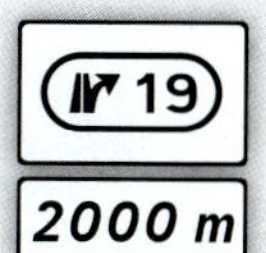

Sortie

Bifurcation autoroutière comportant des numéros d'autoroutes

Bifurcation autoroutière ne comportant pas de numéros d'autoroutes

Itinéraire de subsitution

Itinéraire « Bis »

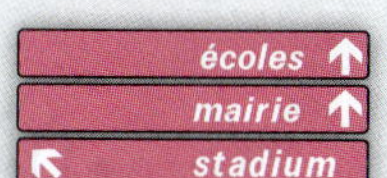

Services et équipements desservis au prochain carrefour

Services et équipements

Cartouches

Réseau européen

Routes et autoroutes du réseau national

Réseau départementale

Réseau communal ou rural

Réseau forestier

Rocade

Bornes

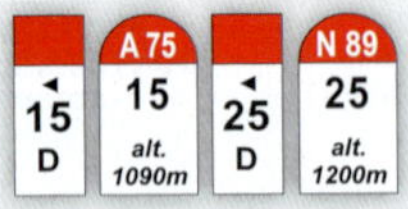

Eléments de repérage utilisés sur les routes et autoroutes du réseau national

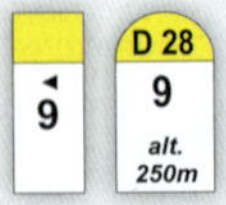

Eléments de repérage utilisés sur les routes départementales

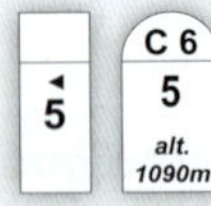

Eléments de repérage utilisés sur les voies communales

Panneaux de localisation

Lieu-dit traversés par la route

Cours d'eau

Entrée sur une aire routière

Sortie d'une aire routière

Parc national

Appartenance d'une commune à un parc national

Entrée sur une aire autoroutière

Sortie d'une aire autoroutière

Etat membre de la Communauté européenne

Entrée d'agglomération

Sortie d'agglomération

Département

Région administrative

Panneaux d'information de sécurité routière

Rappel de l'espacement que les usagers doivent laisser entre leurs véhicules sur autoroute et sur route à deux fois deux voies.

Annonce d'une zone placée sous vidéosurveillance, pour assurer une meilleure sécurité des usagers et la régulation du trafic

Signaux annonçant une zone où la vitesse est contrôlée par un ou plusieurs dispositifs de contrôle automatisé

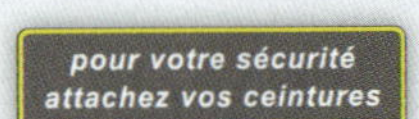

Rappel d'un message de sécurité routière de portée générale

Signalisation temporaire

Cassis ou dos d'âne

Chaussée rétrécie

Chaussée glissante

Travaux

Danger dont la nature peut être précisée par un panonceau

Feux tricolores réglant une circulation alternée

Risque de projection de gravillons

Bouchon

Accident

Nappes de brouillard ou de fumées épaisses

Barrages. Signalisation de position de travaux

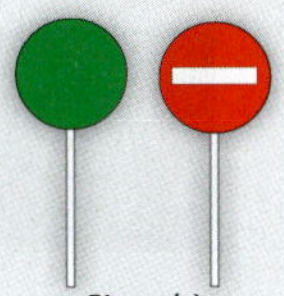
Signal à double face servant à régler manuellement la circulation

Signalisation de position d'une déviation ou d'un rétrécissement temporaire de chaussée

Délimitation de chantier ou signal de fermeture d'un passage à niveau

Indication de chantier important ou de situations diverses

Direction de déviation avec mention de la ville

Présignalisation de changement de chaussée ou de trajectoire

Affectation de voies

Réduction d'une voie

Réduction de plusieurs voies sur routes à chaussées séparées

Présignalisation de déviation

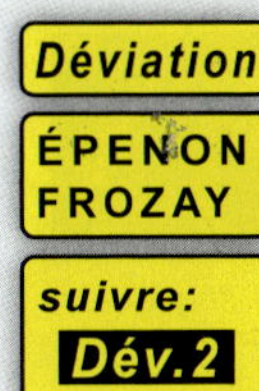

Signalisation complémentaire d'un itinéraire de déviation

Direction de déviation

Présignalisation courante

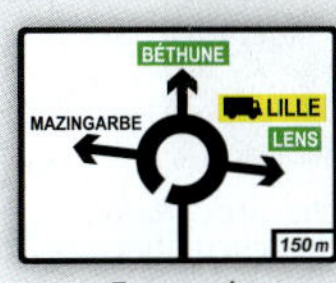

Encart de présignalisation de l'origine d'un itinéraire de déviation

Confirmation de déviation

Fin de déviation

Feux à éclats utilisés en complément de la signalisation temporaire.

Signalisation dynamique

Virage à droite dangereux

Virage à gauche dangereux

Série de virages dangereux dont le premier est à droite

Série de virages dangereux dont le premier est à gauche

Danger de cassis ou dos d'âne

Rétrécissement de chaussée

Rétrécissement de chaussée par la droite

Rétrécissement de chaussée par la gauche

Chaussée particulièrement glissante

Fermeture de pont mobile

Présence proche d'un ou de plusieurs piétons sur la chaussée

Présence d'enfants susceptibles de traverser la chaussée

Présence de piétons à un passage pour piétons ou rappel d'un passage pour piétons

Présence d'autres dangers possibles

Présence d'un ou plusieurs animaux errants sur la chaussée

Descente dangereuse

Feu de régulation d'accès ou de feux tricolores réglant une circulation alternée

Route bidirectionnelle

Risque de projection de gravillons

Signalisation dynamique de travaux

Signalisation dynamique d'un accident

Annonce de présence relativement proche de nappes de brouillard ou de fumées épaisses.

Vent particulièrement fort

Débouché sur un quai ou une berge

Signalisation dynamique d'une queue de bouchon

Danger proche de dégradation des conditions de circulation liée à des chutes de neige ou à de la pluie verglaçante

Fermeture d'un passage à niveau muni de barrières. Il est affiché lorsque les barrières sont fermées ou en cours de manoeuvre

Feux de signalisation

Feux tricolores circulaires

Feux bicolores destinés aux piétons

Feux tricolores modaux pour bus

Feux tricolores directionnels

Feux d'anticipation pour tous

Signaux d'anticipation directionnels

Signaux d'autorisation conditionnelle de franchissement pour cycles

Signaux tricolore de contrôle de flot

Signaux bicolores de contrôle individuel.

Signal d'arrêt feu clignotant

Signal d'arrêt destiné aux piétons. STOP clignotant

Signal rouge fixe. Interdiction d'emprunter la voie au-dessus du signal.

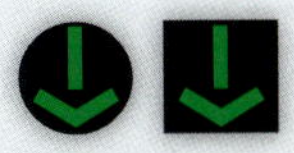

Signal vert fixe. Autorisation d'emprunter la voie située au-dessus du signal.

Signal jaune clignotant en forme de flèche. Obligation de se rabattre sur la voie indiquées par la flèche

Balises

Virage

Virage sur routes fréquemment enneigée

Signalisation de position des intersections de routes

Balisage de virages

Nez des îlots séparateurs

Limites de chaussées par délinéateur

Manche à air

Présignalisation d'un passage à niveau

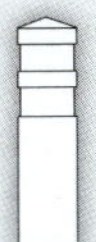

Renforcement d'un marquage continu permanent

Renforcement d'un marquage permanent en divergent

Obstacle

Musoir signalant la divergence des voies

Notes

L

DISPOSITIONS LÉGALES EN MATIÈRE DE CIRCULATION ROUTIÈRE

La signalisation routière est implantée sur les routes sous forme de panneaux, de signaux lumineux et de marquages au sol.

Elle a pour but d'aider les usagers à circuler en harmonie dans un espace commun.

Généralités

La signalisation verticale sert à nous aider dans la conduite en nous apportant des informations ponctuelles afin d'adapter les comportements aux lieux.

La forme et le fond

La signalisation se lit comme un texte :
- je commence par percevoir la forme pour l'indication générale ;
- je continue par les couleurs pour préciser l'information ;
- je termine par le symbole et parfois le texte pour connaître la signification.

L'ensemble du panneau conditionne le comportement que je vais adopter.

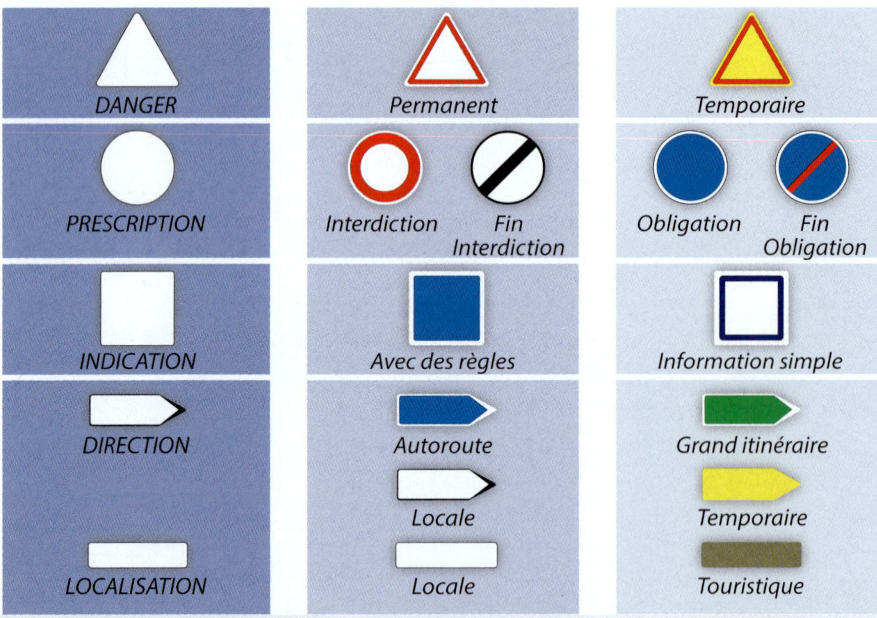

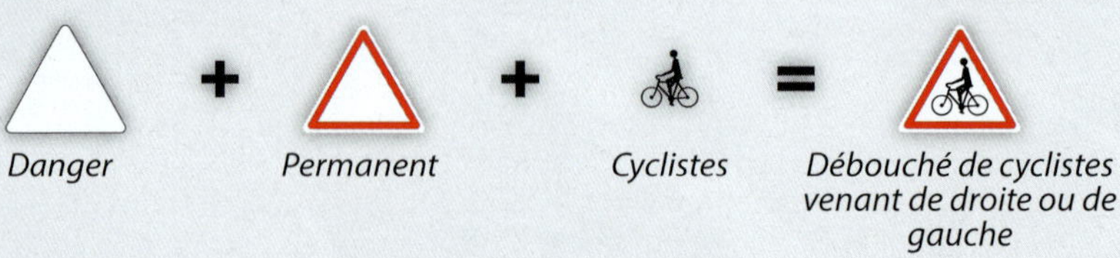

Les idéogrammes et symboles

Il s'agit de signes qui sont inclus dans les panneaux de direction. Ils donnent des informations d'indication, d'interdiction ou encore des recommandations.

Les idéogrammes :

Direction à suivre pour rejoindre un lieu ou une installation.

Voir p. 84, quelques exemples d'inclusion dans les panneaux de direction.

Village étape — *Gare de trains* — *Point d'accueil du public d'un espace naturel sensible* — *Musée ayant reçu l'appellation «Musée de France»* — *Parc ou jardin ayant reçu le label «jardin remarquable»*

Point d'accueil jeunes — *Base de loisirs* — *Déchèterie* — *Produits du terroir* — *Parc national*

Les symboles :

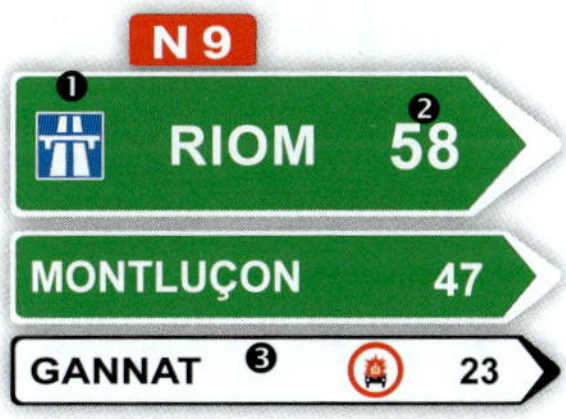

Les symboles sont principalement de deux ordres : les recommandations de direction et les interdictions de direction. Ici, pour me rendre à Riom, je peux emprunter une autoroute ❶ qui sera signalée plus loin. Mais le vert du panneau m'indique que je pourrai tout de même continuer par la route ❷ pour m'y rendre. Et la direction de Gannat est interdite aux véhicules transportant des matières explosives ou facilement inflammables ❸.

Direction recommandée mais non obligatoire : Direction interdite à une catégorie d'usagers :

Sortie à droite

Sortie à gauche (exceptionnel)

Rocade

Bifurcation autoroutière

Itinéraire Bis (route à faible trafic et touristique)

Itinéraire «S» de substitution (double un tronçon autoroutier particulièrement chargé)

Signalisation verticale

Il s'agit de panneaux et panonceaux posés sur des supports ou des portiques.

Panonceaux

Les panonceaux ne sont jamais utilisés seuls. Ils accompagnent un panneau afin d'apporter des précisions. Ils spécifient des espaces (des distances, des portées, des directions) ou encore des catégories d'usagers. Enfin, ils peuvent préciser la nature d'une information ou d'une règle.

❶

Un panonceau, dans presque tous les cas, ne concerne que le panneau situé juste au-dessus de lui❶.

Exception faite lorsque deux panneaux (danger et prescription) sont liés❷. Dans ce cas, le panonceau complète les 2 panneaux.

❷

Distance et lieu :

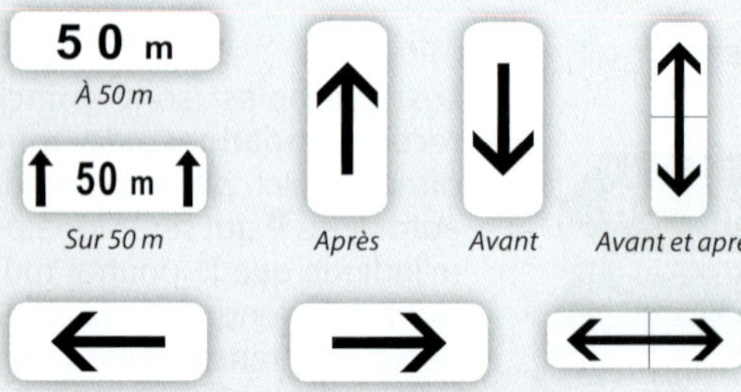

À 50 m

Sur 50 m

Après — *Avant* — *Avant et après*

À gauche — *À droite* — *De chaque côté*

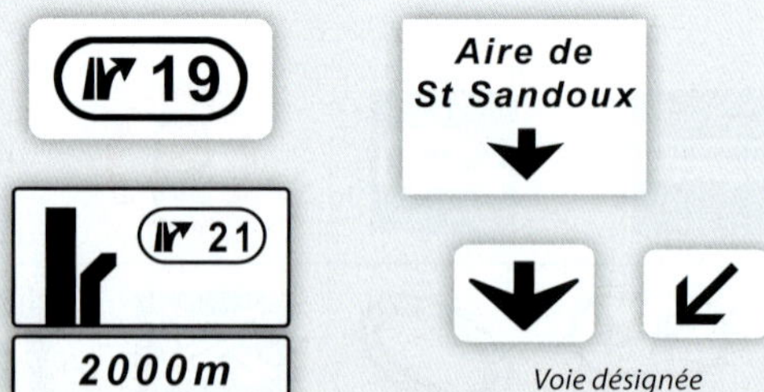

Sortie

Voie désignée
Site ou services

Panonceaux catégoriels :

Ces panonceaux précisent les catégories visées par une interdiction, une obligation ou une simple indication.

Attention ! Je peux être concerné par l'un des panonceaux suivants, au volant d'un véhicule de la catégorie B :

Ce panonceau vise tous les véhicules de transport de marchandises, y compris les fourgonnettes et les camionnettes. Il est indépendant du PTAC.

Ce panonceau concerne tous les véhicules dont la longueur dépasse le chiffre indiqué. Si je tracte une longue remorque, je suis concerné !

Ce panonceau désigne seulement les remorques d'un PTAC supérieur à 250 kg.

Ce panonceau désigne les véhicules tractant une caravane ou une remorque de plus de 250 kg et dont le poids total roulant, véhicule plus remorque, n'excède pas 3,5 t.

Ce panonceau désigne les véhicules équipés de chaînes à neige. Parfois, une mention « pneus neige autorisés » l'accompagne.

Ces panonceaux désignent les véhicules équipés d'une plaque-étiquette de danger ❶, et qui correspondent au type de produit transporté. Une camionnette peut être concernée.

Panonceaux liés au stationnement :

Le mode de stationnement est placé en rappel dans la zone à l'aide des panonceaux

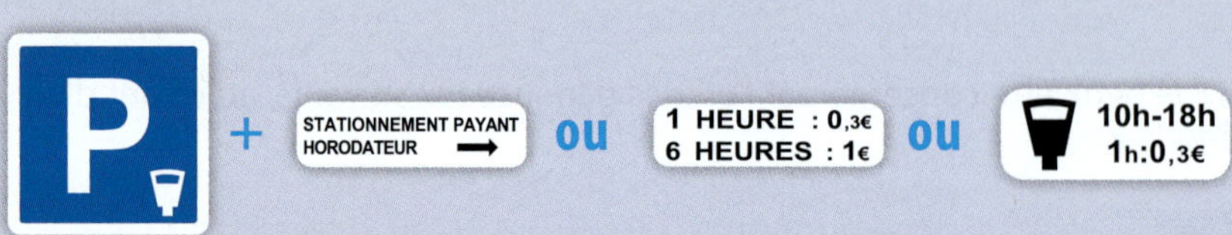

Les panonceaux peuvent préciser le lieu de l'horodateur, les tarifs et les créneaux horaires

Les panonceaux précisent l'obligation d'apposer le disque ou de respecter des créneaux horaires

Dans les cas ci-dessous, les pannonceaux reservent le lieu de stationnement

Emplacement de rechargement de véhicule électrique

Emplacement réservé aux usagers à mobilité réduite

Arrêt et stationnement réservés aux véhicules bénéficiant du label «autopartage»

Panonceaux divers :

Ligne haute tension de voie ferrée

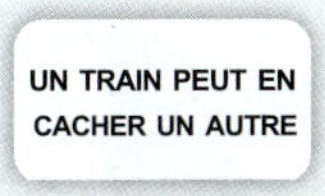

Plusieurs voies

Passage interdit : foire ou marché, ou encore tourisme...

Passage pour piétons surélevé

Poste d'appel de secours

Poste d'appel de secours, extincteur en cas d'incendie

Balises

Les balises, pour la plupart, complètent une signalisation afin de situer le lieu dangereux ou permettent de guider les usagers. Elles sont implantées en position.

Balises diverses :

Parfois la route est jalonnée de délinéateurs ❶ très visibles la nuit. Et lorsqu'un obstacle est proche de la chaussée, une balise ❷ à traits bleus et blancs y est placée. Enfin d'autres balises ❸ peuvent renforcer la délimitation des voies.

❶ ❷ ❸

Balises de virage :

Les balises de virage ❹ délimitent celui-ci. Dans les régions enneigées, elles comportent un capuchon rouge ❺ afin de les distinguer. La balise à chevrons ❻ bleus et blancs indique le sens du virage.

❹

❺

❻

Balises d'intersection et îlot directionnel :

Une balise ❼ comportant un anneau rouge positionne l'endroit d'une intersection. En aucun cas cette balise ne donne une indication sur l'ordre de passage. Lorsqu'il existe un aménagement avec un îlot directionnel ❽, une flèche indique le côté par où passer.

❼

❽

Balises de passages à niveau :

Dans tous les cas, un triple jalonnement ❶ est implanté entre le panneau et les voies.
Attention, en agglomération les jalons sont plus rapprochés, espacés environ d'une quinzaine de mètres.

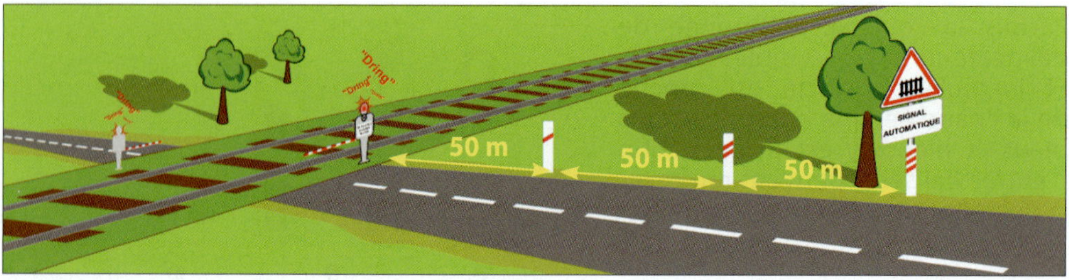

❶

EN RÉSUMÉ

✓ Un panneau se lit en commençant par sa forme et sa couleur, puis en découvrant le symbole à l'intérieur.
✓ Un panonceau complète toujours le panneau placé au-dessus de lui, afin de préciser sa portée ou la catégorie d'usagers concernée, ou encore donner une information supplémentaire.
✓ Une balise sert à positionner un danger ou un ouvrage.

MINI ÉVAL

1- J'approche d'un chemin de terre. En règle générale, les usagers qui en débouchent doivent céder le passage :
OUI__________A ❑
NON__________B ❑

2- Titulaire du permis B, cette interdiction peut me concerner :
OUI __________A ❑
NON__________B ❑

3- La signalisation indique :
une intersection
OUI__________A ❑ NON__________B ❑
un virage
OUI __________C ❑ NON__________D ❑

4- Cette balise est :
Un délinéateur__________A ❑
Une tête d'îlot__________B ❑
Une balise de virage__________C ❑
Une balise d'obstacle __________D ❑

Réponses : 1-A 2-A 3-AC 4-D

Panneaux de danger

Implantation :

Les panneaux de danger sont placés :
- environ 200 m avant le danger sur autoroutes et routes à chaussées séparées ;
- environ 150 m avant le danger sur route hors agglomération ;
- environ 50 m avant le danger sur route en agglomération.

Une seule exception ! Ce panneau qui signale le début d'un double sens de circulation. Il est placé en position, dès le début de la chaussée à double sens.

Panneaux et panonceaux :

Un panonceau de distance ❶ ou d'étendue ❷ complète parfois deux panneaux associés ❸.

❶ *Chaussée particulièrement glissante à 500 m*

❷ *Chaussée particulièrement glissante à 150 m et sur 500 m*

❸ *Arrêt interdit du fait du danger de chute de pierres sur 2 400 m*

Selon le profil de la route :

Virage à droite

Virage à gauche

Succession de virages dont le premier est à droite

Succession de virages dont le premier est à gauche

Chaussée rétrécie

Chaussée rétrécie par la droite

Chaussée rétrécie par la gauche

Cassis (creux) ou dos-d'âne (bosse)

Attention lorsque la dénivellation se situe juste avant un virage, car à vitesse excessive, il y a un risque de perdre le contrôle du vehicule.

Le chiffre 10 % indique que la route descend de 10 m tous les 100 m.

Lorsqu'un risque de heurt de véhicules lents existe, ce panneau peut-être complété ❹.

❹ *Descente dangereuse, risque de collision*

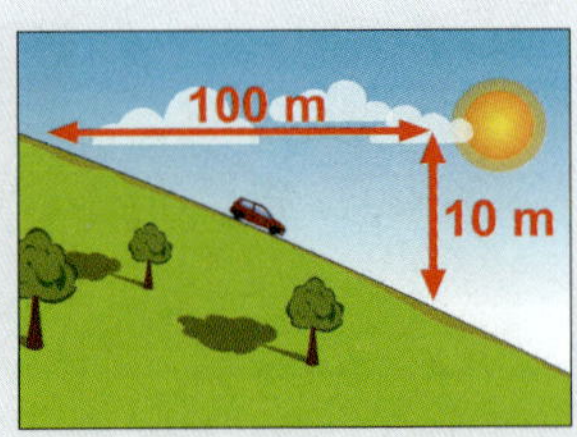

Selon les aménagements :

Passage pour piétons. Je dois céder le passage au piéton qui manifeste l'intention de s'engager. Parfois, un panneau de position marque l'endroit du passage.

Ralentisseur de type « dos-d'âne ». Il est également signalé par un marquage au sol et un panneau d'indication. La vitesse est souvent limitée à 30 km/h.

Je vais arriver sur un pont mobile. Celui-ci est accompagné de feux rouges tricolores ou de feux rouges clignotants.

La route longe ou aboutit à une voie sur berge ou un embarcadère. Je risque de tomber dans l'eau.

Annonce de feux tricolores

On les trouve au niveau des intersections, des passages pour piétons ou des sorties de casernes de pompiers.

Passage à niveau sans barrières ni demi-barrières

Il est parfois accompagné d'un panneau stop ou d'un ou deux feux rouges clignotants à hauteur du passage à niveau.

Passage à niveau muni de demi-barrières à fonctionnement automatique

Passage à niveau muni de barrières à fonctionnement manuel ou de demi-barrières à fonctionnement automatique. Ils sont dotés de feux rouges clignotants et d'un signal sonore.

Traversée de voies de tramways

Ne pas confondre avec les signaux «voie réservée» et l'arrêt du tramway.

Selon les rencontres :

Traversée de cyclistes

❶ ❷ ❸

Ceux-ci peuvent déboucher de gauche comme de droite.

Ne pas confondre avec la voie ou la bande réservée ❶, la voie conseillée ❷, ou encore l'interdiction aux cyclistes ❸.

Danger aérien

Parfois la circulation peut être arrêtée par des feux et des barrières.

Présence d'enfants

On trouve ce panneau à proximité des écoles, des centres aérés, des colonies de vacances ou encore des installations sportives.

Passage de cavaliers

Ils sont considérés comme des usagers à part entière. Je ne klaxonne pas en leur présence.

Passage d'animaux sauvages

Ces animaux se manifestent surtout la nuit, ou dans les forêts.

Passage d'animaux domestiques : bovins et ovins

Ces panneaux sont implantés à proximité de fermes ou de pâturages.

Attention ! Lorsqu'ils sont implantés dans un parc naturel, les animaux domestiques sont alors souvent en liberté.

Selon les conditions :

Chutes de pierres

Risque de chutes de pierres.

Dans les zones où les chutes de pierres sont fréquentes et dangereuses, l'arrêt et le stationnement ne sont pas interdits mais déconseillés, sauf si une signalisation le spécifie.

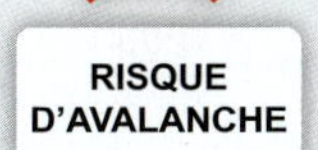

Au pire, la circulation peu être interrompue.

Vent latéral

Approche d'une zone fréquemment ventée.

Selon l'inclinaison de la manche à air, je suis informé sur la force et l'orientation du vent, ou s'il souffle en rafales *(voir p. 196)*.

PMV (Panneau à Message Variable)

Danger particulier

ARBRES INCLINÉS ❶

BROUILLARD FRÉQUENT ❷

SORTIE D'USINE ❸

SORTIE POMPIERS ❹

Parfois doté de feux jaunes clignotants lorsque le danger est élevé, ce panneau signale divers dangers précisés par un panonceau :

- des arbres inclinés ❶ peuvent abîmer un véhicule haut (camionnette, caravane ou autocaravane) ;
- le brouillard ❷ est fréquent ;
- la sortie d'usine ❸ peut concerner tous les jours de la semaine ;
- une sortie de caserne de pompiers ❹.

Chaussée glissante

VERGLAS FRÉQUENT ❺

PAR TEMPS DE PLUIE ❻

BOUES ❼

BETTERAVES ❽

La chaussée glissante peut avoir diverses origines :

- verglas ❺ ;
- pluie ❻ ;
- passage de tracteurs agricoles ❼ ;
- campagnes de ramassage de betteraves ❽.

Arrêt de la circulation

Passage à niveau, aérodrome, pont basculant ou pivotant :

Parfois, la circulation doit être totalement arrêtée afin de laisser passer d'autres usagers qui n'empruntent pas la route mais les rails, les airs ou l'eau.
Pour ce faire, une signalisation est mise en place.

Pont mobile

Passage à niveau muni de barrières à fonctionnement manuel

Danger aérien

Signalisation automatique

Signal d'arrêt

EN RÉSUMÉ

✓ *Un panneau de danger est placé 200 m avant le danger qu'il signal sur autoroute, 150 m avant hors agglomération et environ 50 m avant en agglomération. Une seule exception en panneau de position : « circulation à double sens ».*

✓ *Il peut être associé à un panonceau pour en préciser la portée. Un panneau de position indique parfois l'endroit même du danger annoncé.*

✓ *Je dois adapter ma vitesse !*

MINI ÉVAL

1- Ce panneau annonce :

circulation à double sens

OUI________A ❑ NON______B ❑

priorité au sens inverse

OUI ________C ❑ NON ______D ❑

2- Ce signal annonce :

une piste cyclable______________A ❑

ou

un débouché de cyclistes_________B ❑

3- La signalisation annonce :

un ralentisseur :

OUI________A ❑ NON______B ❑

un cassis ou dos-d'âne :

OUI ________C ❑ NON ______D ❑

4- Le danger annoncé :

Commence au panneau ______A ❑

Commence à 150 m__________B ❑

Commence à 1500 m _________C ❑

S'étend sur 1500 m__________D ❑

Réponses : 1-AD 2-B 3-AC 4-BD

Prescription : panneaux d'interdiction

Implantation :

L'interdiction prend effet à hauteur du panneau. Elle s'arrête au niveau de l'intersection suivante ou au panneau de fin d'interdiction.

Interdictions de passage :

Ce panneau concerne tous les véhicules, y compris les vélos, sauf indication contraire.

Interdictions de manoeuvres :

Dépassement interdit de tous les véhicules à moteur ❶ autres que ceux à deux roues sans side-car.

Dépassement interdit pour les véhicules de transport de marchandises ❷, d'un PTAC ou PTRA supérieur à 3,5 t.

Cette interdiction ❸ concerne la première rue ou route rencontrée à gauche ou à droite.

Cette interdiction ❹ porte jusqu'à l'intersection suivante. Ce panneau n'interdit pas de tourner à gauche.

Limitations de vitesse :

C'est la vitesse qu'on ne doit pas dépasser et non pas la vitesse obligatoire à atteindre...

Ces limitations ont toujours une raison d'être, même si je n'en vois pas la justification.

Sens interdit

Circulation interdite dans les deux sens

Interdiction de faire demi-tour ❹

L'interdiction donnée par le panneau associé ne s'applique pas aux cyclistes

❸

Interdiction de tourner à gauche — *Interdiction de tourner à droite*

Interdiction de dépasser tous les véhicules à moteur autres que les deux roues sans side-car ❶

Dépassement interdit pour les transports de marchandises ❷

Vitesse limitée

Zone à vitesse limitée

Obligations d'arrêt :

Poste de péage

Arrêt obligatoire au barrage de gendarmerie

Je dois m'arrêter à hauteur du poste de péage, sauf dans le cas du télépéage, que je peux franchir au pas.

Halte obligatoire au barrage de police

Arrêt obligatoire au barrage de douane

Je circule au pas et j'observe les signes des agents.

Un feu rouge clignotant portatif ou une lanterne rouge peuvent être utilisés pour arrêter la circulation la nuit.

Interdictions avec règles :

Interdiction de s'avancer si un usager s'engage en face.

Un signal indique en face la règle qui s'applique.

Distance minimale obligatoire

C'est l'interdistance à laisser avec l'usager devant moi, aussi bien en roulant qu'en cas d'arrêt de la circulation.

Les lumières bleues aident à garder les distances dans un tunnel

Interdictions de passage selon les catégories d'usagers :

Piétons — *Cycles* — *Cyclomoteurs* — *Motocyclettes* — *Transports en commun* — *Voitures à bras* — *Traction animale* — *Véhicules agricoles à moteur*

❶ ❷ ❸ ❹ ❺ *Matières explosives ou inflammables* ❺ *Matières pouvant polluer les eaux* ❺ *Marchandises dangereuses*

Accès interdit :

- aux véhicules à moteur ❶ à l'exception des cyclomoteurs ;
- à tous les véhicules à moteur ❷ ;
- aux véhicules tractant une caravane ou une remorque ❸ de plus de 250 kg, tel que le poids total roulant autorisé, véhicule et caravane ou remorque, ne dépasse pas 3,5 t ;
- aux véhicules affectés au transport de marchandises ❹ ; attention, une camionnette est concernée ;
- aux véhicules transportant certains produits ❺ ; attention, je peux être concerné avec un permis B !

Interdictions de passage selon le gabarit :

La longueur, la hauteur et la largeur sont limitées. (En tractant une grande remorque, je peux être concerné par la longueur)

❻ ❼

Le Poids Total Autorisé en Charge (PTAC) ou Roulant (PTRA) ❻, ou seulement le poids réel par essieu ❼, peuvent être limités

Interdictions diverses :

Signaux sonores interdits. Le panneau d'entrée d'agglomération entraîne cette interdiction

L'interdiction peut être signifiée par un texte

❽ ❾

Interdictions d'arrêt ❽ et de stationnement ❾ *(voir p. 300)*

Prescription : panneaux de fin d'interdiction

Fin générale :

Fin de toutes les interdictions précédemment signalées, imposées aux véhicules en mouvement.

Il s'adresse aux véhicules en mouvement. Il ne met donc pas fin à une interdiction de stationner ou de s'arrêter.

Diverses fins d'interdiction :

Fin de dépassement interdit :

❶ ❷

- pour tous les véhicules ❶ ;
- pour les véhicules de transport de marchandises ❷ de plus de 3,5 t de PTAC.

Attention, une fin de limitation de vitesse n'autorise pas à dépasser par exemple la vitesse limite de 80 km/h sur route à double sens hors agglomération.

Fin d'interdiction de l'usage de l'avertisseur sonore (klaxon).

Fin d'une interdiction précédemment signalée.

Qu'est-ce qu'une zone ?

En agglomération, une zone est délimitée par des panneaux d'entrée et des panneaux de sortie. L'interdiction signalée dans le panneau peut donc concerner une rue, un quartier et parfois la totalité de l'agglomération.

Prescription : panneaux d'obligation

Implantation :

Comme pour les panneaux d'interdiction, les panneaux d'obligation prennent effet à l'endroit même où ils sont implantés.

Obligations de direction :

Lorsqu'une direction est obligatoire, les autres directions sont alors interdites.

Ces signaux se trouvent à une intersection.

Je tourne avant le panneau.

Je dois continuer tout droit à l'intersection.

Je contourne l'obstacle.
Ces signaux se trouvent en tête d'aménagement ou au sol pour contourner des travaux.

Ces panneaux sont placés avant l'intersection.

Je fais en sorte de bien me placer.
Je tourne juste après le panneau.

Signalisation parfois complémentaire à toutes ces obligations.

Voies réservées et obligatoires :

Lorsqu'une voie est réservée à une catégorie d'usagers, elle est interdite aux autres. De plus, l'arrêt et le stationnement y sont interdits.

Voie réservée aux véhicules des services réguliers de transport en commun.

Voie réservée aux tramways.

Ne pas confondre avec un arrêt !

Piste ou bande obligatoire pour les cycles.

Chemin obligatoire pour piétons.

Chemin obligatoire pour cavaliers.

Obligations diverses :

Chaînes à neige obligatoires sur au moins deux roues motrices. Attention, il n'est guère possible de dépasser 30 km/h sans détériorer la mécanique.

Vitesse minimale obligatoire.
À ne pas confondre avec une vitesse conseillée 
ou interdite  .

La nature de l'obligation est inscrite dans le panneau.

Prescription : panneaux de fin d'obligation

Implantation :

Les fins d'obligation prennent effet à hauteur du signal.

Fin de voies réservées :

Fin des voies réservées à la circulation des usagers concernés.

Je vais rester très attentif à la fin d'une voie réservée, car les usagers reviennent alors sur les voies de circulation. Ils doivent céder le passage mais il est plus prudent de surveiller leur comportement.

Fin d'obligations diverses :

Ce n'est pas une raison pour circuler à une vitesse anormalement réduite !

Attention aux plaques de neige ou de verglas !

Ce panneau de fin d'obligation n'est pas barré afin de bien lire le texte

EN RÉSUMÉ

✓ *Les panneaux de prescription prennent effet à l'endroit même où ils sont implantés. L'effet prend fin à l'intersection suivante ou en présence d'un panneau de fin de prescription.*
✓ *Les interdictions limitent les accès à des catégories d'usagers, l'exécution de manœuvres, la vitesse, l'arrêt ou le stationnement.*
✓ *Les obligations sont là pour guider ou imposer des voies à des catégories d'usagers.*
✓ *Attention aux fins de voies réservées, car les usagers doivent céder le passage avant de circuler sur l'axe principal. Je reste prudent.*

MINI ÉVAL

1- Cette signalisation m'indique que je dois contourner la place par la droite :
OUI____________ A ❑
NON____________ B ❑

2- Ce panneau autorise le dépassement des deux-roues :
OUI____________ A ❑
NON____________ B ❑

3- Je dois céder le passage aux usagers circulant en sens inverse :
OUI____________ A ❑
NON____________ B ❑

4- Ce panneau signifie la fin d'interdiction de stationner :
OUI____________ A ❑
NON____________ B ❑

Réponses : 1-A 2-A 3-A 4-B

Panneaux d'indication

Implantation :

Il existe deux sortes de panneaux d'indication :

- les informations utiles pour les usagers et comportant une règle associée.
- les simples indications d'infrastructures ou d'aménagements mis à disposition des usagers de la route ;

Ces panneaux sont implantés à proximité des lieux et sont souvent annoncés en amont avec un panonceau de distance.
Ils peuvent aussi ne concerner qu'une catégorie d'usagers.

Indications utiles associées à une règle sur des voies :

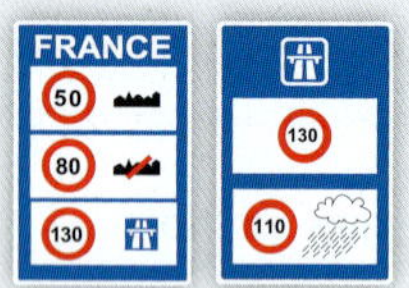

Vitesses limitées

Début et fin de vitesse conseillée

La vitesse est limitée lorsque le panneau de prescription est inséré dans le panneau d'indication.

La vitesse est seulement conseillée dans le panneau carré.

À l'approche de l'intersection, le panneau indique le schéma des directions : une voie de stockage à gauche ou une voie de sortie à droite.

Réduction du nombre des voies d'une chaussée à sens unique

Créneau de dépassement

Fin de créneau de dépassement

Affectation de deux voies dans l'autre sens

Voies soumises à prescriptions

Parfois un sens unique reste ouvert en double sens pour une catégorie d'usagers.
Dans ce cas les voies sont séparées par une ligne continue

Impasse

Présignalisation d'une impasse

Attention, une voie sans issue est une route comme une autre, avec une règle de passage précisée par une signalisation ou par la règle générale de la priorité à droite.

Impasse comportant une issue pour les piétons.

Impasse comportant une issue pour les piétons et les cyclistes.

Priorité par rapport à la circulation venant en sens inverse. Mais si un véhicule est déjà engagé sur le pont, je le laisse passer.

Panneau destiné aux usagers arrivant en sens inverse.

Le passage à niveau est proche de l'intersection et la signalisation de danger se situe alors sur l'axe principal. Si je vais tout droit, je ne suis pas concerné.

Un col peut rester ouvert en période hivernale, sous réserve que le véhicule soit équipé de chaînes.
Il peut aussi être fermé, tout en laissant libre accès à une station ou à un village.

Indications associées à une règle d'utilisation d'espace particulier :

Arrêt de tramway

Arrêt d'autobus

Station de taxis

Station d'autopartage.

L'arrêt et le stationnement sont réservés à la seule catégorie d'usagers désignée par le panneau.

Le stationnement est libre ou réglementé. Même sur un parking libre, le stationnement reste limité à 7 jours.

Le stationnement des caravanes et des autocaravanes (camping-cars) est réglementé. Des emplacements sont alors prévus.

Emplacement d'arrêt d'urgence

Ce panneau m'autorise à m'arrêter à cheval sur le trottoir, sur les emplacements délimités. Sur la photo, le texte est remplacé par un symbole. Attention aux piétons et aux landaus !

Seul l'arrêt d'urgence reste autorisé sur cet emplacement (panne, malaise).

Voie de détresse à droite

Voie de détresse à gauche

Cet emplacement signalé par un damier rouge et blanc permet d'arrêter un véhicule en panne de frein dans une descente. Il n'est pas réservé aux seuls véhicules lourds.
L'arrêt ou le stationnement aux abords reste très dangereux !

Indication de position de danger :

Ralentisseur

Passage pour piétons

Traversée de tramways

Dans une résidence, la vitesse est parfois limitée à moins de 30 km/h.

Il arrive parfois que le passage pour piétons soit sur le ralentisseur.

Attention aux rails du tramway, surtout si je circule en deux-roues !

Indications de réseau routier :

Présignalisation d'une aire de repos

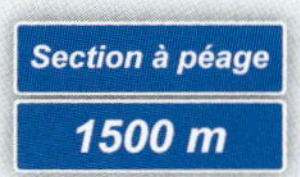

Présignalisation d'une section à péage

Selon la signalisation complémentaire, je trouverai divers services.
Le bleu concerne l'autoroute ❶ et le blanc les routes ❷.

Ce panneau précède une sortie ou une bifurcation dont une branche devient à péage. Il me reste ici 1 500 m pour décider de la direction à prendre.

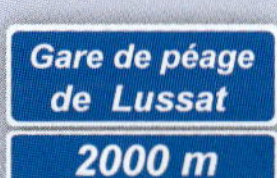

Présignalisation d'une gare de péage

Borne de retrait de ticket de péage

Péage avec guichetier

Péage par carte bancaire

Péage par pièces de monnaie

Télépéage

Péage par abonnement

Début et fin de route à accès réglementé

Début et fin d'autoroute

L'accès de ces deux types de réseaux est réglementé.

La vitesse est limitée à 110 km/h ❸ sauf indication contraire.

La vitesse est limité à 130 km/h sur l'autoroute ❹.
Seuls les véhicules nécessitant un permis de conduire sont autorisés à circuler.
L'arrêt et le stationnement sont interdits en dehors des aires aménagées.

Aire piétonne :

Début et fin d'aire piétonne

La circulation peut être autorisée pour des livraisons à certaines heures ou pour les riverains.

Bande ou piste cyclable :

Début et fin de bande ou piste conseillée aux cyclistes

Cette voie étant réservée aux cycles à deux ou trois roues, la circulation, l'arrêt et le stationnement des autres véhicules y sont donc interdits.

Zone de rencontre :

Les piétons sont prioritaires et n'ont pas l'obligation de circuler sur les trottoirs, la vitesse des véhicules motorisés est limitée à 20 km/h et les cyclistes sont autorisés à circuler dans les deux sens.

Voie verte :

Voie réservée à la circulation des piétons et des véhicules non motorisés. La circulation des cavaliers peut y être autorisée et signalée par un panonceau.

Indication d'un sens unique :

Il existe des règles particulières pour la circulation à sens unique :

- Possibilité de stationner ou de s'arrêter à gauche.
- Se positionner à gauche de la chaussée pour tourner à gauche.

Information particulière :

L'information est double.
Ne pas provoquer un feu en jetant un mégot ou une allumette, et ne pas s'engager si un feu s'est déclaré.

Risque d'incendie

EN RÉSUMÉ

✓ Les panneaux d'indication à fond bleu comportent tous une règle qui leur est associée : position, vitesse ou encore règle relative au stationnement.
✓ Les panneaux déterminent aussi des routes ou des voies réglementées.
✓ Les indications positionnent aussi un danger : passage piétons, ralentisseur ou tramways.

MINI ÉVAL

1- L'accès à cette rue m'est interdit :
OUI__________A ❑
NON_________B ❑

2- Je pourrai profiter de cet emplacement pour :
stationner
OUI ________A ❑ NON ________B ❑
déposer un passager
OUI ________C ❑ NON________D ❑

3- La voie de droite est :
une bande d'arrêt d'urgence_________A ❑
ou
une voie de détresse_______________B ❑

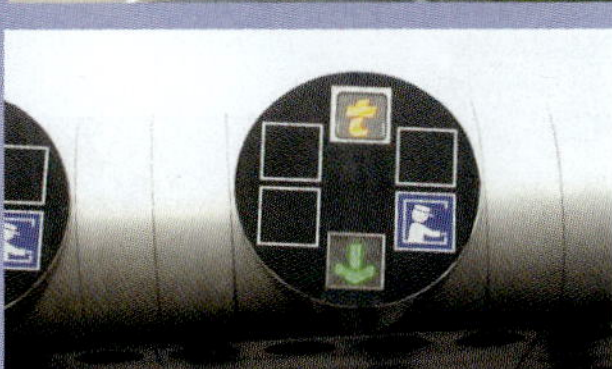

4- Dans le guichet de cette station, je peux payer :
par carte bancaire
OUI ________A ❑ NON ________B ❑
par télépéage
OUI ________C ❑ NON________D ❑

Réponses : 1-B 2-BD 3-B 4-AC

Indications d'installations et de services :

Je vais plus particulièrement trouver ces panneaux dans les tunnels.

Poste d'appel d'urgence — *Moyen de lutte contre l'incendie* — *Issue de secours vers la droite* — *Issue de secours vers la gauche*

Poste de secours

Ce panneau indique un poste ponctuel sur un axe routier ou un accès aux urgences hospitalières.

Cabine téléphonique publique

Je peux aussi contacter des secours à partir de ce poste. L'appel est gratuit et ne nécessite pas de pièces de monnaie, ni de carte téléphonique.

Fréquence de radio d'informations routières et de l'état des routes.
Je vais plus particulièrement trouver ces panneaux sur les grands axes routiers, notamment sur les autoroutes.

Indications touristiques :

Informations touristiques — *Emplacement pour pique-nique* — *Auberge de jeunesse* — *Gîte ou chambre d'hôtes* — *Hôtel ou motel ouvert 7/7j et 24/24h* — *Offres diverses*

❶ ❷ ❸

Terrain recevant les tentes seules ❶, ou caravanes et autocaravanes seules ❷, ou les trois ❸

Indications d'activités de loisir :

En passant à proximité, je reste vigilant du fait de la présence de piétons qui pratiquent leur activité de loisir.

Point de vue

❶

❷

❸

❹

❺

Points de départ de diverses installations : téléphérique ❶, télésiège ❷, piste de fond ❸, mise à l'eau d'embarcation ❹, point de départ d'un itinéraire pédestre ❺

Jeux d'enfants

Point de détente

Ces deux panneaux sont souvent présents sur les aires de repos des autoroutes.

Indications de services :

Tous ces services sont accessibles 7/7j et 24/24h.
Certains sont gratuits.

Distribution de carburant, dont GPL

Parc de stationnement sous vidéosurveillance.

Poste de dépannage

Station de vidange pour caravanes, autocaravanes et cars

Station de gonflage, hors station-service, dont l'usage est gratuit

Gare auto/train

Embarcadère

Restaurant

Boissons et restauration légère

Distributeur de billets de banque

Toilettes publiques

Accessibilité aux personnes à mobilité réduite

Panneaux de localisation

Implantation :

Ces panneaux servent à se repérer sur les lieux rencontrés.

Découpage administratif :

L'entrée dans un État oblige à se conformer à la réglementation en vigueur dans celui-ci :

- Vitesse limitée à 50 km/h en agglomération,
- Vitesse limitée à 80 km/h sur route hors agglomération,
- 130 km/h sur autoroute.

Tous les états européens n'ont pas la même réglementation.

Territoire

Région

Lieu-dit

J'adapte ma vitesse !

Département

Entrée et sortie d'agglomération

Cours d'eau

Attention à l'hiver et à la formation de plaques de verglas !

Aires :

Le camping et le stationnement peuvent être réglementés afin de permettre une vie sauvage sans gêne de l'homme !

Les aires de repos permettent les pauses et les pique-niques.

Parcs naturels et commune associée

Entrée et sortie d'aire de repos sur route

Entrée et sortie d'aire de repos d'autoroute

EN RÉSUMÉ

✓ *Les panneaux d'indication à fond blanc donnent seulement des informations utiles pour les usagers de la route.*
✓ *Il s'agit de panneaux liés aux secours, au tourisme, aux services ou aux loisirs.*
✓ *Certains panneaux de localisation sont liés à des prescriptions, des limitations particulières de vitesse ou des règles spécifiques de stationnement.*

MINI ÉVAL

1- Ce panneau annonce :
un emplacement d'arrêt d'urgence ________ A ❑
*un stationnem*ent autorisé ________ B ❑

2- Le signal annonce :
- un hôtel ________ A ❑
- un gîte ________ B ❑
- une chambre d'hôtes ________ C ❑
- une colonie de vacances ________ D ❑

3- Ce panneau indique un ravitaillement en carburant accessible :
- 7/7j
OUI ________ A ❑ NON ________ B ❑
- 24/24h
OUI ________ C ❑ NON ________ D ❑

4- La signalisation indique :
- un lieu-dit ________ A ❑
- une rivière ________ B ❑
- un site touristique ________ C ❑

Réponses : 1-A 2-BC 3-AC 4-B

Directions selon les réseaux

Les couleurs de panneaux

Les couleurs utilisées pour les panneaux de direction servent à différencier les réseaux ou les itinéraires.

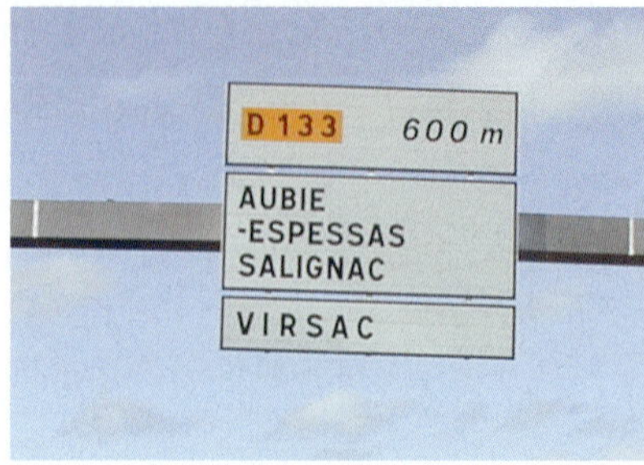

Le cartouche rouge ❶ situé au-dessus du panneau identifie une route nationale (N122).

Le cartouche jaune ❷ situé à droite identifie une route départementale (D133).

Les panneaux sont classés par ordre d'importance de haut en bas :

- bleus pour le réseau autoroutier ;
- verts pour le réseau des villes importantes ;
- blancs pour le réseau local ;
- jaunes pour la signalisation temporaire, bis ou de substitution « S ».

Quelques exemples d'inclusion d'idéogrammes dans les panneaux de direction :

Direction d'autoroute, conseillée pour les poids lourds.

Itinéraire bis.

Itinéraire conseillé et itinéraire interdit aux transports de matières polluantes et aux caravanes.

Avant / Pendant / Après :

Les signaux de direction sont implantés afin de prendre en charge l'usager assez tôt et le mener sans hésitation là où il désire se rendre.

- une présignalisation quelques centaines de mètres avant ;
- une signalisation avancée juste avant le changement de direction ;
- une signalisation de position à l'endroit même du changement de direction ;
- après le changement de direction un panneau confirme la direction prise.

Exemples de mise en situation :

◀ Bien avant ▶

Carrefour giratoire

Voie de stockage à droite pour tourner à gauche

◀ Un peu avant
C'est là ! ▶

Avec affectation de voie

Avec voie de décélération

◀ C'est maintenant !
C'est la bonne route ▶

Position

Confirmation de direction

Sortie et bifurcation

Il existe deux types d'aménagement :

Quel que soit le réseau (autoroute ou 2x2 voies), les principes d'information des directions sont les mêmes. Seules les couleurs des panneaux changent.

Une bifurcation s'applique à une autoroute qui se sépare en deux autoroutes. Une sortie c'est la même chose, hormis le fait qu'une branche n'est pas autoroutière.

L'une des voies de la chaussée devient une voie de sélection. Il faut donc se placer dans sa voie dès la présignalisation, quelques centaines de mètres avant. Les flèches représentent les voies concernées.

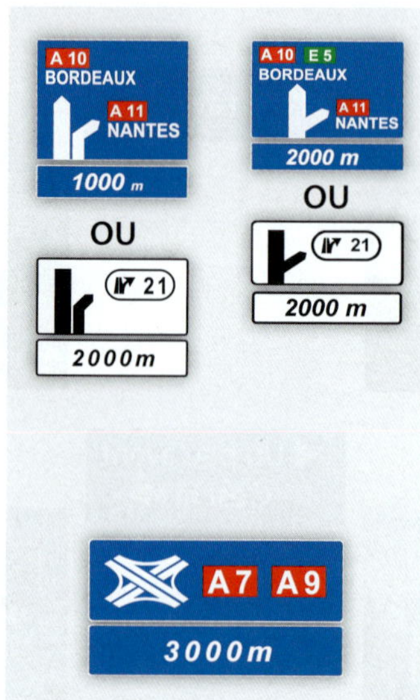

Ce panneau annonce la proximité d'une bifurcation d'autoroutes.

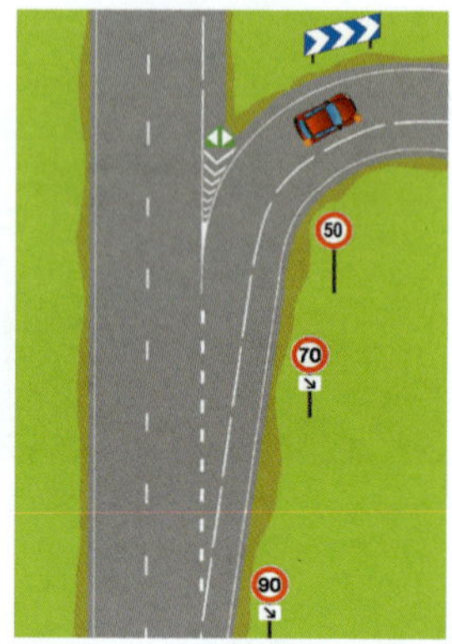

Une voie de décélération permet de rejoindre une bretelle de sortie. Un ralentissement s'impose sur cette voie...

Et parfois avant lorsqu'un panneau est placé au début.

Une autoroute peut périodiquement connaître des surcharges. Dans ce cas un itinéraire de substitution (itinéraire S) permet de doubler ce réseau en empruntant une autre route.

Le numéro 19 sert à localiser l'échangeur.
Il est souvent suivi d'une indication de distance.

Exemples d'implantation de la signalisation selon l'aménagement :

Bifurcation d'autoroutes avec affectation de voies :

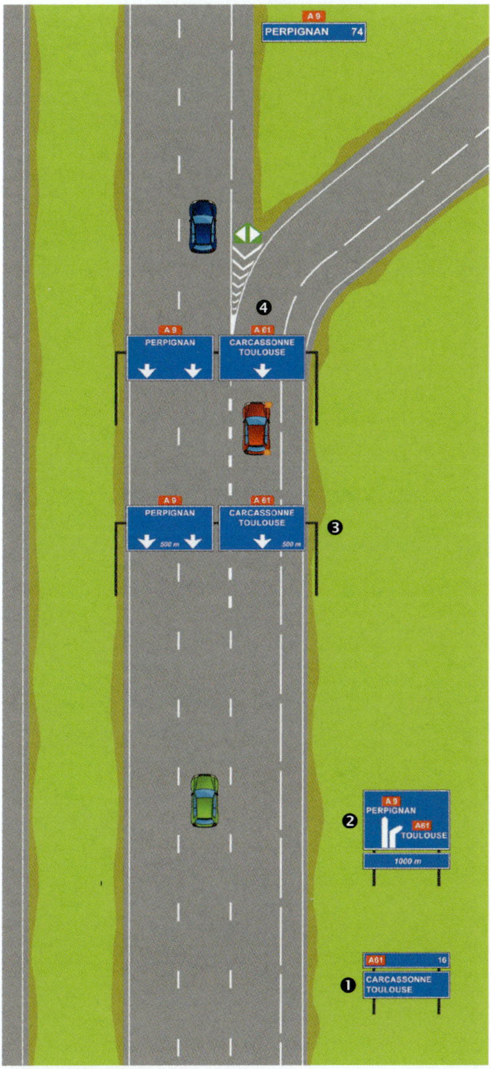

Bifurcation d'autoroutes avec voie de décélération :

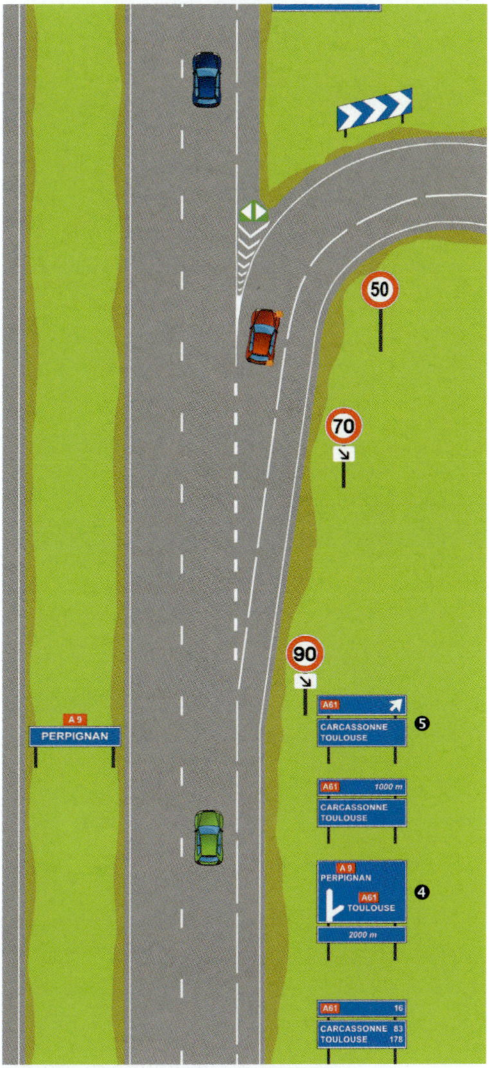

❶ Annonce de la bifurcation
❷ Avertissement de la bifurcation
❸ Présignalisation des voies affectées
❹ Signalisation avancée de la bifurcation
❺ Confirmation de la direction

Sortie d'autoroute
avec affectation de voies :

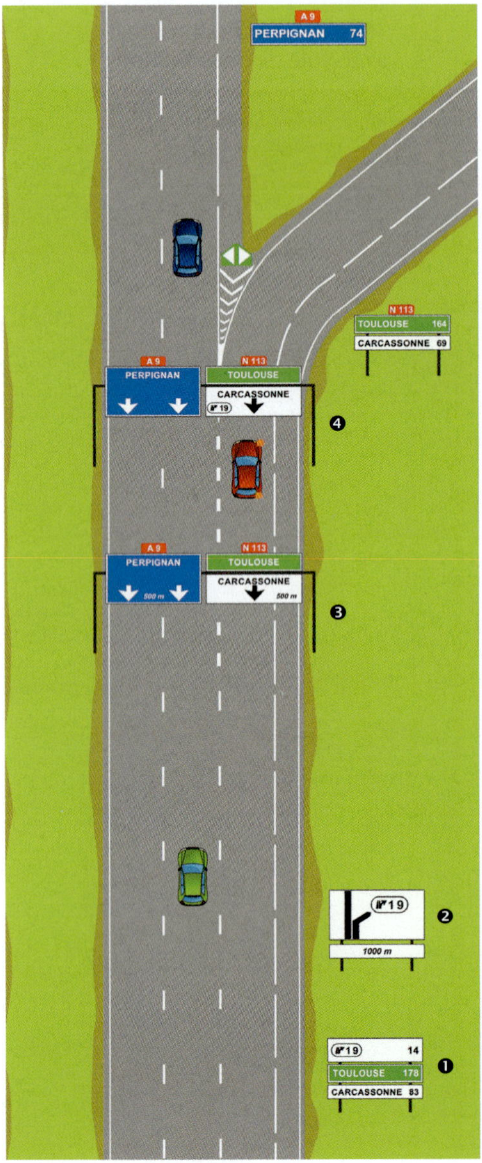

Sortie d'autoroute
avec voie de décélération :

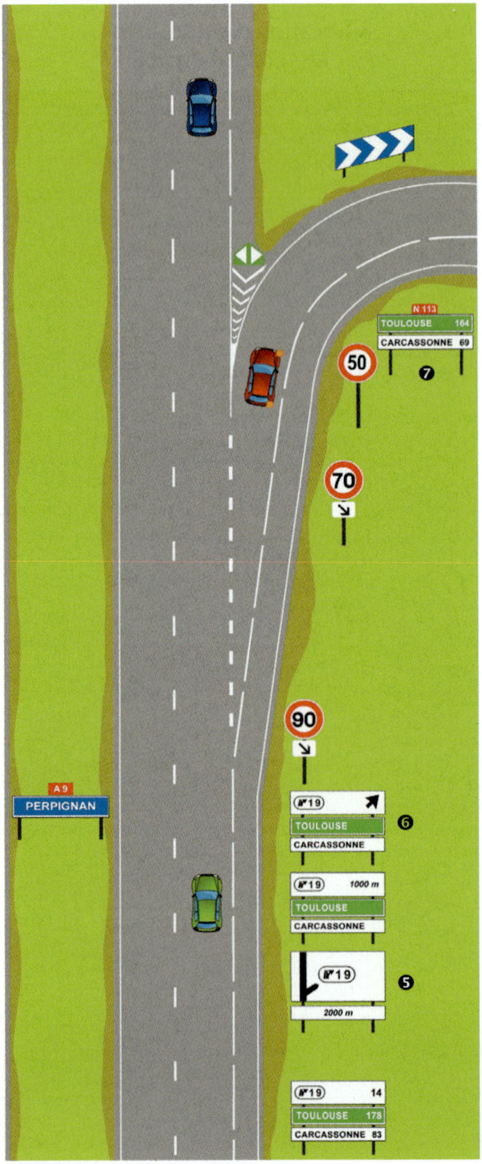

❶ Annonce de la sortie
❷ Avertissement de la sortie
❸ Présignalisation des voies affectées
❹ Présignalisation de la sortie

❺ Signalisation avancée de la sortie
❻ Confirmation de la direction
❼ Confirmation de la direction choisie

EN RÉSUMÉ

✓ *Les panneaux d'indication sont classés en deux catégories : simple indication et indication associée à une règle de comportement.*
✓ *Chaque panneau du réseau routier possède une couleur définie : le bleu, le vert, le blanc ou le jaune.*
✓ *En règle générale, sur les réseaux fréquentés, la signalisation s'effectue en quatre temps : bien avant en annonce, à proximité en présignalisation, en position, puis en confirmation.*
✓ *Lorsqu'il y a des flèches, elles concernent les voies qui sont en dessous.*

MINI ÉVAL

1- Je circule sur un itinéraire S de substitution :
OUI__________ A ❑
NON__________ B ❑

2- Ce panneau bleu confirme les directions de cette autoroute :
OUI__________ A ❑
NON__________ B ❑

3- Les panneaux de direction de couleur verte indiquent seulement les villes préfectures de département :
OUI__________ A ❑
NON__________ B ❑

4- Ce panneau annonce :
une bifurcation____________________ A ❑
ou
une confirmation de direction________ B ❑

Réponses : 1-B 2-A 3-B 4-B

Marquages au sol

Principalement composée de lignes, la signalisation horizontale sert à guider l'usager dans sa voie. Et tout comme pour les panneaux ces marquages au sol sont liés à des règles précises ; elles concernent le chevauchement et le franchissement d'une ligne ou l'arrêt et le stationnement.

Le **blanc** est la couleur principale.

Le **jaune** concerne la signalisation temporaire, l'arrêt et le stationnement.

Le **bleu** délimite le stationnement en zone bleue à durée limitée.

Le **rouge** apparaît dans des damiers et le **vert** est souvent utilisé pour ce qui concerne la circulation des cyclistes.

Les lignes sont parfois sonores (vibreurs) afin d'éveiller l'attention sur un écart de trajectoire.

Deux principes fondamentaux :

- la ligne est continue, on ne peut ni la chevaucher ni la franchir ;
- la ligne est discontinue, on peut sous certaines conditions de sécurité la chevaucher ou la franchir.

Une ligne continue ❶ est infranchissable, hormis pour contourner un obstacle sur la route (véhicule en panne, inondation, objet tombé) ou pour effectuer le dépassement d'un cycle, si la visibilité est suffisante.

La ligne de dissuasion ❷ se trouve sur une route étroite et sinueuse, en remplacement d'une ligne continue. Sur ce type de routes, il peut être dangereux de chercher à dépasser un véhicule roulant à 70 ou 80 km/h, alors que le dépassement d'un tracteur agricole ou d'un camion très lent, ne demandant que quelques secondes, est sans aucun danger.

Franchir une ligne discontinue ❸ revient à changer de voie. Avant ce changement, vous devez vous assurer que cette manoeuvre est sans danger !

Lorsque la ligne est large, elle délimite une voie réservée à certains usagers (bus, cyclistes, véhicules lents).

Les lignes de guidage sur la route :

Ligne continue :

Ne pas chevaucher ni franchir !
Sauf obstacle, travaux ou cycliste.

Ligne discontinue de délimitation des voies :

Elle autorise les dépassements.

Attention, elles se ressemblent mais ne signifient pas la même chose !

Ligne de dissuasion de dépasser :

Permet de dépasser seulement les véhicules très lents. Elle n'est présente que sur les voies étroites et sinueuses !

Ligne d'annonce de ligne continue :

Accompagnée de trois flèches de rabattement, elle est aussi appelée ligne d'avertissement.

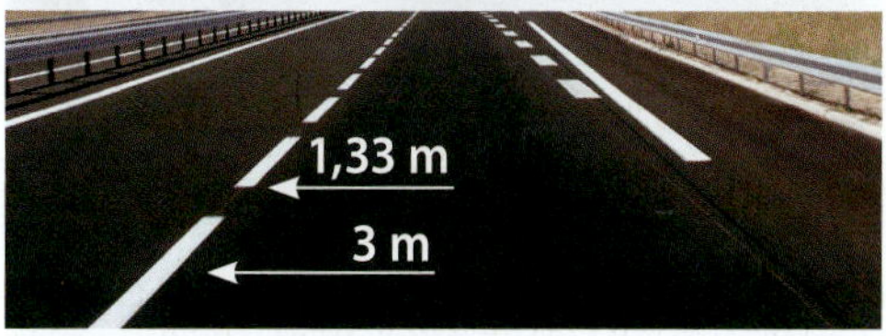

Ligne de dissuasion de sortie :

Cette ligne interdit seulement de passer brutalement de la voie de gauche vers la sortie. Il reste possible d'entreprendre un dépassement.

Lignes accolées mixtes :

Les usagers qui ont la ligne continue de leur côté ne peuvent pas chevaucher ni franchir celle-ci.

Les lignes de rive de la route

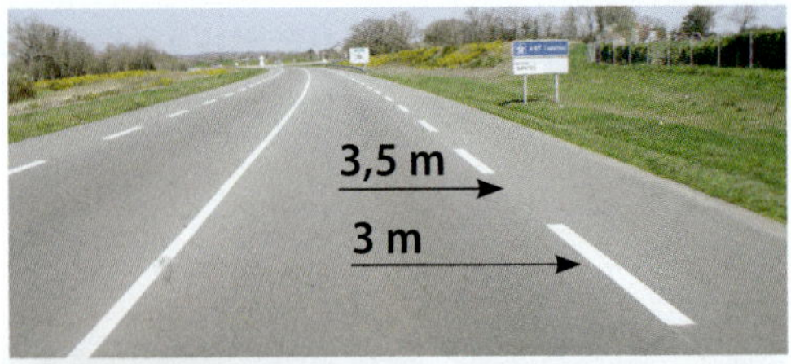

Classique :

Elle délimite l'accotement de part et d'autre de la chaussée.

Continue :

Elle interdit le franchissement pour un arrêt ou un stationnement par exemple.

Continue à gauche :

Si elle est permanente, elle confirme que la chaussée est à sens unique.

Intersection :

Elle localise l'infrastructure de l'intersection aménagée, avant et après.

Bande d'arrêt d'urgence :

Elle est réservée exclusivement à l'urgence (panne, malaise, véhicules de secours). En circulation à la vitesse de 130 km/h, laissez entre vous et le véhicule qui vous précède une distance de sécurité équivalente à 2 traits et 1 espace de la bande d'arrêt d'urgence.

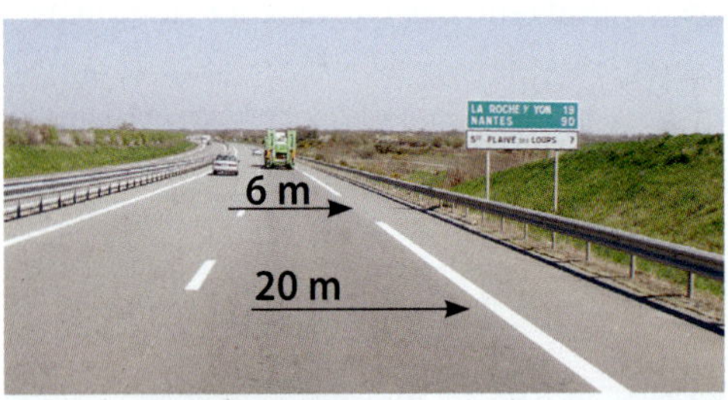

sur les bretelles de raccordement

sur autoroute ou route à chaussées séparées

Les voies ou bandes réservées

En règle générale, ces lignes sont plus épaisses que les autres lignes de la chaussée. La circulation, l'arrêt et le stationnement y sont interdits. De plus, je dois céder le passage avant de les couper pour tourner. À la fin d'une voie réservée, leurs usagers doivent céder le passage.

Voie de bus :

Un damier blanc marque le passage d'autobus aux intersections.

Bande cyclable :

Parfois cette ligne est doublée d'un marquage vert afin de bien faire la différence.

Voie réservée aux véhicules lents :

Tous les véhicules, même légers, doivent l'emprunter lorsque leur vitesse est inférieure ou égale à 60 km/h.

Les lignes de voies diverses

Voie de stockage :

Généralement placée dans le milieu de la chaussée, elle sert à attendre sans gêner avant de tourner à gauche.

Accélération :

C'est une voie d'insertion prévue pour se lancer sans gêner les autres usagers. Il faut céder le passage à l'axe principal !

Décélération :

Je ralentis lorsque je suis dans la voie. Mais parfois une limitation de vitesse m'impose de ralentir avant d'y être totalement entré.

Entrecroisement :

Elle permet l'échange entre ceux qui s'insèrent et ceux qui quittent l'axe principal.

Les flèches

Les flèches servent à choisir sa position sur la voie, on les appelle flèches de sélection ou de présélection. Elles peuvent aussi inciter à modifier la trajectoire pour revenir à droite ou à gauche. Dans ce cas, on les appelle flèches de rabattement. En général, il y en a trois successives afin de laisser le temps et l'espace pour se placer.

Directionnelle :

Je me place si possible dans la voie correspondant à ma direction dès la première flèche.

Bi-directionnelle :

Elle indique deux directions ❶ (parfois trois).

Rabattement :

Les trois flèches sont incluses dans une ligne d'avertissement de ligne continue.

Dans ce sens, les flèches de rabattement ne me concernent pas !

Réduction du nombre de voies :

La voie de gauche est supprimée après la troisième flèche.

Fin de voie :

La voie de droite est supprimée après la troisième flèche.

Autres marquages au sol

Il s'agit des passages pour piétons, de la position d'un ralentisseur, de lignes d'effets, de zébras, de voies de détresse, de symboles divers...

Passages pour piétons :

Ce sont de larges bandes blanches en travers de la chaussée. Ils sont parfois positionnés sur un ralentisseur.

Ralentisseur :

Ce marquage en position doit être franchi à vitesse réduite, en général à 30 km/h maximum, parfois moins.

Ligne d'effet d'un stop :

La ligne positionne l'endroit où marquer l'arrêt. L'aplomb de la voiture ne doit pas dépasser.

signal de position *signal avancé*

Ligne d'effet d'un cédez-le-passage :

La ligne positionne l'endroit où attendre pour céder le passage.

signal de position *signal avancé*

Ligne d'effet d'un feu :

C'est l'endroit où s'arrêter au feu rouge ❶. Parfois un espace ❷ avant cette ligne est réservé pour les vélos et cyclomoteurs ; je reste à ma place ❸ !

Voie de détresse :

Cette voie très visible sert à arrêter tout véhicule ayant un problème de freinage à l'extrémité. Elle permet d'arrêter le véhicule sur un lit de sable ou de gravier.

L'abord est dangereux : je ne m'y arrête jamais !

Poste d'appel de secours :

Le symbole indique la direction à prendre pour rejoindre le poste le plus proche.

Zébras :

Il servent à délimiter une zone où la circulation, l'arrêt et le stationnement sont interdits. Ils peuvent séparer les sens de circulation ❹ ou précéder une séparation de voies ❺ ou encore signaler un espace pour tourner à gauche ❻.

EN RÉSUMÉ

✓ Les marquages au sol servent à guider les usagers. Plus les traits sont rapprochés, moins on peut franchir les lignes.
✓ La couleur est blanche, hormis le marquage temporaire, ou relatif à l'arrêt ou au stationnement, qui est jaune.
✓ Une ligne de dissuasion ne se trouve que sur une route étroite et sinueuse.
✓ Les lignes larges délimitent une voie réservée.

MINI ÉVAL

1- Pour dépasser un deux-roues à moteur, je peux chevaucher la ligne :
OUI_____________A ❑
NON_____________B ❑

2- Je peux dépasser :
OUI_____________A ❑
NON_____________B ❑

3- Je circule sur une route :
à sens unique_____________________A ❑
ou
à double sens de circulation_________B ❑

4- Une panne mineure m'oblige à circuler en dessous de 60 km/h. Je suis bien placé :
OUI___________A ❑
NON___________B ❑

Réponses : 1-B 2-B 3-A 4-A

Feux de signalisation

Fonctionnement normal

Les feux servent à attirer l'attention sur un lieu ou à régler un ordre de passage. On les trouve particulièrement aux intersections, mais ils peuvent aussi gérer le passage des piétons ou encore une sortie de caserne de pompiers.

Ils sont annoncés hors agglomération, et en agglomération lorsque la situation l'exige, par un panneau de danger.

Je suis autorisé à passer mais je ralentis. J'ai le pied devant le frein et contrôle de chaque côté et derrière moi. Toutefois, si l'intersection est encombrée, je ne m'engage pas.

Si le jaune s'allume, je m'assure que je peux m'arrêter sans danger.
C'est un signal d'arrêt ! Il dure 3 secondes en agglomération.
Je tiens compte de la proximité des usagers qui me suivent.

Au rouge, je m'arrête à l'aplomb du signal, toujours avant un passage pour piétons ou au niveau de la ligne d'effet au sol.

Il arrive parfois que le bloc de feux soit placé en horizontal.

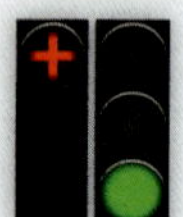

Un répétiteur (en croix) peut être placé au dos du feu en face lorsque les phases sont décalées. Cela nous permet de tourner à gauche sans céder le passage en face.

Symboles

Les feux contenant un symbole ne s'adressent qu'aux usagers désignés.

Seuls les bus sur la voie réservée sont concernés.

Seuls les cycles et les cyclomoteurs sont concernés.

Autorisation du franchissement du feu pour les cyclistes qui souhaitent tourner à droite, sous réserve de passer avec prudence.

Cas particuliers des feux

Les flèches :

La flèche jaune clignotante accolée au feu rouge autorise le passage dans la direction de la flèche (à droite, à gauche, ou tout droit) à la condition de céder le passage aux autres usagers et aux piétons.

Les feux en forme de flèche concernent les directions indiquées.
Ils sont placés près des voies ou sur un portique juste au dessus.

Les feux jaunes clignotants :

S'il n'existe aucun panneau associé, je cède le passage à droite. *(voir p. 116)*

Le feu jaune clignotant en remplacement du feu vert autorise le passage avec une extrême prudence. C'est un feu permanent qui passe du jaune clignotant en bas au jaune fixe au milieu, puis au rouge.

Lorsque le feu jaune du milieu clignote, il signifie que le déroulement normal des feux est temporairement arrêté.

Si les feux ne fonctionnent pas, je respecte l'ordre de passage, de la même façon que si le feu était clignotant au milieu. Dans tous les cas où le feu jaune clignote, si des panneaux de priorité sont placés sur les feux, j'applique alors l'ordre de priorité correspondant au panneau. A défaut, je respecte la priorité à droite.

Les piétons

Ces feux concernent les piétons. Ils sont parfois utiles pour se préparer à redémarrer.

Un signal lumineux ❶ peut rappeler qu'il faut céder le passage aux piétons lorsqu'on tourne.

Autres feux

Les feux peuvent être utilisés en dehors d'un bloc de feux tricolores.

Feux bicolores aux péages d'autoroute, de parking...
Le rouge impose l'arrêt.
Le vert ouvre le passage.

Feu rouge clignotant pour ordonner l'arrêt. Seul ou couplé, le feu rouge clignotant impose l'arrêt. Je peux en trouver aux passages à niveau, à l'approche d'une piste d'aérodrome ou encore à l'entrée ou dans un tunnel.

Feu jaune clignotant pour attirer l'attention et faire ralentir.
Les feux clignotants jaunes attirent l'attention sur un lieu particulièrement dangereux. Je ralentis pour adapter ma vitesse.

Les feux d'affectation des voies ouvrent et ferment les voies à la circulation. Je les trouve au niveau des péages d'autoroute, à l'entrée et dans les tunnels, ainsi que sur des ponts de grande portée.

Voie fermée

Voie ouverte

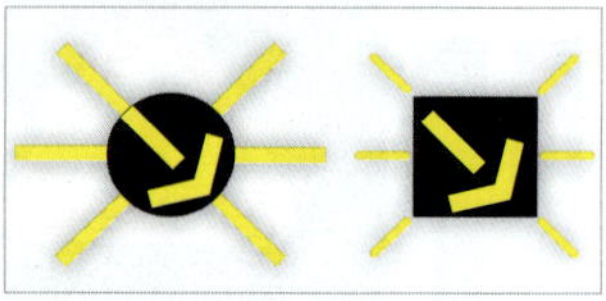

Changer de voie du côté de la flèche

Signalisation temporaire

La signalisation temporaire reprend certains panneaux et le marquage au sol, avec pour couleur de fond le jaune. Le rouge est aussi utilisé pour les balises.
La signalisation temporaire remplace la signalisation courante même si celle-ci n'est pas recouverte.
Attention au personnel au travail !

Les panneaux de danger

Ils annoncent un changement intervenu sur la route. Cela peut concerner l'état de la chaussée, la présence de travaux, ou un événement ponctuel comme un accident ou un bouchon.

Cassis, dos d'âne

Chaussée rétrécie

Chaussée glissante

Travaux

Autres dangers.
La nature du danger peut ou non être précisée par un panonceau.

Annonce de signaux lumineux réglant la circulation.

Projection de gravillons

Bouchon

Accident

Annonce de nappes de brouillard ou de fumées épaisses.

Les balises

Elles sont en appui de la signalisation et jalonnent des cheminements.

Barrages.
Signalisation de position de travaux ou de tout autre obstacle à caractère temporaire

Signal de position d'une déviation ou d'un rétrécissement temporaire de chaussée

Signalisation de position des limites d'obstacles temporaires

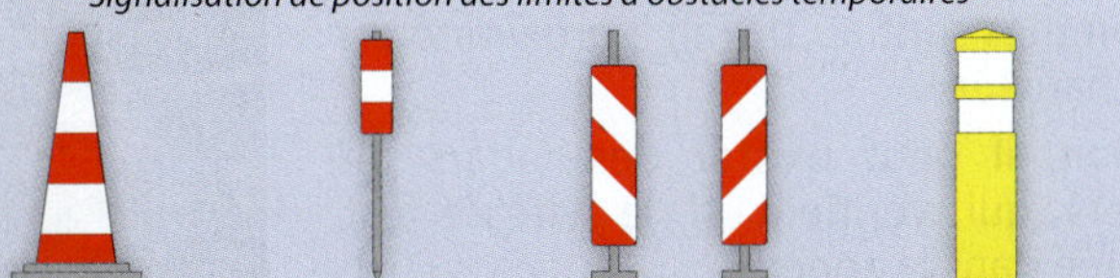

Dispositif conique — *Piquet* — *Balises d'alignement* — *Balise de guidage*

Les indications

Ces panneaux informent sur l'accessibilité d'une route et sur les trajectoires ou directions à prendre.

Indication de chantier important ou de situations diverses

Présignalisation de changement de chaussée ou de trajectoire

Affectation de voies

Annonce de la réduction du nombre des voies laissées libres à la circulation sur routes à chaussées séparées

Direction de déviation avec mention de la ville

Direction de déviation

Présignalisation de déviation

Présignalisation

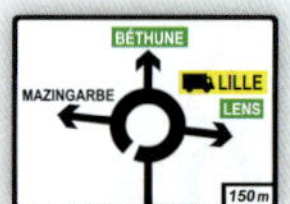

Présignalisation de l'origine d'un itinéraire de déviation

Confirmation de déviation

Fin de déviation

Feux de balisage et d'alerte

Signalisation complémentaire d'un itinéraire de déviation

Utilisé pour différencier le jalonnement de plusieurs itinéraires de déviation qui se croisent

La signalisation embarquée

Des hommes sont au travail à proximité ou sur la chaussée.

Attention, il peut exister des radars de chantiers qui vérifient si la vitesse est respectée dans la zone.

Le passage alterné

Il peut être réalisé avec un personnel de chantier, tenant des panneaux, ou par des feux automatisés.

Annonce de la circulation alternée :
Un panneau d'indication ou de danger.

Face rouge :
Je m'arrête.

Face verte :
Je passe à vitesse réduite.

Feu rouge :
Je m'arrête.

Vert ou jaune clignotant en bas :
Ma voie est ouverte et je ne m'engage que si la circulation en face a terminé de passer. Je circule avec prudence.

Jaune clignotant au milieu :
Les deux sens de circulation sont ouverts mais les travaux existent. Je passe avec prudence.

Passage alterné :
Il arrive parfois que l'alternat des voies en travaux s'effectue avec cette signalisation.

Le marquage au sol

Le marquage au sol annule et remplace le marquage blanc qui est en place.
Bien souvent, le marquage blanc est alors effacé.

Les lignes jaunes signifient la même chose que les lignes blanches.

Je dois toujours adapter mon allure du fait des travaux et de la présence de personnel au travail.

Pour assurer la sécurité des personnels en intervention, il y a obligation pour tout conducteur de s'écarter, en changeant de voie ou en demeurant dans sa voie, à l'approche d'un véhicule immobilisé ou en intervention faisant usage de feux spéciaux ou de feux de détresse sur la route ou en bord de route.

Le non-respect de cette obligation est sanctionné d'une amende prévue pour les contraventions de la quatrième classe.

Attention aux projections de gravillons !

Flèche lumineuse d'urgence ou de rabattement ⑩

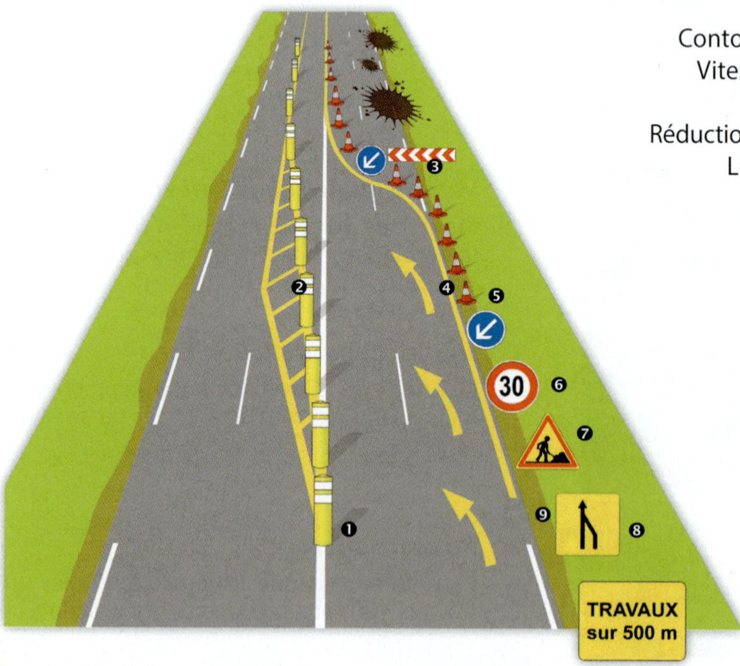

Balises de guidage ❶
Zébra ❷
Rétrécissement de la chaussée ❸
Changement de voie ❹
Contournement d'obstacle ❺
Vitesse limitée à 30 Km/h ❻
Travaux ❼
Réduction du nombre de voies ❽
Ligne de rive continue ❾

EN RÉSUMÉ

✓ *Les feux servent à attirer l'attention et à gérer l'ordre de passage des usagers.*
✓ *Dans tous les cas, le rouge impose l'arrêt, le jaune incite à ralentir ou s'arrêter et le vert ouvre la voie à la circulation.*
✓ *La signalisation temporaire prévaut sur toute autre signalisation. Elle est principalement à fond jaune. Le balisage est alors rouge et blanc.*

MINI ÉVAL

1- Lorsque ce feu s'allume, il est :
rouge __________ A ❑
ou
jaune __________ B ❑

2- Je peux suivre ce véhicule :
OUI __________ A ❑
NON __________ B ❑

3- Je dois tenir compte :
- du feu uniquement __________ A ❑
- du panneau uniquement __________ B ❑
- du feu et du panneau __________ C ❑

4- Ce panneau est temporaire :
OUI __________ A ❑ NON __________ B ❑
Il signale un risque de verglas :
OUI __________ C ❑ NON __________ D ❑

Réponses : 1-A 2-A 3-A 4-AD

1- Je vais rendre visite à des amis.
Je peux emprunter cette voie :
OUI________________________________A ❑
NON________________________________B ❑

2- Ce signal peut être normalement placé à proximité :
- d'une école ______________________A ❑
- d'un centre aéré _________________B ❑
- d'une colonie de vacances__________C ❑
- d'un passage piétons______________D ❑

3- Ce panneau m'annonce :
- un cours d'eau____________________A ❑
- un lieu-dit _______________________B ❑
- une réserve naturelle______________C ❑

4- Les balises signalent :
un virage__________________________A ❑
ou
une intersection____________________B ❑

5- J'entre dans une zone à vitesse limitée appelée « zone 30 » :
OUI________________________________A ❑
NON________________________________B ❑

6- Le dépassement est interdit :
sur 500 m________________A ❑
ou
à 500 m_________________B ❑

7- En circulation normale, je suis bien placé :
OUI_____________________A ❑
NON____________________B ❑

8- Je tracte une caravane.
Je tourne à droite :
OUI_____________________A ❑
NON____________________B ❑

9- Je suis la trajectoire imposée par :
les lignes blanches__________A ❑
ou
les lignes jaunes___________B ❑

10- Ces signaux annoncent :
- un endroit fréquenté par des enfants____A ❑
- la position d'un passage pour piétons____B ❑
- un cassis ou dos-d'âne_________________C ❑
- un ralentisseur ______________________D ❑

Réponses : 1-A 2-ABC 3-A 4-B 5-B 6-A 7-B 8-A 9-B 10-BD

Types d'intersections

En premier lieu, il faut définir ce qu'est une intersection.
Ce sont des routes venant de directions différentes qui se croisent au même niveau.

Il existe ensuite plusieurs cas de figures d'intersections. Attention ! La rue la plus large ne bénéficie pas forcément d'une priorité de passage.

Intersection en croix :

C'est le cas de figure classique de la plupart des intersections.
Le danger vient de gauche comme de droite.

Intersection en T :

Une seule branche se raccorde à une route. Attention si je débouche de la branche du bas !
Le danger vient de gauche comme de droite.

Bifurcation :

C'est la séparation d'une route en deux.

Intersection en jonction :

Ce sont deux routes qui se rejoignent pour n'en faire qu'une.

Intersection en rond-point :

Elle sert à faire ralentir et à fluidifier la circulation.

Du fait que des routes se coupent, l'intersection est donc un lieu dangereux où je dois :
- repérer l'intersection suffisamment tôt ;
- ralentir selon la visibilité alentour ;
- comprendre l'ordre de passage ;
- observer le comportement des autres.

Repérer :
Les intersections ne sont pas toujours visibles dans l'environnement. Une trouée dans la végétation ou dans l'alignement des arbres peut être un indice. Les balises servent à les voir de loin de jour comme de nuit. J'avertis alors à l'avance avec le clignotant si je change de direction.

Ralentir :
Selon la visibilité sur l'ensemble de l'intersection et sur les routes qui croisent mon axe, je vais ralentir. Si nécessaire, je place au moins le pied devant le frein, en protection.

Comprendre :
Rapidement, je cherche à savoir comment se croisent les voies, comment appliquer l'ordre de passage et comment me placer selon la direction que je vais suivre.

Observer :
J'observe les usagers, leur vitesse, leurs placements, leurs intentions de direction. J'essaie de voir dans leur comportement s'ils m'ont vu et s'ils prennent en compte ma présence.

Régime des passages

La « priorité » n'est pas un droit !
En intersection, il existera toujours un ordre de passage des usagers !
Voici les deux règles que je dois observer en toutes circonstances :
- il faut considérer qu'un usager doit céder le passage à un autre usager ;
- jamais je n'impose donc mon droit de passage, mais je vérifie toujours qu'on me cède le passage.

Cas Général

Sans panneau d'intersection :

Je cède le passage aux usagers qui arrivent à ma droite ! Les usagers qui arrivent par la gauche cèdent le passage à ceux qui arrivent à leur droite. On l'appelle communément la « priorité à droite », mais si je viens de la droite, je contrôle d'abord à ma gauche qu'on me laisse passer.

Avec panneau d'intersection :

Cette croix rappelle l'application du cas général.

Les panneaux d'intersections sont pour la plupart de forme triangulaire, ce qui signifie avant toute chose un DANGER ! Ils imposent l'adaptation de l'allure.

Dans les cas ci-dessous, qui passe ?

❶ ❷ ❸

❶ La jaune laisse passer la bleue

❷ La jaune laisse passer la bleue

❸ C'est la courtoisie de chacun qui solutionne cette situation.

Priorité de passage

Il existe deux types de panneaux désignant le ou les carrefours protégés par des panneaux de cédez-le-passage ou des stops.

❶

La flèche barrée ou « priorité ponctuelle » :

L'intersection que je vais rencontrer est protégée. Je vérifie cependant qu'on me cède le passage.

Début et fin de route à caractère prioritaire :

Le premier panneau signifie que toutes les intersections que je vais rencontrer sont protégées.
Le deuxième panneau signifie que le statut à caractère prioritaire de la route prend fin. Ce dernier n'indique en rien le régime des passages dans les intersections suivantes.
Je reste très vigilant.

→ Hors agglomération :
Ce panneau est répété après chaque intersection et tous les 5 km.

→ En agglomération :
Ce panneau est répété juste avant chaque intersection ou sur un bloc de feux tricolores.

→ En entrée d'agglomération :
La route garde son statut durant la traversée de l'agglomération.

→ En jonction de route rapide ou d'autoroute, l'une des branches peut conserver ou perdre son statut de caractère prioritaire.

Céder le passage seulement :

Hors agglomération, le panneau est précédé par une présignalisation placée 150 m avant l'intersection.

S'arrêter et céder le passage :

Hors agglomération, le panneau est précédé par une présignalisation placée 150 m avant l'intersection.

Précisions importantes

Céder le passage signifie :

- ne pas faire ralentir l'autre usager ;
- ne pas faire modifier la trajectoire de l'autre usager.

Lorsqu'il y a un arrêt à effectuer, il doit durer au moins le temps de regarder par deux fois autour de soi. Il doit être complet, les roues bien immobilisées.

Ligne d'effet du Cédez-le-passage :

Si je dois m'arrêter, je le fais à l'aplomb de la ligne.

Ligne d'effet du Stop :

Je dois marquer un temps d'arrêt à l'aplomb de la ligne.

Attention aux divers aménagements des carrefours ! Parfois je dois céder le passage à gauche et en face ❶ ou à droite et en face ❷.

❶

❷

Deux sortes de giratoires

Définition du rond-point :

Un rond-point, ou un carrefour giratoire, est à la fois un carrefour, car plusieurs routes arrivent sur celui-ci, et une chaussée en anneau. Il peut y avoir plusieurs voies circulaires à l'intérieur.

Tous les ronds-points répondent à deux objectifs :

- faire ralentir la circulation ;
- favoriser les échanges de directions.

Il va donc de soi qu'on entre dans un rond-point à vitesse réduite, soit entre 30 et 50 km/h selon l'aménagement. Jamais au-delà de cette vitesse ! Et parfois bien moins vite...

Les ronds-points classiques :

Ce sont les plus anciens. Ceux qui circulent sur l'anneau cèdent le passage à ceux qui y entrent, c'est à dire à droite. Ces ronds-points ont tendance à disparaître, remplacés par des carrefours giratoires.

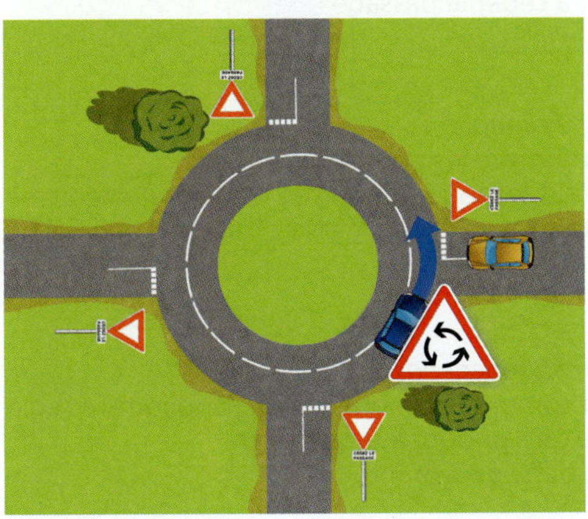

Les carrefours giratoires :

Je laisse passer ceux qui circulent déjà sur l'anneau. En agglomération, il arrive que seules les lignes d'effet du « cédez-le-passage » existent.

Attention aux changements de voie sur l'anneau ! Je dois toujours vérifier que la voie est libre.

Les feux tricolores

Ils gèrent les flux de circulation. Sur certains boulevards, pour fluidifier le trafic, les feux sont réglés pour s'allumer selon la vitesse des véhicules ne dépassent pas les 50 km/h (onde verte).

Les piétons :
Je leur cède toujours le passage lorsque je tourne à gauche ou à droite.

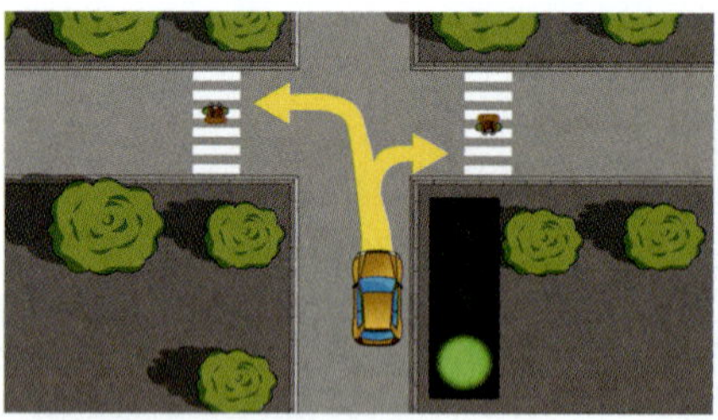

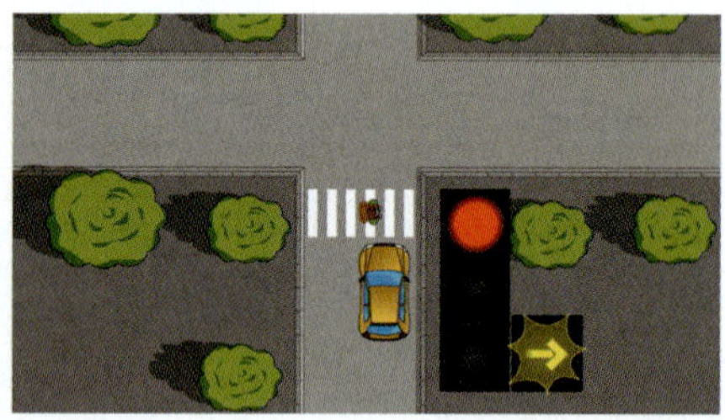

Les feux dotés d'une signalisation d'intersection :

Les feux fonctionnent :
Je ne prends pas en compte les panneaux.
Ici, je n'ai pas à céder le passage !

Le feu est jaune clignotant :
Je prends en compte les panneaux.
En présence du losange, les autres usagers doivent me céder le passage. Il en est de même s'il s'agit d'une flèche barrée.

Les feux ne fonctionnent pas :
Je prends en compte les panneaux ou j'applique la règle générale dite de « priorité à droite ».
Ici, je cède le passage à droite.

EN RÉSUMÉ

✓ *Je dois céder le passage, ou les autres doivent me céder le passage. Cela ne signifie pas que je peux imposer une quelconque priorité !*

✓ *Aux intersections, la règle générale consiste à céder le passage aux usagers qui se présentent à ma droite. Sinon je me réfère aux panneaux implantés.*

✓ *Lorsqu'ils fonctionnent, les feux prévalent sur les panneaux d'intersection.*

MINI ÉVAL

1-
Je passe ______________________ A ❑
ou
je cède le passage ______________ B ❑

2- On doit obligatoirement me céder le passage :
à la prochaine intersection
OUI________A ❑ NON________B ❑
aux intersections suivantes
OUI________C ❑ NON________D ❑

3-
L'axe principal vire à droite :
OUI________A ❑ NON________B ❑
Je dois céder le passage :
OUI________C ❑ NON________D ❑

4- Je devrai céder le passage à la prochaine intersection :
OUI____________A ❑
NON____________B ❑

Réponses : 1-B 2-AD 3-AD 4-B

Cas particuliers

Les colonnes et cortèges

Il est interdit de couper une colonne ou un cortège en marche (convoi militaire ou de police, mariage, sépulture, etc.), ou de m'y insérer. Je leur cède donc le passage s'ils sont engagés dans une intersection.

Les agents

Les forces de l'ordre sont constituées de gendarmes hors agglomération, de policiers en agglomération, de CRS sur les autoroutes et les routes, ou encore de douaniers. Tous sont habilités pour effectuer des contrôles et régler la circulation.

Leurs signes prévalent sur toute autre signalisation par marquage au sol, par panneau ou par feu. Ils servent à assurer les ordres de passage, ou à gérer la fluidité du trafic dans les intersections.

Je m'arrête !

De face, circulation arrêtée !

De dos, circulation arrêtée !

De profil, je peux passer !

Je ralentis !

Je dégage rapidement !

Diverses situations

Les chemins de terre :

Je reste très attentif et prudent lorsque ma route croise un chemin de terre car son statut est très flou, selon qu'il est à usage public ou privé.

En règle générale, lorsque je débouche d'un chemin de terre, d'un parking, d'une voie privée ou d'une sortie de centre commercial, je cède toujours le passage à l'axe routier rencontré.

Lorsqu'une piste ou une bande cyclable, ou une voie pour bus par exemple, longe les voies de circulation, je dois céder le passage si je les coupe pour tourner à droite ou à gauche.

Voies encombrées :

Lorsqu'une voie ou un carrefour est encombré, je ne peux pas m'engager si je ne suis pas sûr de pouvoir dégager rapidement.

Les bus en agglomération :

Lorsqu'un bus quitte un arrêt matérialisé, je dois permettre son démarrage et son insertion en ralentissant ou en m'arrêtant si nécessaire.

Lorsque le passage est étroit dans une rue ou en intersection, je vais toujours faciliter son passage ou sa manœuvre pour tourner par exemple.

Signalisation dynamique

La signalisation dynamique est destinée à délivrer des messages amenés à être modifiés fréquemment ou nécessitant d'être activés dans des délais très brefs.

Elle informe les usagers des perturbations affectant ou pouvant affecter leur parcours et les conseille dans les situations difficiles.

Elle poursuit trois objectifs :

La sécurité : il s'agit d'éviter les sur-accidents ou les accidents sur les dangers évolutifs.

Signalisation dynamique d'une queue de bouchon

Signalisation dynamique d'un accident

Présence de piétons à un passage pour piétons ou rappel d'un passage pour piétons

L'information :

il convient d'annoncer les conditions de circulation et ou de déplacement en cours ou prévues.

Annonce de présence relativement proche de nappes de brouillard ou de fumées épaisses

Signalisation dynamique de travaux

Annonce d'une chaussée particulièrement glissante

Annonce d'un danger proche de dégradation des conditions de circulation liée à des chutes de neige ou à de la pluie verglaçante

La gestion du trafic :

il est nécessaire d'optimiser le fonctionnement des réseaux (par exemple : harmonisation des vitesses, arrêt et/ou contrôle du trafic, détournement de tout ou partie du trafic).

Annonce de la fermeture d'un passage à niveau muni de barrières avec indication sur panonceau

Accès interdit aux véhicules affectés au transport de marchandises

Accès interdit aux véhicules tractant une caravane ou une remorque de plus de 250 kg, tel que le poids total roulant autorisé, véhicule et caravane ou remorque, ne dépasse pas 3,5 t

EN RÉSUMÉ

✓ En sortant d'un parking, d'un centre commercial, d'un lieu privé ou d'un chemin de terre, je cède le passage.
✓ Je cède le passage avant de couper une voie réservée.
✓ Je ne m'engage pas si l'intersection est encombrée.
✓ Je facilite le démarrage ou les manœuvres des bus en agglomération.
✓ Je respecte en priorité les gestes des agents qui priment sur toute autre signalisation.
✓ Je suis attentif aux panneaux à message variable ou à la signalisation dynamique qui peuvent m'alerter d'une situation à risque spécifique.

MINI ÉVAL

1-
Les feux priment sur les panneaux d'intersection :
OUI__________A ❑ NON__________B ❑
Les forces de l'ordre priment sur les feux :
OUI__________C ❑ NON__________D ❑

2-
Je cède le passage au véhicule noir :
OUI__________A ❑ NON__________B ❑
Je ralentis :
OUI__________C ❑ NON__________D ❑

3- Je dois céder le passage à droite aux usagers sortant de ce chemin :
OUI ______________________________A ❑
NON ______________________________B ❑

4- Je peux suivre immédiatement ces véhicules qui roulent au pas :
OUI ______________________________A ❑
NON ______________________________B ❑

Réponses : 1-AC 2-BC 3-B 4-B

1- J'ai la « priorité » de passage :
à cette intersection seulement________A ☐
ou
à toutes les intersections suivantes________B ☐

2- Les feux jaunes clignotent et je tourne à gauche à l'intersection.
Je laisse passer le véhicule blanc :
OUI ________________________A ☐
NON ________________________B ☐

3- Ce véhicule avance prudemment dans l'intersection.
Je passe________________________A ☐
ou
je cède le passage________________B ☐

4- Les feux viennent de passer au jaune.
Je passe________________A ☐
ou
je m'arrête______________B ☐

5- Je céderai le passage :
à droite
OUI________A ☐ NON________B ☐
à gauche
OUI________C ☐ NON________D ☐

6- A la prochaine intersection
- je cèderai le passage :
Oui ______________________________ A ❑
Non ______________________________ B ❑

7- La route « prioritaire » continue :
à droite____________________ A ❑
ou
à gauche___________________ B ❑

8- Il n'y a pas de panneau d'intersection à l'entrée du rond-point.
Je cède le passage aux usagers venant :
de la gauche
OUI_________A ❑ NON_________B ❑
de la droite
OUI_________C ❑ NON_________D ❑

9- La balise indique le régime de priorité à appliquer à l'intersection :
OUI_________A ❑ NON_________B ❑
Je devrai céder le passage à la voiture noire :
OUI_________C ❑ NON_________D ❑

10- Je m'apprête à démarrer :
OUI________________________A ❑
NON_______________________B ❑

Réponses : 10-A 9-BD 8-BC 7-B 6-A 5-AD 4-B 3-B 2-A 1-A

Croisements

Sur une chaussée le croisement s'effectue lorsque deux usagers arrivent l'un en face de l'autre. La règle générale consiste à se croiser par la droite !

Règles générales

Serrer à droite :
Je dois serrer à droite et ralentir si nécessaire.

Obstacle sur la chaussée :
Des travaux, un véhicule mal garé, en panne, ou pour dépasser un cycliste : ce sont les seuls cas où je peux chevaucher ou franchir une ligne continue, après avoir pris toutes les précautions de sécurité. L'usager gêné par l'obstacle cède le passage à l'autre.

Usager de gros gabarit :
Les conducteurs de véhicules dont la largeur est égale ou supérieure à 2 m, ou dont la longueur est supérieure ou égale à 7 m, doivent faciliter le croisement en serrant à droite, quitte à s'arrêter pour laisser passer un autre usager. Cela peut être moi si je tracte une remorque ou une caravane.

Bus en agglomération :
Contrairement à la règle sur le gabarit des véhicules, c'est à moi de faciliter le passage aux bus en agglomération si le passage est étroit.

Véhicules d'urgence :
Je laisse passer les véhicules qui font usage de leur gyrophare bleu et/ou de leur avertisseur sonore à plusieurs tons lorsqu'ils se rendent sur le lieu de leur intervention.

Routes de montagne et routes à forte déclivité

Sur une route en déclivité (en pente), si le croisement s'avère difficile, il faut appliquer une première règle qui ne tient pas compte du gabarit du véhicule. Celui qui descend doit s'arrêter le premier.

Si le croisement s'avère malgré tout impossible, il faut alors appliquer la deuxième règle qui tient compte des possibilités de manœuvre des véhicules.

Qui doit reculer si nécessaire ?

Poids lourd ou véhicule léger ?

C'est le véhicule le plus léger qui effectue la marche arrière.

Véhicule unique ou ensemble attelé ?

Le véhicule unique effectue la marche arrière, car l'ensemble attelé est moins maniable.

Poids lourd ou transport en commun ?

Le véhicule de transport en commun n'effectue pas la marche arrière car le risque est élevé. C'est donc au camion de reculer.

Véhicules de même catégorie :

Celui qui descend doit reculer pour se ranger, sauf si l'autre usager peut se ranger plus facilement.

Cas particuliers

Parfois des conditions particulières m'invitent à suivre les indications d'un agent ou la signalisation...

Convois exceptionnels :

Je dois serrer à droite et éventuellement m'arrêter lorsqu'un motard d'escorte fait signe. Parfois un véhicule spécialisé invite au rangement sur le côté.

Un convoi exceptionnel est difficilement maniable.

Ces convois sont dotés de gyrophares jaunes et d'une plaque « convoi exceptionnel ».

Sens alternés pour travaux :

Des travaux peuvent réclamer un passage de manière alternée.

Les sens de circulation peuvent être gérés par des feux ou par des techniciens portant des panneaux mobiles, ou encore par panneaux.

Croisement difficile :

Un pont, un tunnel, un passage étroit en agglomération nécessitent parfois d'organiser un ordre de passage. Je ne peux m'engager que si la voie est libre ! En effet, un usager peut s'être engagé avant mon arrivée.

Je laisse passer

Je peux passer

EN RÉSUMÉ

✓ *Le croisement s'effectue par la droite.*
✓ *Le véhicule de largeur égale ou supérieure à 2 m, ou de longueur égale ou supérieure à 7 m, ralentit, serre à droite, et s'arrête si nécessaire pour faciliter le croisement.*
✓ *En pente :*
- celui qui descend doit s'arrêter le premier et éventuellement reculer ;
- le plus léger recule ;
- le véhicule isolé recule face au véhicule attelé ;
- le poids lourd recule par rapport au transport en commun.

MINI ÉVAL

1- Selon la signalisation, d'éventuels usagers arrivant en sens inverse doivent me céder le passage :
OUI__________A ❑
NON__________B ❑

2- J'ai la priorité de passage :
OUI__________A ❑ NON__________B ❑
Je m'engage :
OUI__________C ❑ NON__________D ❑

3- Je tracte une remorque. Dans cette descente, en cas de croisement, c'est à moi de m'arrêter :
OUI__________A ❑
NON__________B ❑

4- La voie semble libre après le passage des deux-roues.
Je peux commencer à démarrer :
OUI__________A ❑
NON__________B ❑

Réponses : 1-A 2-BC 3-A 4-B

Dépassements

En règle générale, les dépassements s'effectuent par la gauche !

Trois exceptions à cette règle :

Un usager qui désire tourner à gauche et qui l'a signalé doit être dépassé par la droite. J'attends pour dépasser !

Lorsque la circulation est établie en files ininterrompues, le dépassement s'effectue sans changer de file.

Un tramway est dépassé par la droite ou par la gauche. Sauf à l'arrêt, du côté de la montée et de la descente des passagers.

Attention aux voies de dépassement !

Dans un sens unique, personne ne viendra en face. Je peux rester sur la voie de gauche pour dépasser plusieurs usagers à la fois, mais je dois revenir ensuite à droite.

Sur une chaussée à double sens de circulation et à deux voies, le dépassement s'effectue sur la voie réservée à la circulation en sens inverse. J'attends donc que cette voie soit libre pour dépasser !

Sur une chaussée à trois voies, celle du milieu sert parfois aux dépassements pour les deux sens de circulation. Je ne peux pas utiliser la voie la plus à gauche. Attention aux usagers qui tournent à gauche alors qu'on pense qu'ils dépassent !

Ces routes à 3 voies sont désormais pour la plupart aménagées avec des créneaux de dépassement.

Début

Fin

Les interdictions liées à l'environnement

L'espace disponible et visible devant soi doit être important, il faut environ 250 m pour dépasser, et une visibilité d'environ 500 m.

Il est interdit de dépasser à proximité d'un virage et d'un sommet de côte, sauf si on laisse libre la partie gauche de circulation.

Il est interdit de dépasser par mauvaise visibilité (brouillard).

Enfin, il est dangereux de suivre un véhicule qui cache les voies devant soi : un camion par exemple.

Les interdictions liées aux panneaux

Début d'interdiction de dépasser sauf les deux-roues sans side-car

Interdiction de dépasser dans les intersections où je dois céder le passage. Sauf les deux-roues sans side-car

Fin d'interdiction de dépasser

Interdiction de dépasser lorsqu'il n'y a pas de barrières. Très déconseillé s'il y a des barrières

Les interdictions liées au marquage au sol

Une ligne d'avertissement, accompagnée de trois flèches de rabattement, précède une ligne continue.

Je dois avoir terminé le dépassement avant la ligne continue.

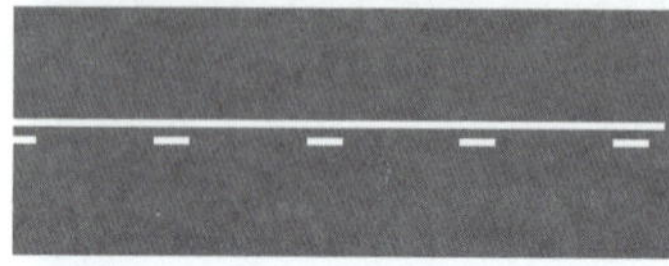

Lorsque la ligne est mixte, si la ligne continue est de mon côté, je ne peux pas dépasser. Si la ligne discontinue est de mon côté, je peux dépasser.

Il existe toutefois une exception lorsque je dois contourner un obstacle ou un chantier fixe ou mobile. Je prends toutes les précautions pour le dépasser.

Une ligne de dissuasion ne se trouve que sur une route étroite et sinueuse, ou en montagne ! Elle remplace une ligne continue et, de fait, interdit les dépassements, hormis ceux des véhicules circulant très lentement. Tout autre dépassement est alors considéré comme dangereux !

Passage pour piétons :

Attention au véhicule qui s'arrête devant moi au niveau d'un passage pour piétons ! Le conducteur laisse peut-être traverser quelqu'un... Si c'est le cas, je renonce au dépassement !

Les précautions et obligations

Cette ligne est une ligne de dissuasion de sortie ❶. Elle empêche de passer brutalement de la voie de gauche vers la sortie.
Cette ligne ne m'empêche donc pas de me rabattre pour terminer un dépassement.

En présence de voies de sélection, je reste sur la voie que j'ai sélectionnée, même si la file de gauche est plus lente que la mienne. Je dois me placer si possible dès le début, et rester dans cette voie.

Distance de sécurité latérale : d'une manière générale, il n'y a pas de distance minimale à respecter entre les véhicules. Je dois faire en sorte de ne pas accrocher l'usager que je dépasse.
Pour tous les autres usagers de la route (engin à deux ou trois roues, piéton, cavalier, animal, véhicule à traction animale), je dois laisser au minimum :
- 1,5 m si je circule hors agglomération ;
- 1 m si je circule en agglomération.

Je peux toutefois dépasser un cycliste en chevauchant une ligne continue.

Lorsque c'est possible, je laisse plus de distance !

Lorsque je dépasse un véhicule lourd, je m'apprête à devoir maintenir ma trajectoire avec souplesse, car je peux subir un déplacement d'air à la hauteur du véhicule et surtout à la fin du dépassement.

La manœuvre de dépassement

Je dispose d'une réserve de puissance qui permet une manœuvre rapide.

Avant le dépassement :

Trois précautions de contrôle, vérifier :

- que personne ne me dépasse (regard dans les rétroviseurs, puis à côté de moi) ;
- qu'il n'y a pas d'interdiction ;
- qu'un espace est suffisant devant moi et pour me rabattre ;

Je regarde dans les rétroviseurs (intérieur et extérieur), puis à côté de moi.

J'avertis avec le clignotant et, si besoin, j'effectue un appel de feux.

Pendant le dépassement :

J'accélère sans dépasser la limitation de vitesse.

J'évite de trop m'approcher juste derrière l'usager, et je déboîte tranquillement.

Fin du dépassement :

Deux impératifs :

- lorsque l'avant du véhicule dépassé commence à apparaître dans le rétroviseur intérieur, je suis certain qu'en me rabattant je ne l'accrocherai pas ;
- à la fin du dépassement, réduire l'allure car la vitesse est désormais limitée à 80 km/h

Pour avertir de mon rabattement, je peux également mettre le clignotant à droite.

Être dépassé

Lorsqu'un usager me dépasse, j'ai quelques obligations à respecter.
Je dois considérer que celui qui me dépasse a calculé sa manœuvre en fonction de ma position, de ma trajectoire, et de ma vitesse.

Durant le dépassement :

Je surveille régulièrement les usagers qui me suivent, car ils peuvent me dépasser. Lorsque je suis sur le point d'être dépassé, je conserve mon allure et, si nécessaire, sur une route peu large, je serre à droite.

Lorsque le véhicule est devant moi, et si seulement la situation l'exige, je peux ralentir afin d'aider au rabattement. Sinon, je ne modifie pas mon allure.

Attention au gabarit :

Le conducteur d'un véhicule, dont le gabarit atteint ou dépasse 2 m de largeur ou 7 m de longueur, doit faciliter le dépassement (serrer à droite, ralentir et éventuellement s'arrêter). Cela peut me concerner avec une camionnette, une autocaravane, ou si je tracte une remorque.

La nuit :

La nuit, lorsque je circule derrière un usager, j'utilise les feux de croisement et lui les feux de route.

En passant à côté de lui, nous allons échanger les modes d'éclairage. Je vais passer en feux de route et lui en feux de croisement.

Ce changement s'effectue lorsque je suis sûr de ne pas l'éblouir par le rétroviseur extérieur gauche. J'allume les feux de route et il passe en feux de croisement. Ainsi, il n'y a pas de trou de lumière.

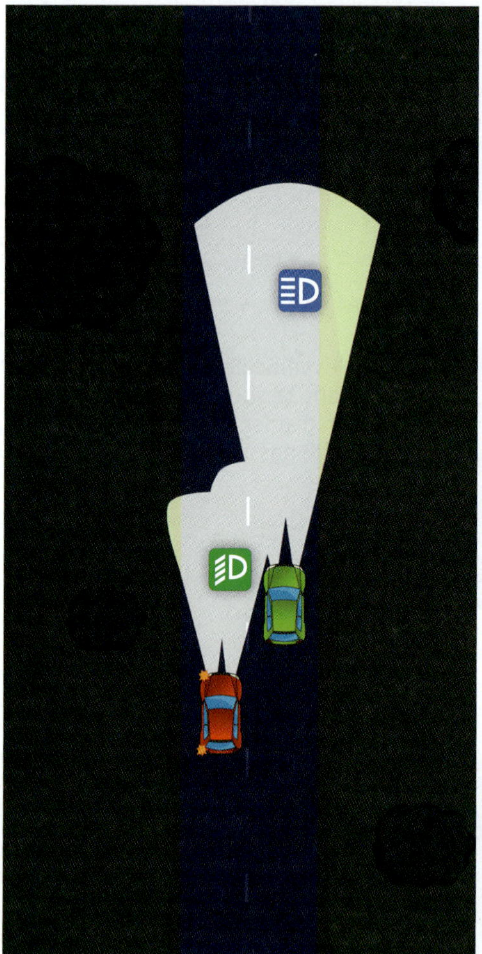

EN RÉSUMÉ

✓ *Le dépassement s'effectue par la gauche.*
✓ *Le dépassement est interdit par panneaux, dans une intersection où je dois céder le passage (sauf deux-roues), par une ligne continue (sauf cycliste), par un manque d'espace et de visibilité.*
✓ *Je ne dépasse pas un tramway à l'arrêt du côté de la montée ou de la descente des passagers.*
✓ *Je dépasse à droite les usagers qui signalent qu'ils tournent à gauche.*
✓ *Avant le dépassement, je vérifie la faisabilité (espace, visibilité, interdictions) et j'avertis.*
✓ *Pendant le dépassement, je respecte les distances latérales de sécurité.*
✓ *Après le dépassement, je laisse deux secondes de sécurité.*

MINI ÉVAL

1- J'emprunte la sortie signalée.
Je peux donc dépasser ce véhicule par la droite :
OUI__________A ❑
NON__________B ❑

2- Dépasser ce cycliste est ici autorisé :
OUI__________A ❑
NON__________B ❑

3- Les usagers de la file à ma gauche circulent moins vite que moi. Je peux remonter cette file par la droite :
OUI__________A ❑
NON__________B ❑

4-La signalisation autorise le dépassement :
OUI__________A ❑ NON__________B ❑
Je continue le dépassement :
OUI__________C ❑ NON__________D ❑

Réponses : 1-B 2-A 3-B 4-AC

1- Dans cette descente, le croisement est impossible :
je dois reculer ____________ A ❑
ou
le véhicule en face doit reculer ____________ B ❑

2- Je circule à 90 km/h.
L'interdiction de dépasser me concerne :
OUI ____________ A ❑
NON ____________ B ❑

3- Pour terminer la manœuvre, je suis autorisé à dépasser la limitation :
de 10 km/h
OUI ____________ A ❑ NON ____________ B ❑
de 20 km/h
OUI ____________ C ❑ NON ____________ D ❑

4- Le véhicule devant moi circule à 70 km/h. Je le dépasse :
OUI ____________ A ❑
NON ____________ B ❑

5- Dans cette descente, je dois m'arrêter pour laisser passer le véhicule arrivant en sens inverse :
OUI ____________ A ❑
NON ____________ B ❑

6- Je dépasse :
OUI ________ A ❑
NON ________ B ❑

7- Le croisement s'avère difficile. C'est à moi de m'arrêter :
OUI ________ A ❑
NON ________ B ❑

8- Sur cette route à caractère prioritaire, je peux dépasser :
OUI ________ A ❑
NON ________ B ❑

9- Dans cette descente :
Je ralentis ________ A ❑
Je m'arrête ________ B ❑
Je serre à droite ________ C ❑

10- Pour me rabattre, je peux mettre le clignotant à droite :
OUI ________ A ❑
NON ________ B ❑

Réponses : 1-A 2-A 3-BD 4-B 5-A 6-B 7-B 8-A 9-AC 10-A

Circuler à sa place

En marche normale, je circule à droite de la chaussée, autant que son état et son profil le permettent.
La voie de droite est donc la voie normale de circulation, les autres voies étant toutes réservées aux dépassements et au sens inverse de circulation.

La voie de droite peut être réservée à d'autres catégories d'usagers. Il peut s'agir d'une voie pour bus ou d'une bande cyclable.

Ou encore une voie pour véhicules lents.
Elle n'est pas réservée qu'aux seuls véhicules de transport de marchandises !
Je dois l'utiliser si ma vitesse est inférieure ou égale à 60 km/h.

Voies de sélection

Elles sont en général délimitées par des lignes discontinues rapprochées. Lorsqu'elles deviennent continues, je ne peux plus changer de position.

Elles sont dotées de flèches indiquant les directions desservies.

Des panneaux de direction sont implantés avant les voies de sélection, afin de pouvoir se positionner dès le début.
Il peut s'avérer dangereux de changer de voie au dernier moment.

Circuler en files ininterrompues

On considère qu'une circulation s'effectue en files ininterrompues sur plusieurs voies attribuées au même sens de circulation, lorsque dans un trafic chargé, les usagers ne laissent plus entre eux que la distance de sécurité.

Je reste alors dans ma file et n'en change que pour modifier ma direction.

Une file circulant plus vite qu'une autre n'est pas considérée comme effectuant un dépassement.

Voie de décélération

Une voie de décélération s'emprunte dès le début afin de profiter de sa longueur pour ralentir la vitesse.

Je ne commence à ralentir que lorsque le véhicule est entièrement engagé dessus.

Lorsqu'un panneau de limitation de vitesse est positionné à l'entrée de la voie, je dois le respecter. Ce qui m'oblige souvent à ralentir sur l'axe principal. Je préviens à l'avance avec le clignotant et parfois avec un appel des feux stop. Je surveille le comportement des usagers derrière moi.

Le rond-point ou carrefour giratoire

La règle générale oblige à circuler à droite !
Il est cependant autorisé de serrer à gauche si je sors à gauche de l'axe d'entrée.

La règle de passage est celle de la signalisation en place.

Sur l'anneau, je cède le passage en changeant de voie.

Où me placer ?

Je me rends directement à gauche de l'anneau si la voie est libre.

Si je ne sais pas où sortir, si je tracte une remorque, ou si je conduis une camionnette ou une autocaravane, je reste à droite, même pour faire le tour complet.

Le clignotant :

Le maintien du clignotant gauche sur l'anneau n'est pas obligatoire, mais l'absence de celui-ci risque de gêner ceux qui entrent et ceux qui sont derrière moi, car ils ne savent pas alors ce que je vais faire.

Je dois le mettre à droite pour signaler que je sors.

Sortir du carrefour giratoire :

Si je sors immédiatement, je mets directement le clignotant à droite, avant même d'entrer sur l'anneau.
Si je vais en face, je reste à droite.

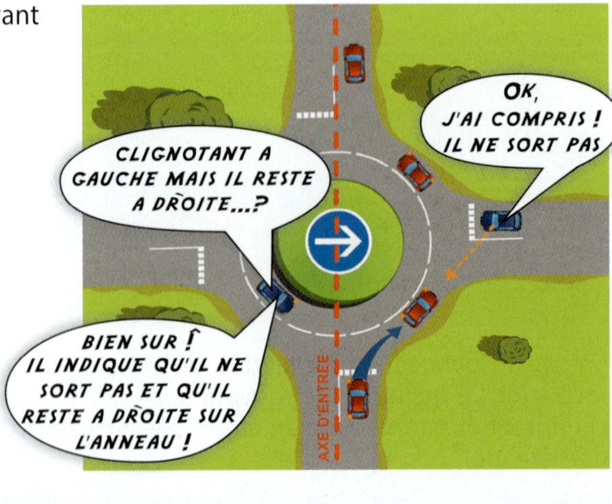

EN RÉSUMÉ

✓ *Je circule à droite autant que le permet la chaussée, ou en pleine voie lorsque les voies sont délimitées.*

✓ *Je ne circule pas sur les voies réservées aux bus ou aux cyclistes.*

✓ *Je ne circule pas sur les voies réservées aux véhicules lents si ma vitesse est supérieure à 60 km/h.*

✓ *Une voie de sélection s'emprunte si possible dès le début.*

✓ *Je ne change pas de voie lorsque la circulation est établie en files, sauf changement de direction.*

✓ *Une voie de décélération s'emprunte dès le début. Le ralentissement commence lorsque je suis entré dessus, sauf si une limitation est placée à l'entrée.*

✓ *Sur un carrefour giratoire, on circule à droite. Mais il est possible de serrer à gauche si l'on sort à gauche de l'axe d'entrée.*

MINI ÉVAL

1- La circulation est établie en files ininterrompues.

Je dois revenir sur la voie de droite ________ A ❏

Je peux emprunter la sortie numéro 12 _____ B ❏

Je reste où je suis ________________ C ❏

2- Je circule sur une voie de décélération :

OUI ________________ A ❏

NON ________________ B ❏

3- Je tourne à gauche de l'anneau.
Je mets le clignotant :

à gauche ______________ A ❏

ou

à droite ______________ B ❏

Réponses : 1-C 2-B 3-A

Adapter sa vitesse

Il y a la règle et son application raisonnée. Une limitation de vitesse n'est pas une vitesse obligatoire à atteindre, mais une vitesse à ne pas dépasser. Je dois de plus l'adapter en fonction de l'environnement et de la présence d'usagers.

Les limitations

Les limitations générales :

Les vitesses sont limitées en France et tendent à être les mêmes partout en Europe.

Tout conducteur doit maîtriser sa vitesse en fonction de l'environnement, des conditions météorologiques, de l'éclairement, ainsi que de la présence des usagers et de la densité du trafic.

«Attention : depuis le 1er juillet 2018, la limitation de vitesse générale est de 80 km/h sur toutes les routes hors agglomération à double sens de circulation. Cette vitesse peut être relevée à 90 km/h sur certains tronçons à sens unique.»

Autoroutes péri-urbaines :

Sur autoroute péri-urbaine, qu'on appelle aussi autoroute de dégagement, la vitesse peut être limitée à 110 km/h. Sur les autoroutes de liaison, la vitesse est limitée à 130 km/h.

Routes à accès réglementé :

Pour qu'une vitesse soit autorisée à 110 km/h sur une route, il faut que les sens de circulation soient séparés par un terre-plein central. Attention, une route à accès réglementé peut être à double sens de circulation, dans ce cas, la vitesse est limitée à 80 ou 90 km/h.

Conducteurs novices :

Les conducteurs en période probatoire et ceux en « conduite accompagnée » sont soumis aux vitesses sur routes, soit :

- 110 km/h au lieu de 130 km/h ;
- 100 km/h au lieu de 110 km/h ;
- 80 km/h sur les autres routes.

L'apposition du disque est obligatoire pendant 3 ans (2 ans pour ceux qui ont suivi l'Apprentissage Anticipé de la Conduite).

Environnement

Plus la route sera large et dégagée, plus elle sera en ligne droite et plus j'aurai tendance à rouler rapidement, sans bien m'en apercevoir.
Un limiteur de vitesse joue alors totalement son rôle de modérateur.

Une intersection avec peu de visibilité doit m'inciter à ralentir. J'ai au moins le pied devant le frein.
Il en est de même à l'approche d'un virage ou d'un sommet de côte, ou encore en descente. Un lieu-dit réclame lui aussi une vitesse adaptée.

Un autocar transportant des enfants est doté à l'avant et à l'arrière de ce logo. Je dois réduire ma vitesse lorsqu'il est à l'arrêt. De plus, je ne le dépasse qu'avec une extrême prudence. Sur une route étroite, je préfère m'arrêter et attendre qu'il redémarre.

Météorologie

La visibilité :

Par mauvaise visibilité due à la pluie ou au brouillard, je réduis ma vitesse à l'espace dont j'ai besoin pour m'arrêter.

Il n'y a rien de plus dangereux que de suivre aveuglément de près un usager devant soi, en lui faisant confiance.

Si la visibilité est inférieure à 50 m, je ne dois pas dépasser 50 km/h, même sur autoroute !

En fait, j'adapte ma vitesse à la visibilité en associant les chiffres de la distance visible et de la vitesse ❶.

70 m	=	70 km/h
60 m	=	60 km/h
30 m	=	30 km/h

❶

L'adhérence :

Par temps de pluie, neige ou verglas, l'adhérence au sol diminue. Je réduis ma vitesse en conséquence.

Éclairement

Lorsque je passe des feux de route aux feux de croisement, la visibilité qui était de plus de 100 m se réduit à un peu plus de 30 m seulement.

Avant de passer en feux de croisement, dirigez votre regard vers le côté droit de la chaussée pour diminuer le risque d'éblouissement.

EN RÉSUMÉ

✓ *Avant tout, la vitesse doit être adaptée à l'environnement et à la présence des autres usagers.*
✓ *Il existe des limitations de vitesse générales (130 km/h, 110 km/h, 80 km/h, 50 km/h) et des vitesses ponctuelles imposées par panneaux.*
✓ *Les conducteurs en période probatoire et conduite accompagnée sont limités (110 km/h, 100 km/h) pour la circulation hors agglomération.*
✓ *Par mauvais temps, j'adapte ma vitesse à la distance visible devant moi. Si celle-ci est inférieure à 50 m, je suis alors limité à 50 km/h.*
✓ *La vitesse par temps de pluie est limitée à 110 km/h sur autoroute, 100 km/h sur route à chaussée séparées, 80 km/h sur route.*
✓ *J'adapte aussi ma vitesse en virage, en sommet de côte et surtout en intersection.*
✓ *La nuit, passer des feux de route en feux de croisement réduit de beaucoup la distance visible. Je dois alors ralentir.*

MINI ÉVAL

1- La vitesse est obligatoirement limitée à 110 km/h :
OUI________________________A ❑
NON________________________B ❑

2- Je limite ma vitesse :
- à 80 km/h______________A ❑
- à 60 km/h______________B ❑
- à 50 km/h______________C ❑

3- Je suis un conducteur novice.
Ma vitesse sera limitée :
à 70 km/h____________________A ❑
ou
à 60 km/h____________________B ❑

Réponses : 1-B 2-C 3-A

Changer de direction

Il y a des règles de passage à respecter, autant en quittant la route sur laquelle je circule que pour aborder celle où je me dirige. Elles s'appliquent aussi vis-à-vis des piétons et des usagers des voies réservées !

- je contrôle qu'il n'y a pas d'interdictions ;
- je m'assure derrière moi que je gênerai pas ;
- j'avertis à l'avance de mon intention à l'aide des clignotants ;
- je ralentis et me place pour ne pas gêner.

À tout moment, je contrôle les 2 sens de circulation.

Je serre à droite (sauf attelage remorque)

Je serre à gauche de ma voie

Attention aux deux-roues qui parfois se faufilent ou dépassent du côté où l'on tourne !

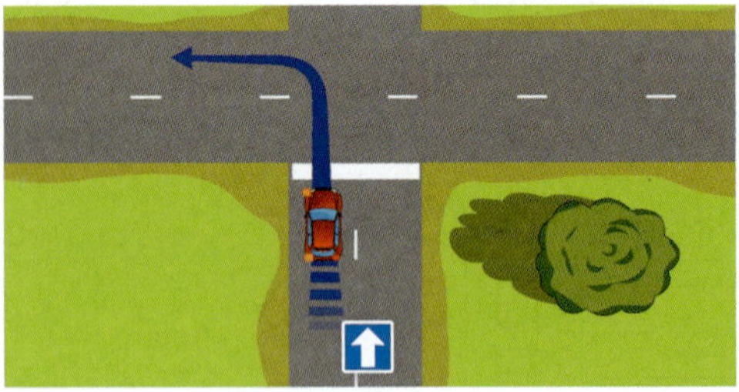

Je serre à gauche de la chaussée

Attention au dépassement sur la route à droite !

Voie réservée

Une voie réservée possède le statut de la route sur laquelle elle est implantée. Je dois donc céder le passage aux usagers qui y circulent lorsque je la coupe au niveau de son tracé ou du damier.

Carrefour giratoire

Si un bus s'engage, je le laisse passer

Au stop, je laisse passer les cyclistes

Double sens de circulation

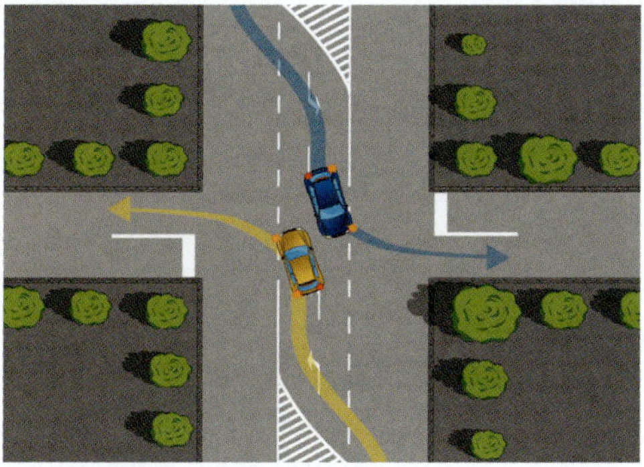
❶

❷

Lorsque la signalisation le permet, je croise à l'indonésienne ❶. C'est devant un usager qui lui aussi tourne à sa gauche.

Pour tourner à gauche ❷, je serre le milieu de la chaussée, sans mordre sur l'autre voie, et je contourne le croisement des axes médians, au centre de l'intersection.

Je cède le passage aux usagers qui arrivent en face car je coupe leur trajectoire !

Double sens de circulation à trois voies

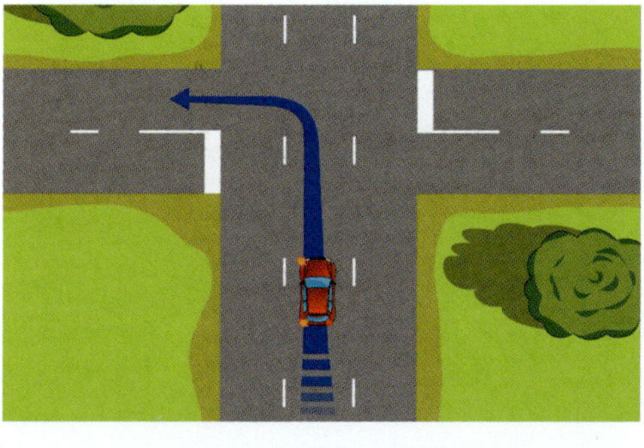

C'est une manœuvre très risquée lorsqu'il n'y a pas de protection car je dois ralentir, voire m'arrêter, sur la voie qui sert aux dépassements dans les deux sens de circulation.

- j'avertis longtemps à l'avance ;
- j'effectue des appels de feux stop ;
- j'évite ce type de manœuvre !

Voies de sélection

Voie de stockage à gauche :

Une voie protégée par un marquage au sol, et parfois par un terre-plein, permet de ralentir et d'attendre en sécurité pour céder le passage en face.

Une voie normale peut devenir une voie de stockage.

Voie de stockage à droite :

Parfois une voie de sortie à droite permet d'attendre avant de couper ensuite l'axe qu'on vient de quitter. Il peut y avoir un panneau de cédez-le-passage, de stop ou des feux.

Voies de sélection :

Elles sont précédées par une signalisation de direction.
Je me place dès le début et j'évite de changer d'avis lorsque je suis engagé.

Exemple

Voies de sélection avec feux :

Bien souvent, la voie sur laquelle je suis placé est réglée par des feux.

EN RÉSUMÉ

✓ *Tourner, c'est quitter une route pour en emprunter une autre.*
✓ *J'observe la procédure suivante : contrôler la possibilité, observer derrière moi, avertir à l'avance, me placer progressivement, enfin respecter l'ordre de passage.*
✓ *Je dois céder le passage aux bus ou cyclistes qui circulent sur leur voie lorsque je les coupe.*
✓ *Je laisse passer les piétons engagés.*
✓ *Pour tourner à gauche, je manœuvre derrière le centre de l'intersection, sauf si le croisement s'effectue à l'indonésienne. Auquel cas je tourne avant.*
✓ *Lorsque la route comporte 3 voies à double sens, je me place dans la voie centrale, mais cette position peut se révéler dangereuse.*
✓ *Des voies de stockage à droite ou à gauche permettent d'attendre en sécurité avant de tourner à gauche.*
✓ *Les voies de sélection sont à utiliser dès le début. Des feux règlent bien souvent chaque voie.*

MINI ÉVAL

1- Pour passer derrière le poids lourd, je peux passer sur la voie de gauche :
OUI __________ A ❑
NON __________ B ❑

2- Je tourne à gauche. Je passe :
devant le véhicule arrivant en face __________ A ❑
ou
derrière le véhicule arrivant en face __________ B ❑

3- Je peux tourner à gauche :
OUI __________ A ❑
NON __________ B ❑

Réponses : 1-B 2-B 3-B

Agglomération

> Les limites de l'agglomération sont fixées par le Maire, toutes les règles applicables à l'agglomération sont contenues entre les panneaux d'entrée ❶ et de sortie ❹.

Les vitesses

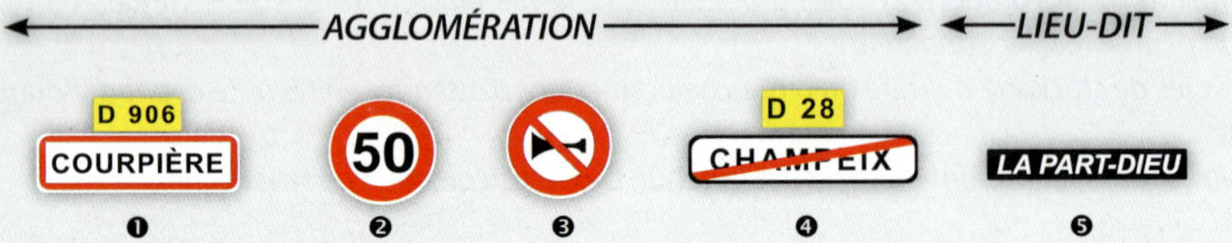

Le panneau d'entrée d'agglomération ❶ signifie une vitesse maximale de 50 km/h ❷ et une interdiction de klaxonner ❸. Un lieu-dit ❺ n'est pas soumis aux règles de l'agglomération mais je ralentis et je reste vigilant.

La vitesse est parfois limitée à 70 km/h aux entrées des villes, sur des tronçons protégés.

Une limitation plus contraignante peut concerner des catégories d'usagers (deux-roues ou poids lourds) dans toute l'agglomération.

On voit de plus en plus en centre-ville des aires piétonnes ❻, des « zones 30 ❼ », et des « zones de rencontre ❽ » où la vitesse est limitée à 20 km/h.

Ponctuellement, un endroit peut être limité artificiellement à l'aide de ralentisseurs.

Caractère prioritaire

Le caractère prioritaire d'une route peut être conservé (ou non) dans la traversée de l'agglomération.

Le losange est alors placé en rappel avant les intersections.

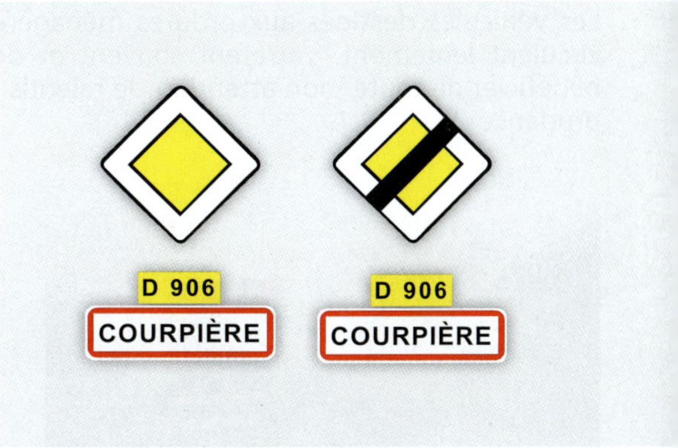

L'arrêt et le stationnement

Les règles concernant l'arrêt et le stationnement sont expliquées dans le chapitre qui lui est consacré (voir p. 300).

Le stationnement est souvent réglementé pour les caravanes et autocaravanes.

La circulation

L'agglomération est le lieu où se rencontrent de multiples usagers fragiles (piétons, cyclistes et cyclomotoristes) et des usagers spécifiques.

Les voies réservées :

Les voies réservées aux bus, parfois aussi autorisées aux taxis et aux cyclistes, sont interdites à la circulation des autres usagers et à l'arrêt ou au stationnement. Attention, elles peuvent être à contresens !

Lorsque je change de direction à une intersection, un damier signale la voie et je dois leur céder le passage.

Les véhicules de service :

Les véhicules destinés aux ordures ménagères ou les véhicules d'entretien des voiries circulent lentement, s'arrêtent souvent et des hommes travaillent autour. Ils doivent bénéficier de toute mon attention. Je ralentis en leur présence et ne les dépasse qu'avec prudence.

EN RÉSUMÉ

✓ Entre le panneau d'entrée et le panneau de sortie d'agglomération, je dois me conformer aux règles spécifiques à celle-ci. Notamment les règles sur l'arrêt et le stationnement.
✓ La vitesse est limitée à 50 km/h et il est interdit de klaxonner, sauf danger immédiat.
✓ Une limitation ponctuelle autorise parfois les 70 km/h sur un tronçon, mais il peut tout aussi bien être plus contraignant pour une catégorie de véhicules sur toute l'agglomération.
✓ Une zone piétonne est limitée à 30 km/h, voir moins.
✓ Une route peut continuer d'être à caractère prioritaire si le losange est placé sur le panneau d'entrée d'agglomération.
✓ Les piétons sont des usagers fragiles, ainsi que les cyclistes. Les véhicules lents sont souvent entourés d'hommes au travail.
✓ Attention aux voies réservées aux bus ou aux cyclistes. Je leur cède le passage lorsque je les coupe.

MINI ÉVAL

1- J'entre en agglomération
OUI____________________A ❑
NON___________________B ❑
Je sors d'une agglomération
OUI____________________C ❑
NON___________________D ❑

2- Je traverse :
un lieu-dit____________________A ❑
ou
une zone industrielle___________B ❑

3- Le stationnement peut être réglementé dans toute l'agglomération :
OUI____________________A ❑
NON___________________B ❑

Réponses : 1-AC 2-A 3-A

L ÉVALUATION

1- Pour tourner à gauche, je serre complètement à gauche :

OUI ____________________ A ❑
NON ____________________ B ❑

2- Sur cette route, je peux circuler à :

80 km/h ____________________ A ❑
90 km/h ____________________ B ❑
110 km/h ____________________ C ❑

3- À partir du panneau, je pourrai circuler :

- à 80 km/h ____________________ A ❑
- à 70 km/h ____________________ B ❑
- à 45 km/h ____________________ C ❑
- à 50 km/h ____________________ D ❑

4- JSur cette autoroute, je suis à ma place si je circule :

À 50 km/h ____________________ A ❑
À 70 km/h ____________________ B ❑
À 110 km/h ____________________ C ❑
À 130 km/h ____________________ D ❑

5- Je tourne à droite.

Je reste dans ma voie ____________________ A ❑
ou
j'emprunte la voie réservée ____________________ B ❑

6- Je peux passer en feux de route :
OUI_________________________A ❑
NON_________________________B ❑

7- Je suis bien placé pour aller :
- tout droit_________________________A ❑
- à droite_________________________B ❑
- à gauche_________________________C ❑

8- Même si le brouillard est épais, je pourrai rouler à 130 km/h :
OUI_________________________A ❑
NON_________________________B ❑

9- Positionné ici, je dois tourner à gauche :
OUI_________________________A ❑
NON_________________________B ❑

10- Je dois rejoindre la voie de droite :
OUI_________________________A ❑
NON_________________________B ❑

Réponses : 1-A 2-AB 3-CD 4-BCD 5-A 6-B 7-AB 8-B 9-A 10-B

Notes

C LE CONDUCTEUR

La conduite d'un véhicule nécessite une prise de conscience des éventuels risques pris ou que l'on fait prendre aux autres. Une mauvaise vue, la fatigue, la consommation de produits psychoactifs (médicaments, alcool ou stupéfiants) sont autant de facteurs qui peuvent générer un accident. Et si celui-ci intervient, il est préférable de faire les bons choix ou les bons gestes.

État du conducteur

La vue

La vision est le principal sens mis en œuvre pour notre quotidien. Ainsi la conduite réclame une bonne vision, car il faut à la fois voir le tableau de bord et loin devant soi.

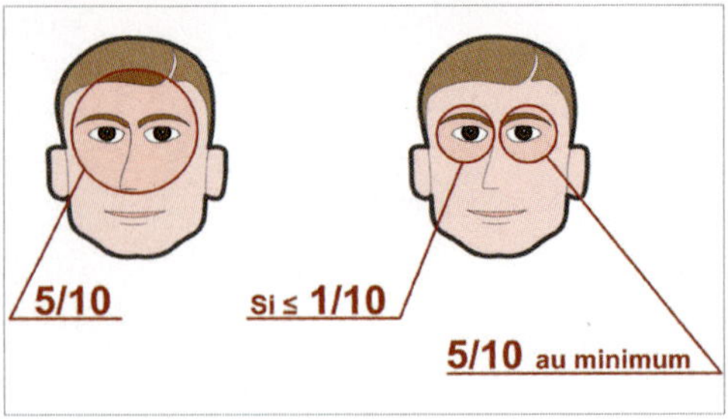

Le minimum requis est fixé à 5/10 pour les deux yeux, après correction éventuelle (verres correcteurs ou lentilles de contact).

Si l'acuité d'un œil est inférieure à 1/10, ou s'il est borgne (acuité nulle), l'autre œil doit posséder au moins 5/10.

Si un œil devient accidentellement aveugle, le conducteur doit attendre 6 mois avant de pouvoir conduire de nouveau.

Le champ de vision

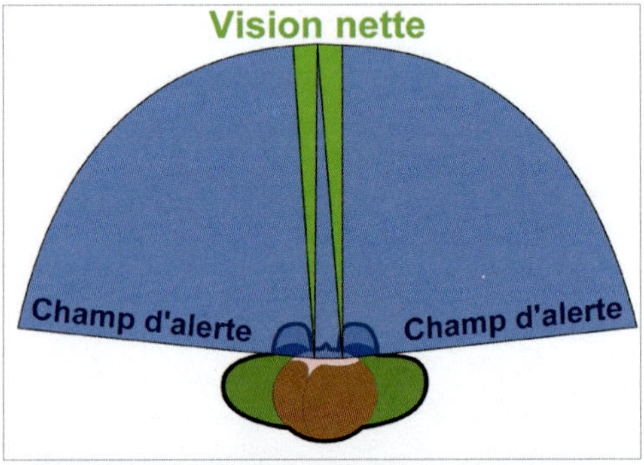

Le champ de vision des deux yeux couvre environ 180°. Sur les côtés, les yeux détectent les mouvements.

Chaque œil dispose de quelques degrés seulement de vision nette. J'explore l'environnement pour trouver les indices de conduite.

La vitesse et l'alcool diminuent le champ de vision.

Champ normal

Champ perturbé

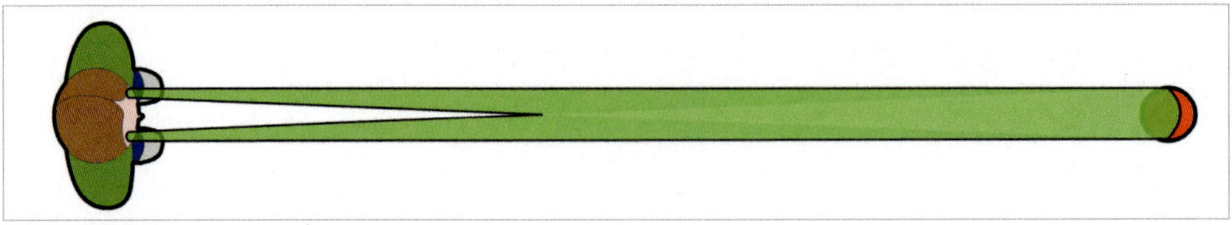

La convergence des deux yeux participe à déterminer la distance.
L'alcool ou la drogue perturbent donc également la notion des distances.

Le temps de réaction

Il se passe en moyenne une seconde entre le moment où le conducteur perçoit un signal ❶, traite l'information ❷, puis celui où il réagit ❸. Ce temps est variable d'un individu à l'autre ; et chez le même individu en fonction de son état.

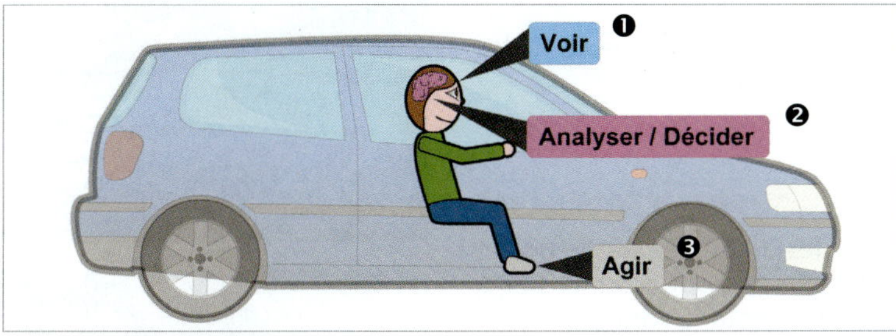

L'intervalle de sécurité (coussin d'espace)

Lorsque je conduis, il va s'écouler une seconde entre le moment où je vois les feux stop et le moment où je vais freiner à mon tour.
Si je suis trop près, je percute l'usager devant moi !
Si je laisse deux secondes, j'aurai le temps de réagir et de tenir compte des autres usagers. Je garantis ainsi un espace de sécurité (coussin d'espace).

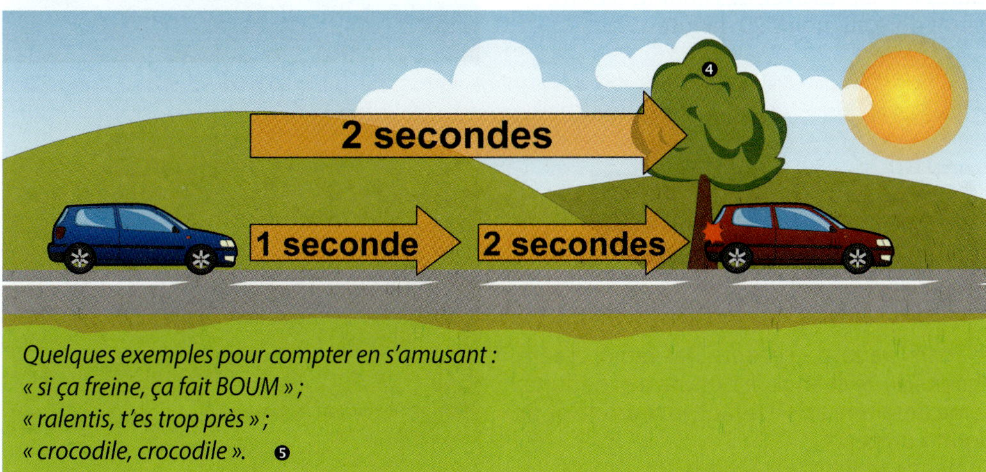

Pour maintenir cette distance de sécurité, je dois arriver au moins deux secondes après l'usager au même repère initial ❹. Pour en être sûr, je dis la phrase « 1 seconde 2 secondes » (ou une autre phrase ❺ qui met à peu près 2 secondes à être articulée).
Ce qui correspond sur les voies rapides à deux traits de la bande d'arrêt d'urgence.

Distance de sécurité : la règle est fixée à 2 secondes !

La fatigue

La fatigue est l'ennemie numéro un en conduite, surtout les premiers temps chez le conducteur novice.

La fatigue se retrouve dans près de 40 % des accidents graves sur autoroute !

Des bâillements, des douleurs dans le dos et les épaules, le besoin de bouger sur le siège, les yeux lourds qui picotent sont les signes avant-coureurs du sommeil.
Attention, le sommeil ne prévient pas. Il survient tout à coup !

De longs trajets réclament de fréquents arrêts : au moins toutes les deux heures ; et toutes les heures avec des enfants à bord.
L'arrêt dure au moins 20 minutes.

Je pars reposé, j'écoute la radio, j'aère l'habitacle, je change le rythme de conduite, je me désaltère et, s'il le faut, je m'arrête pour dormir un peu.
Fumer ne retire pas la fatigue...

La vigilance et l'attention

Je dois toujours être disponible pour agir sur les commandes du véhicule avec précision et rapidité.
Attention également à ne pas avoir dans son champ visuel un écran : téléviseur, console de jeux vidéo ou lecteur dvd, car cela est désormais passible d'une amende, de la confiscation de l'appareil et d'un retrait de 3 points sur le permis de conduire.

Le temps de réaction peut beaucoup varier du seul fait que l'esprit est occupé ailleurs. En cela, téléphoner au volant est dangereux, même non tenu en main. Parfois les passagers, les enfants par exemple, perturbent la conduite. Je leur donne de quoi s'occuper.

Les médicaments

Un médicament est un élément actif qui produit des effets bénéfiques sur la maladie et des effets secondaires variables selon les personnes. Et les effets peuvent durer quelque temps après la fin d'un traitement !

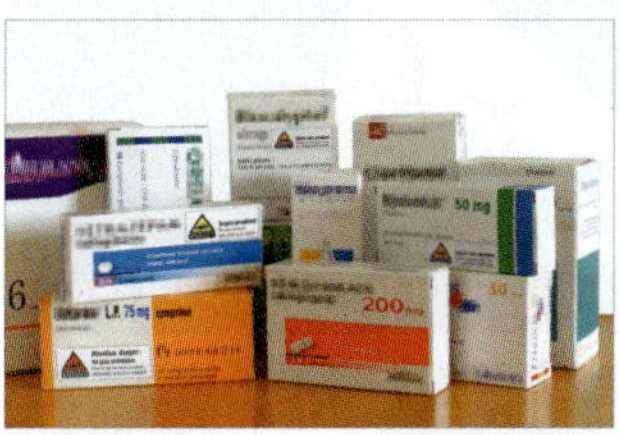

Les effets indésirables nuisent à la qualité de conduite et concernent principalement :
- l'attention ;
- l'humeur ;
- l'équilibre,
- la fatigue.

Pictogrammes d'alerte : 3 catégories

Les médicaments à risque sont classés en trois catégories.
Je lis attentivement la notice et je m'informe au moins auprès du pharmacien sur les effets secondaires possibles.

J'interroge impérativement le pharmacien et/ou le médecin car il y a un risque important sur la conduite.

Je m'interdis de prendre le volant car il y a incompatibilité avec la conduite. Et je demande au médecin lorsque je peux reprendre cette activité !

Problèmes de vision liés à la conduite nocturne

La myopie :

L'être humain n'est pas adapté à la vision nocturne. Ainsi les yeux perdent-ils en qualité visuelle et deviennent-ils myopes.

Les contrastes :

Du fait que les faisceaux lumineux éclairent la route devant soi, les côtés sont plongés dans l'ombre. Un usager non éclairé ou sans éléments réfléchissants ne sera pas distingué, donc invisible.

Les distances :

La position des autres véhicules qui circulent est difficile à apprécier du fait du manque de référence dans l'environnement. Ils paraissent plus éloignés... Je dois m'en méfier lors des dépassements ou si je dois céder le passage.

La vitesse :

Par défaut d'éclairage sur les côtés je n'ai plus la notion de la vitesse et j'ai alors tendance à accélérer. Cette tendance est accentuée par le fait que je me sens en sécurité (faible trafic et éclairage visible des véhicules).

Les illusions :

Outre la baisse de vigilance, la fatigue favorise aussi les illusions d'optique. Ainsi, je peux voir des objets qui ne sont issus que de mon imagination ou plus loin ou plus près qu'ils ne sont.

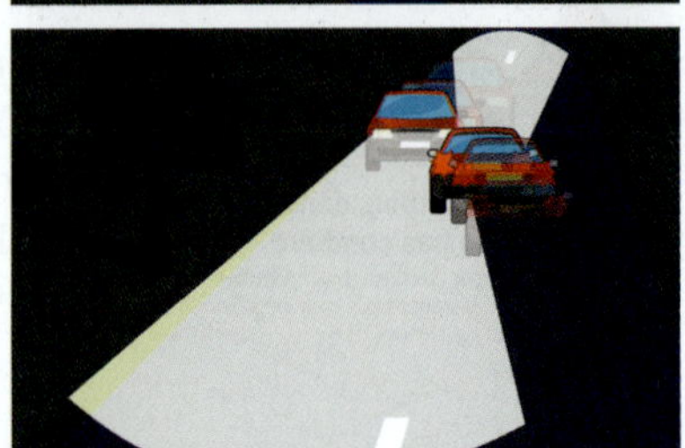

L'alcool

Contrôle et sanctions :

L'alcool est incompatible avec la conduite ! Il est interdit de conduire avec un taux d'alcoolémie égal ou supérieur à 0,25 milligramme par litre d'aire expiré (ou 0,5 g par litre de sang).

Attention ces taux sont réduits à 0,10 milligramme par litre d'air expiré (ou 0,20 g par litre de sang) pour les conducteurs en période probatoire.

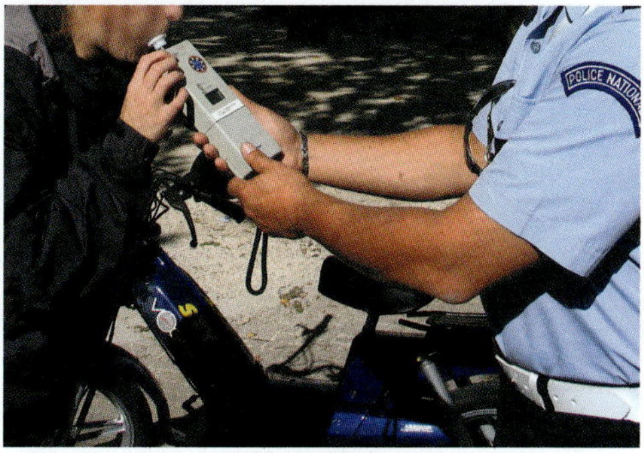

Éthylotest ❶

Si j'ai l'occasion de consommer de l'alcool, je prévois donc de savoir qui conduira.

Le contrôle d'alcoolémie peut être effectué à tout moment, même si je ne suis pas encore installé au volant. Attention ! Se présenter à la portière du véhicule, clés à la main, est une intention de conduire...

Le contrôle d'alcoolémie est obligatoire en cas d'infraction grave ou d'accident corporel.

Éthylomètre ❷

Le dépistage commence par un alcootest électronique (éthylotest) ❶. S'il se révèle positif, le taux d'alcool est vérifié par un éthylomètre ❷ qui établit avec exactitude l'alcoolémie.

Contravention	Amende	Points	Susp. PC	Prison
≥ 0,25 mg/l et < 0,40 mg/l d'air expiré ou ≥ 0,50 g/l et < 0,80 g/l de sang	*135 €*	*6*	*3 ans*	*néant*
Délits	**Amende**	**Points**	**Susp. ou annul.**	**Prison**
≥ 0,40 mg/l d'air expiré ou ≥ 0,80 g/l de sang ou en état d'ivresse ou refus de vérification alcool	*4 500 €*	*6*	*3 ans*	*2 ans*
Récidive ≥ 0,40 mg/l d'air expiré ou ≥ 0,80 g/l de sang ou en état d'ivresse ou refus de vérification alcool	*9 000 €*	*6*	*annul 3 ans*	*4 ans*
Usage de stupéfiants ou refus de dépistage stupéfiants	*4 500 €*	*6*	*3 ans*	*2 ans*
Usage de stupéfiants + alcool y compris contraventionnel	*9 000 €*	*6*	*3 ans*	*3 ans*

Le véhicule est immobilisé et peut être confisqué en cas de délit.
Contravention : amende minorée 90 € et amende majorée 375 €.

Voici comment circule l'alcool, entre le moment où il est avalé, et le moment où il est éliminé :

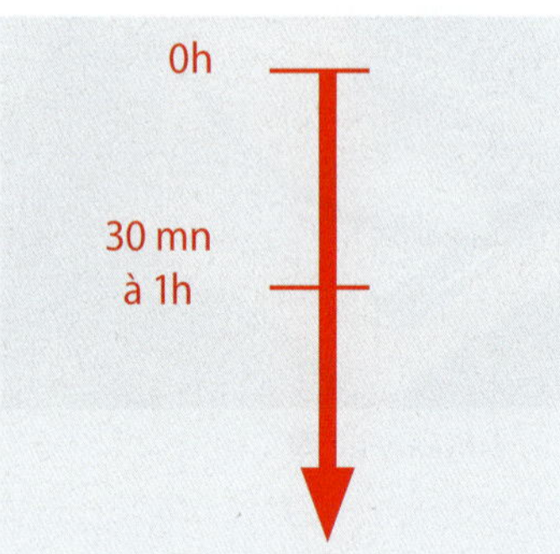

- je bois
- l'alcool passe dans l'estomac
- l'alcool passe dans l'intestin
- l'alcool passe dans le sang
- l'alcool est «brûlé» par le foie 95 %
- l'alcool est évacué par la sueur et l'urine 2,5 %
- l'alcool est expiré par les poumons 2,5 %

Un verre servi dans un bar (10 g d'alcool pur) fait monter l'alcoolémie de 0,10 mg à 0,15 mg d'alcool par litre d'air expiré selon les individus. Chez soi, les doses sont souvent supérieures (x2 ou x3).

Attention, 2 verres peuvent déjà mener à l'infraction !

Il faut environ 2h pour éliminer un verre, soit entre 0,05 mg/l et 0,07 mg/l d'air expiré par heure !

Pour une femme, à poids égal et à dose égale, l'alcoolémie est plus élevée et l'élimination est plus lente que chez l'homme !

Si je mange, l'alcool met 1h pour passer dans le sang. Si je suis à jeun, l'alcool met 30 mn pour passer dans le sang.

Exemple d'une consommation et de l'élimination de l'alcool.

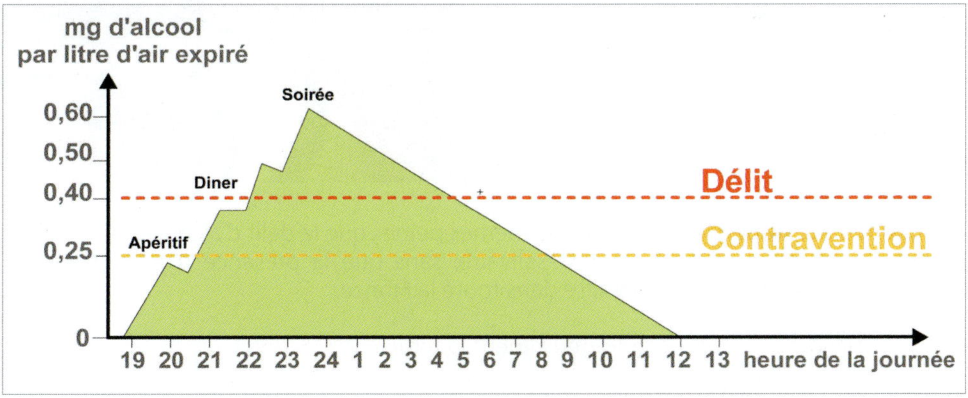

Au cours d'une soirée, je consomme de l'alcool jusqu'à monter l'alcoolémie à 0,60 mg/l d'air expiré (1,20 g/l de sang).
Plus je consomme et plus l'élimination ralentit.
À raison d'une heure pour éliminer 0,05 mg/l d'air expiré (0,10 g/l de sang), si j'arrête à minuit, mon alcoolémie sera à 0 seulement à midi. Je risque d'être en infraction à l'heure du petit déjeuner...

Les effets de l'alcool :

1 Le champ de vision rétrécit. Sans m'en apercevoir, je commence à mal apprécier les distances et les gestes manquent de précision.

2 J'ai des moments d'inattention, une mauvaise appréciation de la vitesse. Je découvre tardivement les situations de conduite.

3 Je perds certaines notions de conduite, avec un sentiment d'invulnérabilité. Je me sens optimiste quant à mes capacités.

Le plus grand danger réside dans le fait que le conducteur se sent bien et en pleine capacité de conduire !

1,5 mg/l : Risque important de coma éthylique
2,5 mg/l : Risque de mort

Il n'existe aucun antidote pour éliminer l'alcool. AUCUN ! Dans ce cas, une seule solution : ne pas conduire !
Le plâtrage de l'estomac avec de l'huile ou tout autre produit peut se révéler très dangereux (choc éthylique).

Cannabis et autres drogues

Le cannabis produit des effets dangereux, similaires à ceux de l'alcool.

Attention, la combinaison alcool + drogue est très dangereuse ! Le risque d'accident grave est multiplié par 15.

La conduite sous stupéfiant est punie des mêmes peines que le délit d'alcoolémie.
Le contrôle est effectué avec un test salivaire, sans que la présence d'un médecin soit nécessaire, ou urinaire. Il est généralisé dans toute la France.

Drogue et alcool augmentent dangereusement le temps de réaction !

EN RÉSUMÉ

✓ *Le minimum d'acuité visuelle est de 5/10 pour les deux yeux. 5/10 si un œil est inférieur ou égal à 1/10. Un borgne accidentel doit attendre 6 mois avant de pouvoir conduire de nouveau.*

✓ *Le temps moyen de réaction dure environ 1 seconde. Pour suivre un autre usager, je laisse 2 secondes de distance de sécurité.*

✓ *40 % des accidents graves sont liés à la fatigue. Je m'arrête 20 minutes toutes les deux heures.*

✓ *Téléphoner (bluetooth) est dangereux et interdit (tenu en main ou oreillette).*

✓ *Il existe trois niveaux de dangerosité d'un médicament. Chacun est signalé par un logo : jaune pour des effets gênants, orange pour des effets dangereux et rouge pour une contre-indication totale de conduite.*

✓ *Conduire avec une alcoolémie égale ou supérieure à 0,25 mg/l d'air expiré ou 0,5 g/l de sang est une contravention (0,10 mg/l d'air expiré ou 0,2 g/l de sang en période probatoire).*

✓ *Conduire avec une alcoolémie égale ou supérieure à 0,40 mg/l d'air expiré ou 0,8 g/l de sang est un délit.*

✓ *La drogue se détecte à l'aide d'un test salivaire ou urinaire. L'infraction est punie comme pour un délit d'alcoolémie.*

MINI ÉVAL

1- Pour pouvoir conduire, je dois avoir une vision binoculaire de 5/10 au moins :

OUI ____________ A ❏

NON ____________ B ❏

2- Dans un bar, chaque verre d'alcool contient :

5 g d'alcool pur ____________ A ❏

10 g d'alcool pur ____________ B ❏

15 g d'alcool pur ____________ C ❏

20 g d'alcool pur ____________ D ❏

3- Le logo qui demande le plus d'attention vis-à-vis de la conduite est :

le logo de niveau 1 ____________ A ❏

ou

le logo de niveau 3 ____________ B ❏

Réponses : 1-A 2-B 3-B

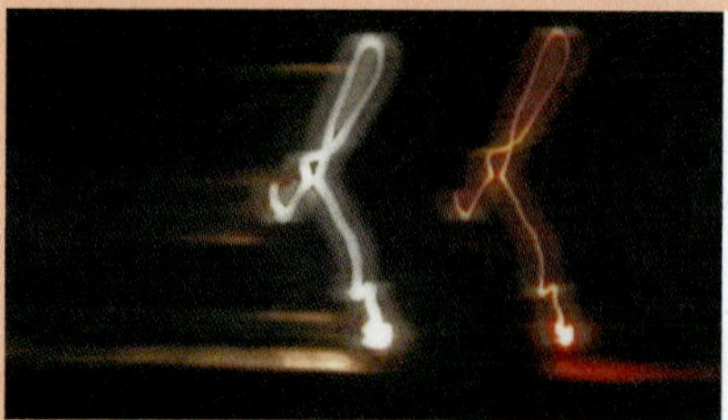

1- L'alcool est mis en cause dans les accidents graves, à hauteur :

*de 15 %*______ A ❑
*de 25 %*______ B ❑
*de 30 %*______ C ❑

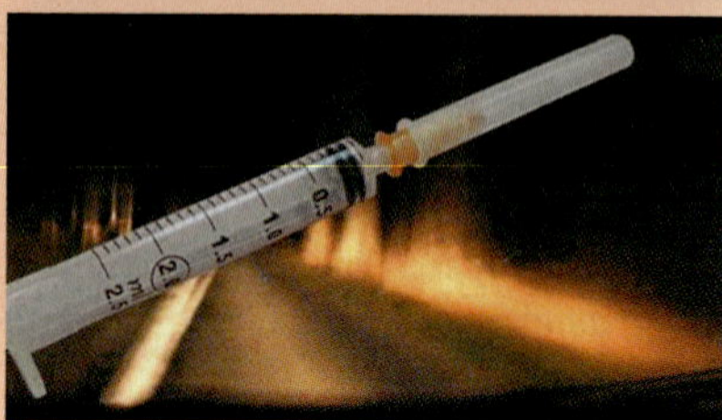

2- Lors d'un accident mortel, on peut procéder à un test de dépistage de drogue :

OUI______ A ❑
NON______ B ❑

3- À une vitesse de 50 km/h, je conduis ici en toute sécurité :

OUI______ A ❑
NON______ B ❑

4- Il est déconseillé de conduire après avoir bu :

deux verres d'alcool :
OUI______ A ❑ NON______ B ❑
quatre verres d'alcool :
OUI______ C ❑ NON______ D ❑

NIVEAU 1
Soyez prudent
Ne pas conduire sans avoir lu la notice

5- Ce logo placé sur une boîte de médicament :

Interdit la conduite des véhicules______ A ❑
Invite à lire la notice d'utilisation______ B ❑
Signale des effets gênants pour la conduite__ C ❑

6- Abaisser la vitesse à 30 km/h permet d'élargir le champ de vision du conducteur :
OUI_______________ A ❑
NON_______________ B ❑

7- L'alcool commence à altérer la vision à partir :
d'un verre_______________ A ❑
de deux verres_______________ B ❑
de trois verres_______________ C ❑

8- L'usage d'alcool ou de cannabis est :
dangereux pour la santé_______________ A ❑
dangereux sur la route_______________ B ❑
interdit en conduisant_______________ C ❑
banalisé chez tous les conducteurs______ D ❑

9- Consommer de la drogue avant de conduire :
augmente le temps de réaction
OUI__________ A ❑ NON__________ B ❑
provoque au volant les mêmes effets que l'alcool
OUI__________ C ❑ NON__________ D ❑

10-Un accident vient de se produire et j'arrive en premier sur les lieux.
La procédure à respecter est dans l'ordre :
Alerter-secourir-protéger_______________ A ❑
Alerter-protéger-secourir_______________ B ❑
Protéger-alerter-secourir_______________ C ❑

Réponses : 1-C 2-A 3-B 4-AC 5-BC 6-A 7-A 8-ABC 9-AC 10-C

Notes

R LA ROUTE

Selon les conditions d'adhérence ou de visibilité, la circulation n'est pas identique. Certaines infrastructures nécessitent une adaptation spécifique ou le respect de règles particulières, comme dans les tunnels ou lors du franchissement des passages à niveau.

Les routes

Le réseau routier comporte environ un million de kilomètres de routes, dont une dizaine de milliers de kilomètres d'autoroutes ou assimilées.
Elles peuvent être à sens unique ❶ ou à double sens de circulation ❷.

La route est composée d'une chaussée ❸ pour circuler, et d'accotements ❹ pour le stationnement ou pour les piétons.
En agglomération, les accotements sont aménagés en trottoirs. La chaussée est partagée en voies qui sont ou non délimitées par un marquage au sol.

Attention aux chemins de terre ❺ ! Ils peuvent être l'aboutissement d'une voie privée, ou d'une voie agricole ou forestière. En règle générale, je cède le passage en m'insérant sur la route.

❶

❷

❺

Les catégories de routes

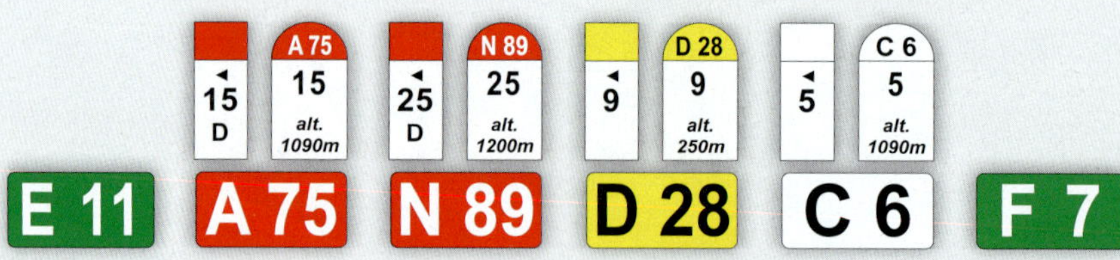

Les couleurs des cartouches placés en haut des panneaux de direction ou de localisation, ainsi que sur les bornes le long des routes, permettent de connaître la catégorie de route sur laquelle je circule. Le numéro inscrit permet de me repérer sur une carte routière.

Il existe toutes sortes de routes, du chemin de terre à l'autoroute. À chacune ses règles particulières, mais aussi et surtout des comportements adaptés en raison de la diversité des usagers et du motif des déplacements.

❶ ❷

Résidence et centre-ville

Piétons de tous âges et cyclistes en sont les principaux utilisateurs.

Les centres-villes sont de plus en plus dotés de « zones 30 », où la vitesse est limitée à 30 km/h, d'aires piétonnes ❶ où la circulation s'effectue au pas, et de « zones de rencontre ❷ » où la vitesse est limitée à 20 km/h.

L'urbanisation

Les piétons, les cyclistes et les véhicules automobiles utilisent les rues. Bien souvent, circuler à 50 km/h est excessif.

Route péri-urbaine

Il arrive que l'entrée de l'agglomération soit limitée à 70 km/h sur des routes aménagées et protégées.
Elles desservent souvent des secteurs économiques ou industriels.

Route à accès réglementé

Une rocade ou encore des routes de liaison inter-agglomérations peuvent être limitées à quelques catégories d'usagers.
Attention, ces routes peuvent être à sens unique ou à double sens !

S'insérer

C'est partir d'un arrêt ou d'une vitesse réduite, pour atteindre celle du flot de circulation.

Quitter un parking ou une propriété

Les règles du code de la route s'appliquent en tout lieu accessible au public !
Les supermarchés en font partie.
Pour m'insérer sur la voie publique, je dois céder le passage aux autres usagers (piétons et véhicules).

À partir du bord de la route

Je peux être garé sur l'accotement ou le long du trottoir.
Le rétroviseur intérieur va dans un premier temps m'informer sur l'arrivée des usagers qui circulent sur l'axe. Le relais est pris par le rétroviseur extérieur (gauche ou droit selon le côté où je stationne pour m'assurer qu'aucun véhicule n'est dans l'angle mort). Enfin, une observation directe en me retournant termine ma prise d'information.

Voie d'insertion

Ma vitesse, au début ❶, me laisse le temps de prendre les informations sur le trafic et de décider du moment où je vais me lancer.
Je mets le clignotant et j'accélère franchement ❷. Je ne m'insère ❸ enfin que lorsque ma vitesse est proche de celle des autres usagers, sans gêner qui que ce soit.
Pour rappel : céder le passage, c'est ne pas faire ralentir ni faire changer la trajectoire des autres usagers.

Cas particuliers :

Si possible, j'aide les poids lourds, les attelages caravanes, ou tous les autres usagers en difficulté, à s'insérer. Pour cela, je peux gagner la voie de gauche ou ralentir.

Il arrive que le trafic soit très chargé, auquel cas la courtoisie prend le pas sur la règle. Chacun s'intercale comme une fermeture éclair.

Freiner ou s'arrêter en fin de voie est dangereux car des usagers me suivent. Je régule ma vitesse pour sortir derrière le camion.

Manœuvrer

Pour dégager une place, pour me ranger, pour faciliter le passage sur une chaussée étroite par exemple, j'ai parfois besoin de manœuvrer.

Reculer

❶ ❷

Cette manœuvre peut s'avérer délicate, voire dangereuse. Elle est interdite : sur route à accès réglementé ❶, sur autoroute ❷, et en tout lieu où un autre usager pourrait ne pas me voir manœuvrer.

La manœuvre s'effectue toujours en se retournant, en vision directe.

Effectuer un demi-tour

Cette manœuvre peut être interdite car on coupe les voies de circulation.

Il est souvent préférable de l'effectuer en utilisant une intersection dégagée, ou en faisant le tour du quartier.

Si vous êtes obligé de la faire, utilisez un endroit avec une bonne visibilité et procédez en suivant les instructions du schéma.

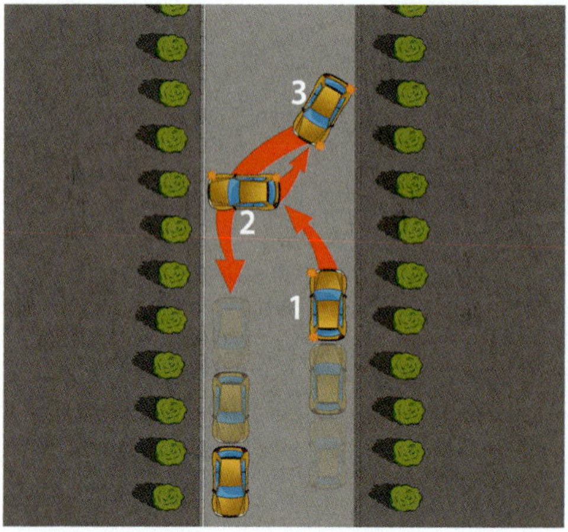

Demi-tour en trois temps

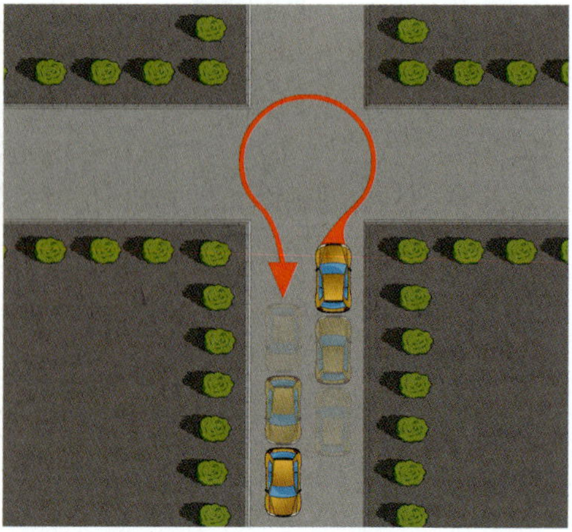

Demi-tour à une intersection

EN RÉSUMÉ

✓ Le réseau routier français est constitué d'un million de kilomètres de routes, dont 10 000 sont des autoroutes ou assimilées.
✓ S'insérer dans la circulation à partir du trottoir, d'un parking ou d'une voie privée exige toujours de céder le passage aux autres usagers.
✓ S'insérer en se lançant à partir d'une voie réclame une bonne observation avant même d'accélérer. Je mets le clignotant à gauche lorsque je décide de me lancer.
✓ Reculer pour manoeuvrer demande de se retourner en vision directe. Je vérifie que je ne gêne personne et qu'on me laisse reculer. Le demi-tour doit rester exceptionnel. Toujours préférer un rond-point ou le tour du quartier, ou encore une large intersection dégagée.

MINI ÉVAL

1- La vitesse est obligatoirement limitée à 110 km/h :
OUI____________________ A ❑
NON____________________ B ❑

2- La visibilité est d'environ 50 mètres.
Je limite ma vitesse :
- à 80 km/h____________ A ❑
- à 60 km/h____________ B ❑
- à 50 km/h____________ C ❑

3- Je suis un conducteur novice.
Ma vitesse sera limitée :
à 70 km/h__________________ A ❑
ou
à 60 km/h__________________ B ❑

Réponses : 1-B 2-C 3-A

Autoroutes et voies rapides

Définition

L'autoroute est une chaussée à sens unique, sans intersection, interdite à tous les véhicules qui se conduisent sans permis de conduire (pietons ❶, cyclistes ❷, cyclomotoristes ❸, voiturettes et quads).

L'autoroute est délimitée par des panneaux de début ❺ et de fin ❻.

Les routes à accès réglementé à chaussées séparées ressemblent pour beaucoup à des autoroutes. Les règles de circulation et les interdictions y sont quasiment les mêmes.

Attention, ces routes à accès réglementé (panneau de début ❼ et panneau de fin ❽) ne sont pas toujours à chaussées séparées et comportent parfois des intersections !

Les parties de l'autoroute

On arrive sur l'autoroute par une bretelle d'accès prolongée d'une voie d'intersection dite voie d'accélération ❾. La chaussée d'autoroute comporte au moins 2x2 voies séparés par un terre-plein central.

A l'extrémité droite de la chaussée existe une bande d'arrêt d'urgence ❿ où il est interdit de circuler, de s'arrêter ou de stationner, On quitte l'autoroute par une voie de décélération qui donne sur une bretelle de sortie.

Bifurcation autoroutière

Les interdictions

L'arrêt et le stationnement sont interdits (bande d'arrêt d'urgence, terre-plein central ou les accotements) en dehors des aires de repos et de services.

La marche arrière et le demi-tour sont interdits.

❶ ❷

Les vitesses

Pour rappel, les vitesses sont ramenées à 110 km/h sur autoroute ❶ et à 100 km/h sur chaussées séparées ❷ durant :
- la conduite accompagnée ;
- la période probatoire A ;

110 km/h sur chaussées séparées et 80 km/h sur route à double sens de circulation, soit respectivement 100 km/h et 80 km/h pour les conducteurs novices.

Il n'y a pas de vitesse minimale sur les autoroutes sauf pour circuler sur la voie à gauche. Je dois cependant avertir avec les feux de détresse lorsque je circule à une vitesse anormalement lente. S'il s'agit d'une panne, je peux alors circuler à allure réduite sur la bande d'arrêt d'urgence pour rejoindre une aire protégée.

Dans des conditions normales de circulation, la voie la plus à gauche sur une autoroute est interdite si je circule à une vitesse inférieure à 80 km/h.

La voie réservée aux véhicules lents est obligatoire si la vitesse est inférieure ou égale à 60 km/h. Une signalisation complémentaire peut être apportée dans le cas d'un risque de heurt de véhicules lents ❸.

❸

Par visibilité inférieure à 50 m, je ne dépasse pas la vitesse de 50 km/h.

La distance de sécurité

Deux traits de la bande d'arrêt d'urgence correspondent aux deux secondes obligatoires d'espace de sécurité.

Cette signalisation est implantée sur des sections d'autoroute ou de route à chaussées séparées. Chaque panneau est distant de 300 m.

Bifurcation et jonction

Bifurcation d'autoroutes :

Un échangeur ❶ est une bifurcation qui est bien souvent suivie d'une jonction. L'autoroute se sépare en deux branches. Je reste vigilant car c'est un lieu où les usagers changent de voies selon la direction qu'ils vont emprunter.

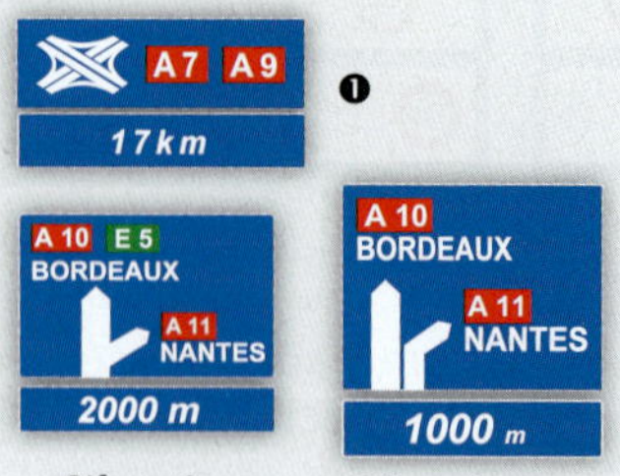

Bifurcation simple — *Bifurcation avec affectation de voies*

Jonction :

Deux autoroutes se rejoignent pour n'en faire plus qu'une. Parfois l'autoroute passe alors de deux voies à trois ou quatre voies pour se réduire ensuite.

Il n'y a pas de panneau spécifique de direction.

Dans tous les cas, une branche de l'autoroute cède le passage à l'autre branche.

Les aires de repos et de services

Sur autoroute, les aires de repos sont distantes entre elles d'environ une dizaine de minutes. Une pause toutes les deux heures est un minimum. Les enfants ont besoin de plus et de se détendre souvent.

Certaines n'offrent qu'une aire de repos et d'hygiène ❶, d'autres des services de restauration ❷, de commerce ❸, de carburant ❹, d'entretien ❺ ou encore de détente ❻.

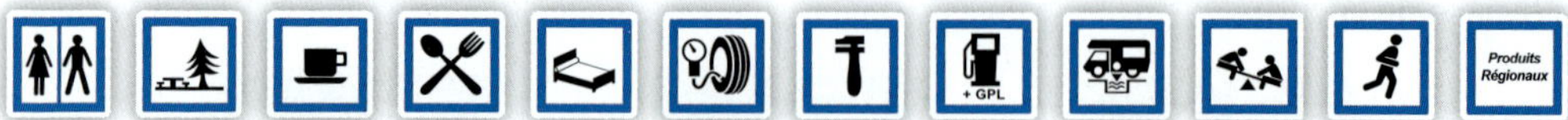

❶ ❶ ❷ ❷ ❶ ❺ ❺ ❹ ❺ ❻ ❻ ❸

Sous chacun de ces panneaux une distance indique où se situe le prochain service.

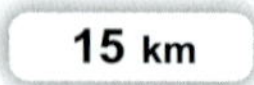

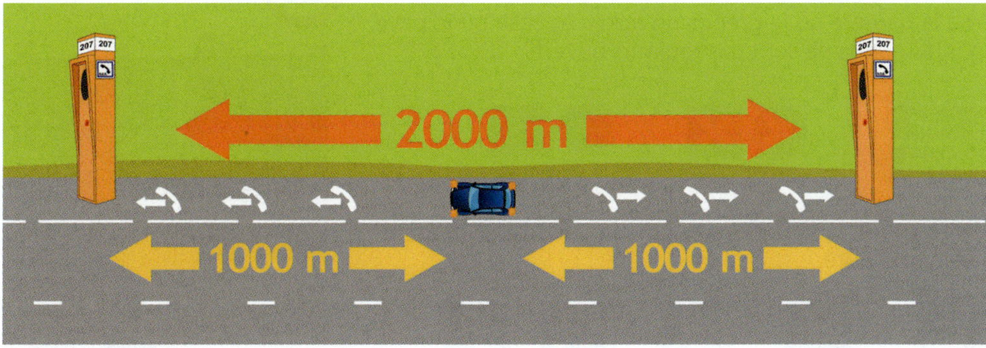

Les bornes d'appel d'urgence

Sur autoroute, elles sont distantes de 2 km. Elles servent pour une panne ou un accident. Je serai en relation directe avec les secours.

Ce panneau indique le poste le plus proche.

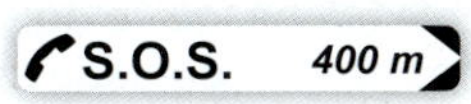

Pour le rejoindre, je suis les indications en prenant soin de marcher derrière le rail de sécurité.

Au préalable, j'ai placé les passagers derrière le rail, car rester dans le véhicule peut être très dangereux.

Il suffit ensuite d'appuyer sur un bouton pour entrer en contact avec les secours.

Il sera toujours préférable d'utiliser les bornes d'appel d'urgence plutôt que son propre téléphone.

Sur route, les bornes peuvent être signalées par un panneau.

Les barrières de péage

Il y a la barrière où je prends un ticket, et celle où je paye. Tous les postes ne sont pas toujours ouverts.

Je vais choisir la voie ouverte qui me conduit au mode de paiement désiré.

À la sortie, je paye en fonction du kilométrage parcouru et de la classe du véhicule. Un trajet avec un camion ou une caravane coûte plus cher qu'avec un véhicule de tourisme.

En cas de perte du ticket, je paye la distance la plus longue.

Pour utiliser le télépéage, je dois être muni d'un badge. Je circule au pas et mon passage est alors automatiquement enregistré.

Attention, au niveau du paiement automatique avec la carte bancaire et au télépéage, la hauteur est souvent limitée !

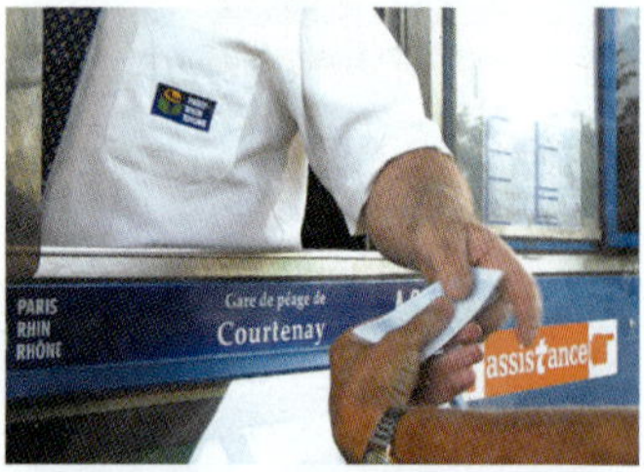

Rouge : je m'arrête - Vert : je passe

Quitter l'autoroute ou une voie rapide

Le principal problème en quittant une voie rapide réside dans l'adaptation de la vitesse au nouvel environnement. On a toujours l'impression de circuler lentement.

Je préfère effectuer une pause pour faire une rupture avec le rythme précédent.

EN RÉSUMÉ

✓ *L'autoroute est un milieu fermé accessible aux véhicules nécessitant un permis de conduire.*

✓ *Les routes à accès réglementé à chaussées séparées sont soumises aux mêmes règles que l'autoroute à l'exception de la vitesse.*

✓ *La chaussée est à sens unique et la bande de l'accotement à droite est réservée à l'urgence.*

✓ *L'arrêt et le stationnement, la marche arrière et le demi-tour sont interdits sur la bande d'arrêt d'urgence.*

✓ *La vitesse est limitée à 130 km/h sur autoroute et à 110 km/h sur les chaussées à sens unique à accès réglementé.*

✓ *Pour circuler sur la voie de gauche de l'autoroute, la vitesse ne peut pas être inférieure à 80 km/h dans les conditions normales de circulation.*

✓ *La distance de sécurité correspond à deux traits de la bande d'arrêt d'urgence, soit 2 secondes.*

✓ *Une pause toutes les 2 heures permet de se détendre et de se reposer.*

✓ *Les bornes d'appel d'urgence sont disposées tous les deux kilomètres.*

✓ *Les voies de péage sont indiquées selon le mode de paiement. Le télépéage peut être franchi au pas, sans devoir s'arrêter.*

✓ *Après avoir quitté l'autoroute, je m'oblige à maîtriser ma vitesse.*

MINI ÉVAL

1- Après ce panneau la limitation de vitesse est de :

- 130 km/h__________ A ❑
- 110 km/h__________ B ❑
- 80 km/h__________ C ❑

2- En cas de panne sur l'autoroute, je peux obtenir de l'aide grâce aux bornes d'appel d'urgence :

OUI________________ A ❑

NON________________ B ❑

Réponses : 1-C 2-A

Montagne

La montagne présente des conditions spécifiques de conduite : de longues côtes, de longues descentes, et surtout des virages très serrés. La conduite hivernale demande de l'expérience.

La montagne

Les cols sont ouverts ou fermés en période hivernale ; et les équipements spéciaux peuvent devenir obligatoires.

Ce feu se déclenche automatiquement lors d'avalanches et de coulées de boues ! En hiver, je ne klaxonne pas en montagne.

Les descentes

J'évite de freiner en descente et j'utilise le frein moteur car je risque de chauffer les freins (fading), jusqu'à les rendre inefficaces.

En cas de défaillance de freins, je me sers du bas-côté pour m'arrêter.

Neige et verglas

A partir du mois de novembre, j'équipe mon véhicule de pneus spéciaux pour la neige et le verglas, pour la durée hivernale.

Les pneus à crampons (pneus à clous) sont autorisés du samedi précédant le 11 novembre au dernier dimanche de mars de l'année suivante. Un disque est apposé à l'arrière de la voiture et la vitesse est alors limitée à 90 km/h. Les chaînes sont obligatoires en présence du panneau.

Le croisement

Pour rappel, c'est celui qui descend qui doit s'arrêter en premier afin de faciliter la montée de l'autre usager.

S'il faut manoeuvrer, c'est le plus léger ou le véhicule isolé par rapport au véhicule articulé.

Un car ne recule pas !

Parfois le passage est régulé par panneaux ou par feux.

Les virages et lacets

Les virages sont bien souvent des épingles à flanc de montagne. Les véhicules lourds ou encombrants ont parfois besoin de toute la place pour virer. Je leur facilite le passage.

Lorsqu'il existe un risque de heurt de véhicules lents en montée, ce type de signalisation peut être implantée ❶ et répétée.

L'usage de l'avertisseur sonore, s'il est interdit en agglomération, n'est pas, contrairement à ce qu'on pense, interdit en montagne. Il est même parfois utile dans un lacet d'avertir de sa présence lorsque la route est étroite.

La vie de la montagne

Dans les pâturages ou dans les parcs naturels, les animaux sont en liberté !

L'hiver, les blocs se détachent en fin de matinée lors du dégel.

Ce panneau signale des pierres qui tombent ou qui sont déjà sur la chaussée.

En certains lieux l'arrêt et le stationnement peuvent y être interdits.

EN RÉSUMÉ

✓ *En région montagneuse je trouve des panneaux spécifiques.*
✓ *Un feu rouge clignotant peut interdire la circulation. Il se déclenche automatiquement lors d'une avalanche ou une coulée de boue.*
✓ *En cas de croisement difficile, celui qui descend s'arrête en premier. Si l'on doit effectuer une marche arrière, c'est le plus léger qui recule ou le véhicule isolé par rapport au véhicule articulé. Sauf s'il existe un emplacement proche.*
✓ *J'utilise le frein moteur en descente et je ralentis avant d'aborder un lacet.*

MINI ÉVAL

1- Je peux m'arrêter ____________ A ❑
Je peux stationner ____________ B ❑
Je continue ma route ____________ C ❑

2- Dans cette descente :
Je continue ____________ A ❑
Je m'arrête ____________ B ❑

3- La signalisation est :
temporaire
OUI ____________ A ❑ NON ____________ B ❑
permanente
OUI ____________ C ❑ NON ____________ D ❑

4- Klaxonner est interdit en montagne :
OUI ____________ A ❑
NON ____________ B ❑

Réponses : 1-C 2-B 3-AC 4-B

La nuit

Lorsqu'il fait nuit et que le lieu n'est pas éclairé ou mal éclairé, j'utilise les feux de route.

Hors agglomération

J'utilise les feux de route ! Sauf :

- si la route est éclairée en permanence ;
- si je rejoins ou si je croise un usager.

Cet autre usager peut aussi être un piéton, un cycliste...

Dans ce cas, je circule en feux de croisement.

Avant d'aborder un virage, il est souvent nécessaire de repasser en feux de croisement, afin de ne pas éblouir un usager qui arriverait dans la courbe.

Feux de position *Feux de croisement* *Feux de route*

En agglomération

Je suis autorisé à circuler avec les seuls feux de position lorsque l'éclairage est suffisant. Mais ce n'est pas recommandé car je suis alors moins bien vu parmi les autres qui circulent en feux de croisement.

Mieux vaut circuler en feux de croisement.

S'il n'y a aucun éclairage, je circule avec les feux de route.

Éblouissement

Je peux régler le rétroviseur intérieur sur la position « nuit ». En cas d'éblouissement devant moi, j'effectue un appel de feux et je ralentis.

En aucun cas je ne maintiens les feux de route !

Je regarde à droite entre la ligne de rive et les feux.

Je ne fixe pas la ligne médiane car je risque alors de m'y diriger insensiblement.

Selon la charge du véhicule, sous le capot ou sous le tableau de bord, une molette ❶, permet d'effectuer le réglage des feux en hauteur afin de ne pas éblouir l'usager en face.

Croisements

Quand passer des feux de route en feux de croisement ?

Il n'y a pas de distance précise.

Lorsque celui d'en face commence à m'éblouir ou s'il passe en feux de croisement, c'est le moment pour moi aussi de passer en feux de croisement.

En rejoignant un usager, lorsque les feux de route commencent à éclairer l'arrière de son véhicule, je passe en feux de croisement.

Dépassements

La nuit, lorsque je m'apprête à dépasser un usager, j'utilise les feux de croisement. Arrivé à sa hauteur, je vais passer en feux de route et lui en feux de croisement.

J'effectue ce changement lorsque je suis sûr de ne pas l'éblouir dans son rétroviseur extérieur gauche.

Stationnement

La nuit, hors agglomération :

L'arrêt et le stationnement s'effectuent sur l'accotement. Du fait que le véhicule n'est pas sur la chaussée, il ne faut pas le signaler, sinon il risquerait d'induire en erreur les autres usagers qui circulent.

La nuit, en agglomération :

S'il existe des emplacements délimités et protégés, il n'est pas utile d'allumer les feux de stationnement ou de position en l'absence d'éclairage public.

Il en est de même le long du trottoir si un bon éclairage existe toute la nuit.

La vitesse

Lorsque je passe des feux de route, qui éclairent à 100 m, en feux de croisement, dont la portée est réduite à 30 m, je me retrouve soudainement dans un trou noir.

A 80 km/h, il me faut environ 65 m pour m'arrêter !

Cela signifie qu'il me manque au moins 35 m d'informations concernant la distance nécessaire à l'arrêt.

Je dois donc impérativement ralentir lorsque je passe des feux de route aux feux de croisement.

Feux de route

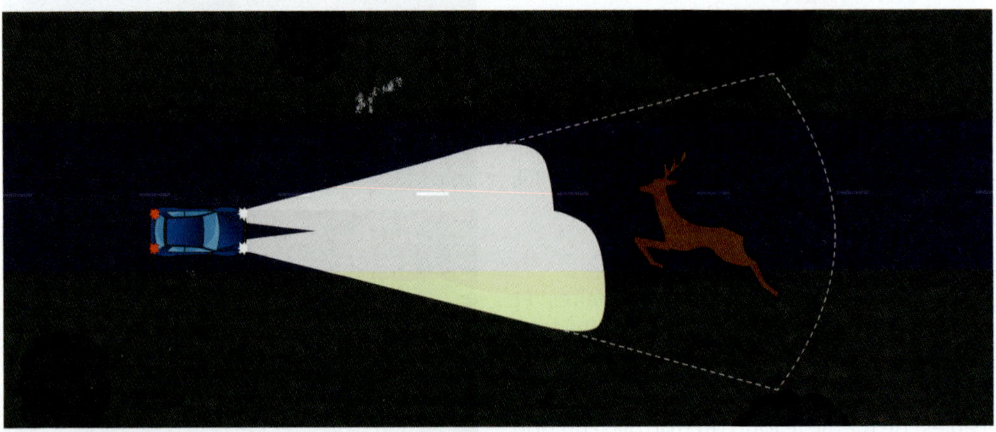

Feux de croisement

EN RÉSUMÉ

✓ *La nuit sans éclairage, je circule en feux de route.*
✓ *Je circule en feux de croisement en présence d'autres usagers.*
✓ *En agglomération éclairée, je suis autorisé à circuler avec les seuls feux de position.*
✓ *Le passage des feux de route aux feux de croisement exige de ralentir.*

MINI ÉVAL

1- Ce rétroviseur intérieur possède deux positions, jour et nuit :
OUI________________________A ❑
NON________________________B ❑

2- Les feux de croisement doivent porter au moins à 100 m.
OUI________________________A ❑
NON________________________B ❑

3- Je dois circuler :
en feux de croisement ________________________A ❑
en feux de route ____________________________B ❑

Réponses : 1-A 2-B 3-B

Les intempéries

Lorsque la visibilité s'amenuise du fait de la météorologie ou de l'éclairement, je dois allumer les feux de croisement !

Les feux de position seuls ne suffisent pas, et sont réservés à l'agglomération éclairée.

Feux de croisement, c'est le minimum !

Les feux de route s'utilisent uniquement la nuit sans éclairage public ou pour faire un appel lumineux.

Par temps de brouillard, des chutes de neige ou de forte pluie, j'allume les feux avant de brouillard avec ou en remplacement des feux de croisement.
Je peux les utiliser la nuit hors agglomération, avec les feux de route sur route étroite et sinueuse.

Le ou les feux arrière de brouillard s'utilisent par temps de brouillard ou de chute de neige. Dans ce cas, il faut être vu !

Sous la pluie seule, je ne les utilise pas.

Pour s'en souvenir : « les BN, plutôt associés au goûter des enfants, sont à l'arrière ».

BNP
(Brouillard / Neige / Pluie)

BN
(Brouillard / Neige)

La pluie

En début de pluie, la chaussée devient aussi glissante que sur le verglas. Ensuite, la pluie nettoie naturellement la chaussée. Sur une chaussée mouillée, l'adhérence diminue environ de moitié par rapport à une route sèche.

Attention aux piétons lorsque je passe dans une flaque d'eau ! De plus, une flaque peut cacher un trou...

Lorsque le temps est pluvieux, la vitesse est limitée sur les routes ❶, sur les chaussées séparées ❷ et sur les autoroutes ❸ *(voir p. 142)*.

AQUAPLANAGE

❶ ❷ ❸

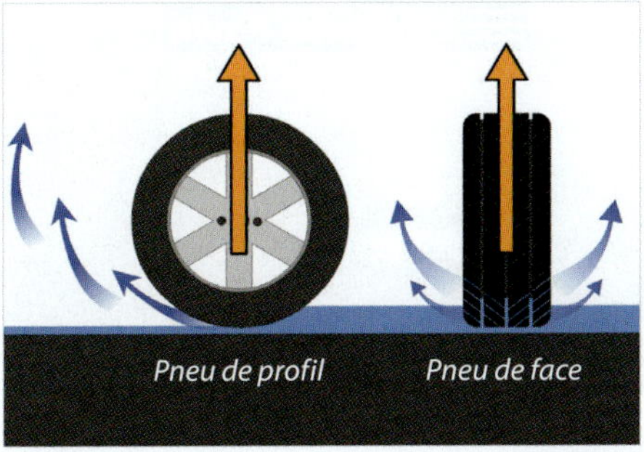

Aquaplanage :

Les sculptures des pneus permettent l'évacuation de l'eau. Lorsqu'elles ne peuvent plus évacuer l'eau devant le pneu, celui-ci se soulève. Il n'y a alors plus d'adhérence ni de direction possible.

L'aquaplanage (aquaplaning ou hydroplanage) commence à apparaître vers 60 ou 70 km/h avec des pneus en limite d'usure.

Accessoires :

Les essuie-glaces fonctionnent en général sur trois vitesses : intermittente, normale et rapide, selon l'intensité de la pluie ou des projections d'eau.

Un essuie-glace arrière équipe bon nombre de véhicules.

Le lave-glace permet de nettoyer le pare-brise et la lunette arrière avec un produit détergent antigel.

Il peut y avoir un réservoir à l'avant et un autre à l'arrière.

J'utilise les aérateurs, le réglage de température et la ventilation forcée pour désembuer les vitres de l'habitacle.

Je peux aussi laisser fuser un filet d'air d'une vitre pour accélérer le désembuage.

Il est souvent nécessaire d'activer le dégivrage (ou désembuage) de la lunette arrière. Sur certains modèles, l'extinction est automatique.

C'est un gros consommateur d'énergie.

Le brouillard

Le brouillard apparaît par temps frais et humide (printemps et automne) dans des zones exposées, proches des points d'eau et des rivières. Il est souvent présent par nappes et masque soudainement la visibilité. Je ralentis fortement avant d'entrer dans une nappe !

Je ne me rapproche pas d'un usager devant moi. J'augmente la distance de sécurité.

La vitesse est limitée à 50 km/h si la visibilité est inférieure à 50 m.

J'évite au maximum les dépassements.

Je me guide au sol en me plaçant bien entre la ligne de rive et la ligne médiane, car si je dois me méfier du sens inverse de circulation, je dois aussi me méfier des deux-roues à droite.

Attention ! Je dois couper les feux de brouillard lorsqu'il n'y a plus de brouillard.

Les feux de route sont inefficaces par temps de brouillard car ce dernier agit comme un écran et renvoie la lumière sur le conducteur.

La neige

La neige transforme la chaussée qui devient alors glissante en fonction de la température et du tassement. L'adhérence peut varier et être comparable à un début de pluie, jusqu'à une patinoire verglacée.

Je reste loin des engins de déneigement et de salage en action. Je leur facilite les manœuvres, surtout aux intersections. Il est alors interdit de les dépasser, même sur autoroute !

Avant de circuler, je retire toute la neige accumulée sur le toit et le capot.

Je ne fais jamais disparaître la glace des vitres avec de l'eau chaude car je risque de les éclater (choc thermique).

Les chaînes se montent sur les roues motrices. Elles sont obligatoires en présence du panneau. Les pneus neige « thermogomme ou thermocontact » sont parfois tolérés à la place des chaînes.

Les feux de brouillard avant ou arrière peuvent être utilisés lorsqu'il neige.

Le verglas

Le verglas est sournois, car il est souvent présent par beau temps sec. Je me méfie à l'approche d'une rivière, d'un lac, d'un pont, et en des lieux ventés à l'abri du soleil. L'adhérence devient alors quasi nulle...

Attention au gel :

Mettre de l'antigel dans le radiateur et du liquide «lave-glace» dans les bocaux des lave-glaces.

J'évite de serrer le frein à main, qui risque de rester bloqué par le gel. Je conduis avec souplesse, en maniant le volant du « bout des doigts ».

Les accélérations sont douces, pour une vitesse très réduite. Je ralentis longtemps à l'avance, en lâchant graduellement l'accélérateur. Si je rétrograde une vitesse, j'embraye très souplement.

Attention aux chutes de grêle :

Les risques de grêle sont fréquents lors des giboulées de printemps et des orages d'été. Ralentir comme si vous rouliez sur la neige.

Le vent

Le vent peut souffler fort de manière régulière, ou par rafales.

J'en ressens les effets dans diverses situations :

- en arrivant à un endroit signalé par une manche à air ;
- après un immeuble ;
- après une butte ;
- pendant le dépassement ou à la fin du dépassement d'un poids lourd ;
- sur un pont...

La force du vent est donnée par l'inclinaison de la manche à air.

Plus le vent est fort, plus la manche monte à l'horizontale.

De plus, elle indique l'orientation du vent. Gare au vent latéral...

Vent nul — *Vent moyen venant de la gauche* — *Vent violent venant de la gauche*

Attention aux chutes de branches (parfois d'arbres lors de tempêtes) ou de conteneurs d'ordures ménagères ayant versé sur la chaussée par exemple.

Je ne dois pas cramponner fermement le volant mais plutôt me préparer à rectifier en souplesse la trajectoire. Pas de coup de volant !

EN RÉSUMÉ

✓ *Les feux de croisement s'allument dès que la visibilité se dégrade ou que la luminosité baisse.*
✓ *Les feux de brouillard avant s'allument par temps de brouillard, lorsque la neige tombe et par forte pluie. Ils peuvent être allumés avec les feux de route sur route étroite et sinueuse, hors agglomération.*
✓ *Les feux de brouillard arrière s'allument seulement par temps de brouillard et lorsque la neige tombe.*
✓ *Sous la pluie, la chaussée devient glissante et l'aquaplanage peut survenir très tôt. Les vitesses sont alors réglementairement abaissées.*
✓ *Les essuie-glaces, les lave-glaces et les aérateurs servent à conserver une bonne visibilité.*
✓ *Attention aux nappes de brouillard. Je suis limité à 50 km/h par visibilité inférieure à 50 m.*
✓ *Dans le brouillard, je ne roule jamais près d'un autre usager.*
✓ *Il est interdit de dépasser un chasse-neige ou engin de salage en action.*
✓ *Je facilite le passage des engins de déneigement en tout lieu.*
✓ *Le verglas apparaît près des lieux humides. Il demande une conduite en souplesse et une vitesse très réduite.*
✓ *Le vent est particulièrement dangereux lorsque je sors d'un endroit abrité. La manche à air indique la force et le sens du vent. Mon action sur le volant est souple.*

MINI ÉVAL

1- Je circule avec les feux :
*de route*_______________A ❑
*de brouillard avant*_______________B ❑
*de brouillard arrière*_______________C ❑
*de croisement*_______________D ❑

2- Je dois retirer la neige du toit et des plaques pour circuler :
OUI_______________A ❑
NON_______________B ❑

Réponses : 1-BCD 2-A

1- La nuit tombe. J'allume :
les feux de position seuls ____ A ❑
les feux de croisement ____ B ❑
les feux de route ____ C ❑

2- Je passe en feux de croisement. Je dois ralentir :
OUI ____ A ❑
NON ____ B ❑

3- La partie grise métallisée du bloc de feux est :
le feu arrière de brouillard ____ A ❑
ou
le feu de recul ____ B ❑

4- La portée des feux de route est au minimum :
à 50 m ____ A ❑
à 100 m ____ B ❑
à 150 m ____ C ❑

5- Dans cette situation :
je peux continuer mon dépassement
OUI ____ A ❑ NON ____ B ❑
je vais être gêné par le vent
OUI ____ C ❑ NON ____ D ❑

6- Je peux faire un bref appel de feux de route :

OUI ____________ A ❑
NON ____________ B ❑

7- A l'approche de ce poste de péage, je peux éteindre mes feux :

OUI ____________ A ❑
NON ____________ B ❑

8- En cas d'éblouissement :

- je ralentis ____________ A ❑
- je me rapproche du véhicule devant moi ____________ B ❑
- je regarde entre les lignes au sol ______ C ❑

9- Je peux klaxonner pour avertir de mon dépassement :

OUI ____________ A ❑
NON ____________ B ❑

10- Pour nettoyer le pare-brise des insectes collés, le lave-glace suffit :

OUI ____________ A ❑
NON ____________ B ❑

Réponses : 1-B 2-A 3-B 4-B 5-AD 6-A 7-B 8-AC 9-A 10-B

Tunnels

Le passage d'un tunnel demande des précautions et un comportement adapté afin de le rendre le plus sûr possible, car c'est un lieu enfermé qui peut tout à coup se révéler très dangereux.

Que les tunnels soient longs ou courts, il existe des règles à respecter, même s'il n'y a pas toujours de panneau pour les prescrire.

En agglomération, dans un tunnel éclairé, j'allume au moins les feux de position ; hors agglomération j'allume les feux de croisement. Si le tunnel n'est pas éclairé, j'allume les feux de route, à condition de ne pas gêner.

L'accès peut-être interdit ou régulé en convoi protégé.

L'arrêt et le stationnement sont interdits !

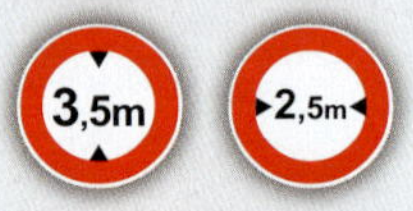

Ces panneaux sont là pour me rappeler que les tunnels ne sont pas toujours bien larges, ni bien hauts. Si la circulation s'effectue à double sens, je ralentis et je serre à droite.

La vitesse est souvent limitée.

Ces panneaux d'entrée et de sortie de tunnel sont implantés lorsque ces derniers font plus de 300 m de long.

Je respecte systématiquement la distance de sécurité.

Je reste à l'écoute de la station qui émettra automatiquement des alertes et des consignes en cas d'incident sous un tunnel.

L'entrée

Certains longs tunnels sont gérés par des sociétés et sont payants. La sécurité y est alors assurée par une surveillance vidéo ❶ 24h/24 et des équipes spécialisées. Des radars enregistrent les vitesses.

Si mon véhicule fonctionne au GPL, je dois le déclarer.
J'ai auparavant vérifié le niveau de carburant de mon véhicule pour ne pas tomber en panne.

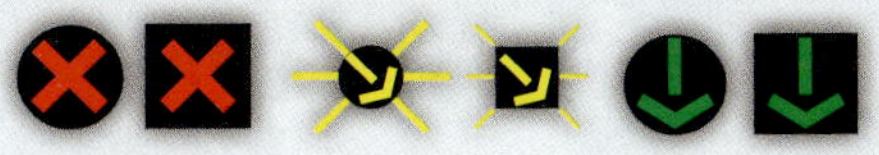

Je respecte les signaux

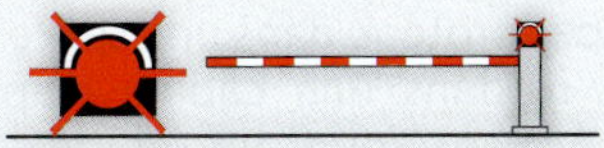

Je n'entre pas dans le tunnel car il y a danger !

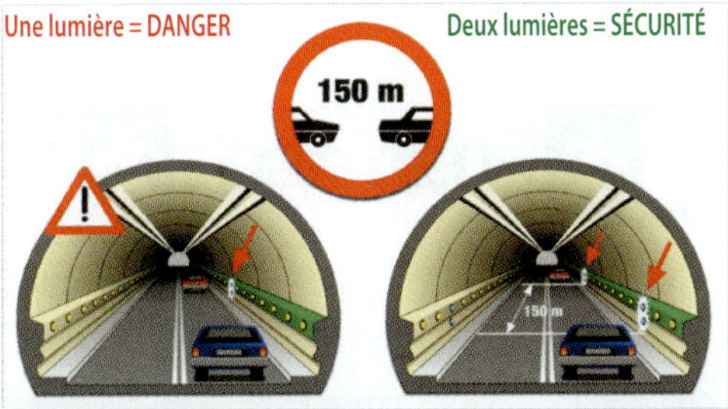

Dans le tunnel

Dans certains tunnels, des lumières bleues aident à maintenir la distance entre les véhicules.

Il faut laisser deux lumières bleues entre chaque véhicule.

Je suis les consignes des panneaux à message variable

En cas d'arrêt de circulation, je maintiens cette distance, ce qui protège d'une éventuelle propagation d'un feu !

En cas d'incident mineur

Si je suis victime d'une crevaison, d'une panne mécanique ou encore d'un accrochage matériel, je dirige en priorité mon véhicule vers l'un des refuges ❶ qui jalonnent le tunnel. J'allume les feux de détresse, je coupe le contact, je laisse les clés en place et j'enfile mon gilet de sécurité.

À l'aide du poste d'appel, je contacte les secours ❷. Le téléphone portable ❸ ne doit pas être utilisé !

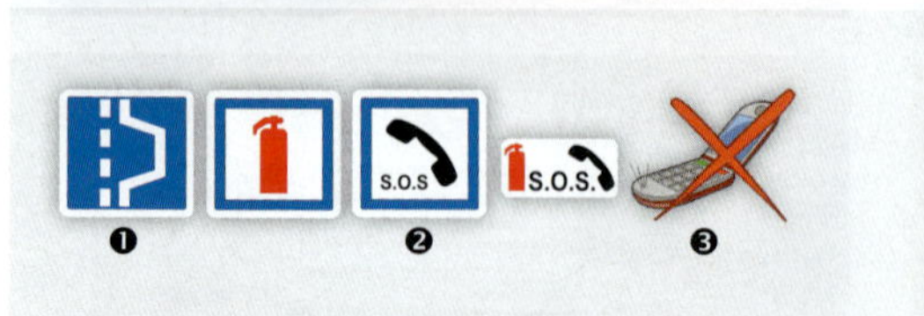

En cas d'incident majeur

L'incident majeur, c'est l'incendie. Dans ce cas, tout se joue dans les premières minutes. Si de la fumée apparaît au loin, je m'arrête sans m'approcher des véhicules devant moi, j'allume les feux de détresse, je coupe le moteur, je laisse les clés sur le tableau de bord et j'évacue le tunnel.

Je ne suis pas protégé dans un espace d'arrêt d'urgence ni dans une cabine d'appel, je rejoins donc sans courir un refuge sécurisé signalé. Je m'occupe de tous mes passagers. Je ne reviens plus en arrière !!!

Je respecte les consignes qui me seront communiquées par affiches ou par radio.

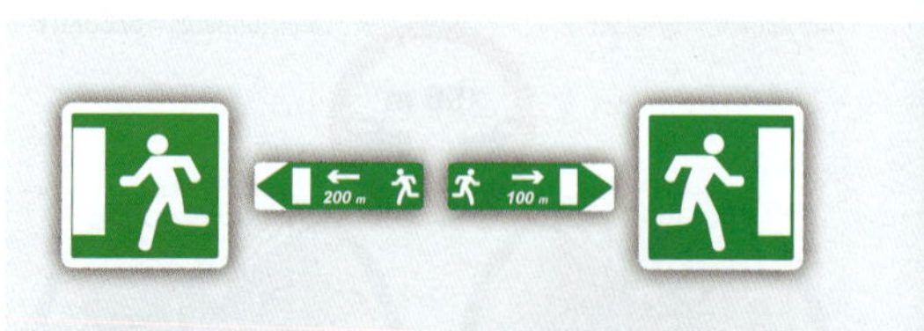

Sortir du tunnel

Attention à l'éblouissement !

J'abaisse éventuellement le pare-soleil, je prépare les lunettes de soleil... Je ralentis. Je n'éteins les feux qu'après être sorti.

EN RÉSUMÉ

✓ *Arrêt et stationnement sont interdits dans un tunnel.*
✓ *Lorsque le tunnel est éclairé : feux de croisement obligatoires hors agglomération ; feux de position seuls autorisés en agglomération.*
✓ *Je me conforme aux limitations de vitesse et aux distances à respecter entre usagers, même à l'arrêt.*
✓ *Un feu rouge clignotant allumé = arrêt.*
✓ *En cas d'incident, j'allume les feux de détresse, je coupe le contact en laissant les clés dessus, je rejoins un espace refuge et j'appelle les secours. Pas de téléphone portable.*
✓ *En cas d'incendie, je rejoins un refuge sécurisé avec les passagers et je ne reviens pas en arrière !*
✓ *Je ralentis et me méfie de l'éblouissement en sortie de tunnel.*

MINI ÉVAL

1- Suite à un début d'incendie dans un tunnel, je suis entré dans un abri.
J'emprunte immédiatement le couloir d'évacuation __A ❑
*Je lis les consignes et j'attends qu'on m'invite à sortir*__B ❑

2- Même si je possède un téléphone portable, je dois joindre les secours à l'aide d'une borne d'appel d'urgence :
OUI______________________A ❑
NON_____________________B ❑

3- Dans un long tunnel, ces lumières bleues servent :
*à maintenir la distance de sécurité*__________A ❑
*à détecter un éventuel incendie*____________B ❑
*à diriger vers une issue de secours*__________C ❑

Réponses : 1-B 2-A 3-A

Passages à niveau

Chaque année, on dénombre des personnes tuées en franchissant un passage à niveau alors que c'est interdit. Entre 2014 et 2018, 91 personnes ont été tuées dans les accidents impliquant un train. En France, il existe 15.000 passages à niveau et tous les trois jours une voiture entre en collision avec un train ! Malgré le risque important, 10 % des automobilistes déclarent avoir déjà franchi un passage à niveau sans respecter les règles de base.

Le train :

Un train est toujours prioritaire !

Le passage peut être protégé par des barrières à fonctionnement manuel ❶, ou le plus souvent des demi-barrières à fonctionnement automatique.

Dans ce cas, le panonceau « signal automatique » complète le panneau ❷.

Le passage peut être sans barrières ❸ sur des voies peu utilisées.

En position, le nombre des voies ❹ peut être signalé par un panneau spécifique. Un ou plusieurs feux clignotants rouges arrêtent la circulation.

Trafic régulier (port, industrie)

Trafic irrégulier (agricole)

Hauteur des fils électriques inférieure à 6 m

Au moins deux voies à traverser

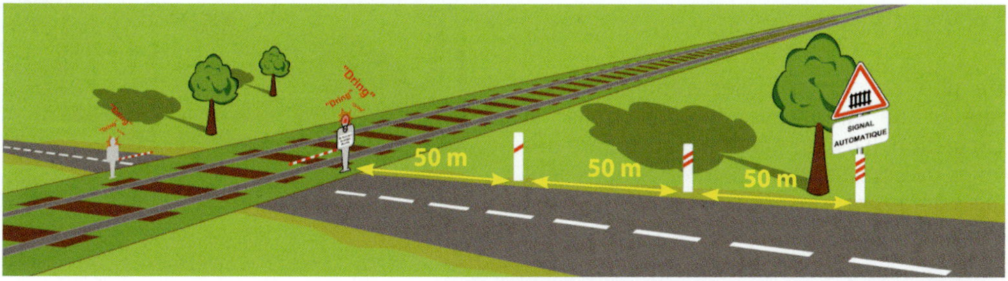

Le passage est ouvert.
La sonnerie retentit. Je m'arrête !
A ce moment, il ne reste plus qu'une vingtaine de secondes avant l'arrivée du train...

Les feux clignotent. Je ne passe pas !

Les barrières se baissent. Si je suis resté bloqué au milieu des voies, j'évacue le véhicule.

Le train passe...

J'attends que les barrières soient relevées avant de démarrer.

Attention ! Si la circulation est arrêtée après le passage, j'attends que celle-ci devant moi redémarre.

Le tramway :

De plus en plus de villes s'équipent d'un réseau de tramways intégré dans la circulation. Il est en général bien séparé des voies de circulation et les intersections sont alors gérées par des feux.

Je dois m'obliger à beaucoup de prudence, surtout aux abords des stations d'arrêt.

Un tramway est dépassé du côté libre de la chaussée, à gauche ou à droite. Mais je ne pourrai pas le dépasser s'il est à l'arrêt, du côté où descendent les passagers.

Les feux spécifiques aux tramways ne peuvent pas être confondus avec les autres. Ils sont synchronisés avec les autres feux de circulation.

Feux pour tramways

Pour moi = Arrêt

EN RÉSUMÉ

✓ Un passage à niveau est toujours prioritaire.
✓ Tous les trois jours une voiture entre en collision avec un train !
✓ Le feu rouge clignotant des passages à niveau de trains ou de tramways s'allume directement sans autre avertissement qu'une sonnerie.

MINI ÉVAL

1- Les voies de tramways annoncées peuvent :
couper la rue pour passer
OUI________A ❑ NON________B ❑
emprunter les voies de circulation
OUI________C ❑ NON________D ❑

2- Ces doubles feux sont réservés pour tourner à gauche :
OUI________________________A ❑
NON________________________B ❑

3- La signalisation m'indique que je vais rencontrer un passage à niveau :
à 150 m
OUI________A ❑ NON________B ❑
sans barrières
OUI________C ❑ NON________D ❑

4- Le passage à niveau est situé environ :
à 30 m________________________A ❑
à 50 m________________________B ❑
à 100 m________________________C ❑

Réponses : 1-AC 2-B 3-AD 4-C

1- Je vais entrer dans un tunnel éclairé hors agglomération. J'allume :
les feux de croisement_______________A ❑
ou
les feux de position seuls_______________B ❑

2 - A 150 m :
le passage à niveau est sans barrières
OUI___________A ❑ NON___________B ❑
le dépassement est autorisé
OUI___________C ❑ NON___________D ❑

3- Les barrières sont relevées et le feu éteint. En cas de bouchon :
je m'arrête avant les barrières
OUI___________A ❑ NON___________B ❑
je ne m'engage que si je peux dégager complètement les voies
OUI___________C ❑ NON___________D ❑

4- Les tramways sont «prioritaires» aux intersections :
OUI_______________________________A ❑
NON ______________________________B ❑

5- En cas d'accident dans ce tunnel :
Je demande de l'aide depuis une niche de secours_______________________A ❑
J'utilise mon téléphone portable________B ❑

6-Avant d'entrer dans un tunnel :
je contrôle ma jauge de carburant
OUI__________A ❑ NON__________B ❑
j'ôte mes lunettes de soleil
OUI__________C ❑ NON__________D ❑

7- Je m'arrête seulement si un train arrive :
OUI__________A ❑
NON __________B ❑

8- En cas d'accident dans un tunnel :
j'allume mes feux de détresse
OUI__________A ❑ NON__________B ❑
je vais demander de l'aide depuis un poste de sécurité
OUI__________C ❑ NON__________D ❑

9- Lorsque je serai à l'arrêt dans le tunnel, je devrai conserver les mêmes distances de sécurité qu'ici :
OUI__________A ❑
NON __________B ❑

10- Le passage à niveau se situe à environ :
50 m__________A ❑
100 m__________B ❑
150 m__________C ❑
200 m__________D ❑

Réponses : 1-A 2-AD 3-AC 4-A 5-A 6-AC 7-B 8-AC 9-B 10-B

Notes

U LES AUTRES USAGERS

Pour permettre une conduite apaisée, notamment en agglomération, la prise en compte des usagers vulnérables est primordiale. Ces usagers piétons, cyclistes, enfants ou personnes âgées sont trop représentés chaque année dans les accidents. Un partage de l'espace public passe par une conduite solidaire avec une volonté de mieux communiquer entre les usagers.

Les usagers fragiles

Les enfants et surtout les personnes âgées, pour des raisons de vision, de mobilité et de réactivité, sont les premières victimes de la route en agglomération.

Attention aux handicapés et aux parents qui ont besoin d'espace pour faire passer un fauteuil roulant ou une poussette.

Pour rappel, les piétons et deux-roues sont croisés ou dépassés en laissant 1 m minimum d'espace latéral en agglomération et 1,50 m hors agglomération. Je dois tenir compte en effet de leur zone d'incertitude, c'est-à-dire l'endroit où ils peuvent se déplacer dans les secondes suivantes.

Communiquer entre usagers

Il existe peu de moyens pour communiquer entre usagers :
- le clignotant, pour les écarts de trajectoire et les changements de direction ;
- les feux, pour attirer l'attention ;
- les feux stop, pour signaler un ralentissement ;
- les feux de détresse, pour signaler un danger ;
- l'avertisseur sonore, ou klaxon, pour signaler sa présence à proximité ;
- enfin, le geste peut inviter un usager à passer.

La trajectoire

Tout écart par rapport à la trajectoire doit être signalé, afin que les autres usagers puissent à leur tour prévoir un même écart. Je communique alors une information !

Le changement de voie

Tout changement de voie est précédé d'un contrôle vers l'arrière et d'un contrôle latéral. Je mets le clignotant à gauche pour me placer à gauche ; et je le mets éventuellement à droite pour revenir à droite.

Un appel de feux, de jour comme de nuit, peut éveiller l'attention de celui qu'on va dépasser. Le signal reste bref !

Tourner à gauche ou à droite

Il faut avertir suffisamment tôt pour que les autres usagers puissent avoir le temps de comprendre mon intention et agissent en conséquence.
Attention, ne pas mettre son clignotant pour changer de direction peut coûter 3 points sur le permis de conduire.

Ralentir

Tout ralentissement est précédé par un regard vers l'arrière à l'aide du rétroviseur.
Il est parfois nécessaire d'effectuer un appel des feux stop, sans freiner, afin d'avertir qu'on est arrêté dans la circulation, ou lorsqu'un usager suit de trop près par exemple, alors qu'on va freiner.

La circulation des motards entre les files (inter-files)

La circulation inter-files consiste à circuler en deux-roues ou en trois-roues motorisés entre les files de véhicules à l'arrêt ou en roulant à vitesse réduite dans un trafic dense et congestionné. Je dois donc être vigilant au volant de mon véhicule.

On peut circuler entre les files dans 11 départements (jusqu'en 2021) uniquement sur les autoroutes et routes à au moins deux fois deux voies séparées par un terre-plein central, et où la vitesse autorisée est comprise entre 70 et 130 km/h. Lorsqu'il y a trois voies de circulation, les deux-roues motorisés doivent circuler entre les deux files de véhicules les plus à gauche de la chaussée. Je dois régulièrement contrôler dans mes rétroviseurs et dans mes angles morts.

Danger

Les feux de détresse ne servent pas à s'excuser pour une infraction concernant le stationnement ou l'arrêt !

Je dois les utiliser dans trois cas :

- lors d'un ralentissement soudain si je suis le dernier de la file ;
- si ma vitesse est anormalement lente à cause d'une panne par exemple ;
- pour signaler une immobilisation, une panne, un accident, un obstacle.

Avertir

Le klaxon n'a plus beaucoup d'utilité aujourd'hui et ne sert que pour avertir un usager proche. Il est parfois utile sur une route très étroite et sinueuse par exemple.

En agglomération, son usage est interdit sauf en cas de danger immédiat.

Son usage est interdit la nuit.

La nuit, j'avertis de ma présence avec un appel de feux :

- avant un virage ;
- avant une intersection ;
- avant un sommet de côte.

Un geste, un sourire

Bien souvent, un geste suffit à la résolution d'un problème de passage.

Un sourire rapproche les usagers !

Les transports de matières dangereuses

Les véhicules transportant des produits dangereux sont signalés par des plaques orange ou des plaques-étiquettes de danger.

N°1 Sujet à l'explosion divisions 1.1, 1.2, 1.3

N°2.3 Gaz toxique

N°3 Danger de feu (matière liquide inflammable)

N°4.1 Danger de feu (matière solide inflammable)

N°5.1 Matière comburante

N°6.1 Matière toxique

N°7B Matière radioactive dans des colis de catégorie II

N°8 Matière corrosive

EN RÉSUMÉ

✓ *Les enfants et surtout les personnes âgées sont les premières victimes de la route en agglomération.*
✓ *Communiquer avec les autres usagers sert à les informer sur ce qu'on fait.*
✓ *Le clignotant pour les écarts de trajectoire et les changements de direction.*
✓ *Les feux pour attirer l'attention avant un dépassement, avant une intersection ou un virage.*
✓ *Les feux stop pour signaler un ralentissement.*
✓ *Les feux de détresse pour signaler une panne, un danger, un soudain ralentissement ou une vitesse anormalement lente.*
✓ *L'avertisseur sonore pour signaler sa présence. Il est interdit la nuit et en agglomération, sauf en cas de danger immédiat.*
✓ *Enfin le geste peut inviter un usager à passer.*

MINI ÉVAL

1- Je mets le clignotant à gauche :
OUI ______________________ A ❑
NON ______________________ B ❑

2- Je mets le clignotant pour me déporter :
OUI ______________________ A ❑
NON ______________________ B ❑

3- Je continue sur la route prioritaire :
je fais un appel de feux pour avertir ____________ A ❑
ou
c'est inutile car je suis prioritaire ____________ B ❑

4- Je klaxonne ces piétons :
OUI ______________________ A ❑
NON ______________________ B ❑

Réponses : 1-A 2-A 3-A 4-B

Les véhicules spéciaux

Les véhicules à progression lente :

Leur vitesse ne dépasse pas 40 km/h. Ils sont dotés d'un ou plusieurs gyrophares jaunes lorsqu'ils circulent sur la route. Ces mêmes gyrophares équipent aussi des véhicules de travaux publics ou des convois exceptionnels.

Ces véhicules doivent bénéficier de toute mon attention du fait de leur lenteur, de leur gabarit, de leurs mouvements ou de la présence de personnels autour.

Les véhicules d'intérêt général bénéficiant de facilités de passage :

Je facilite le passage de ces véhicules lorsqu'ils sont en mission. Ils sont dotés de gyrophares à éclat bleu et d'un avertisseur à trois tons. Il s'agit d'ambulances privées, des véhicules de secours d'EDF ou de Gaz de France, des véhicules de transport de fonds de la Banque de France. Les engins de déneigement et de sablage hivernaux ne peuvent pas être dépassés lorsqu'ils sont en activité.

Ils ne sont pas prioritaires aux intersections.

Les véhicules prioritaires :

Il s'agit des pompiers, du SAMU et SMUR, de la police et de la gendarmerie, ainsi que des douanes. Ils sont dotés de gyrophares tournants bleus et d'un avertisseur à deux tons. Je dois leur céder le passage !

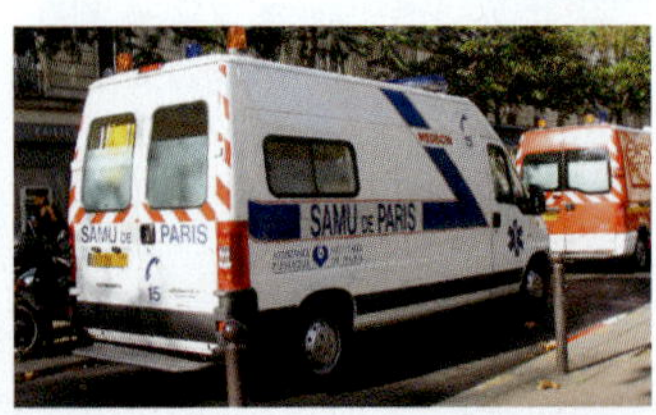

EN RÉSUMÉ

✓ *Je prête toute mon attention aux véhicules dotés d'un gyrophare jaune.*
✓ *Je facilite le passage aux véhicules d'intérêt général bénéficiant de facilités de passage.*
✓ *Je cède le passage aux véhicules d'intérêt général prioritaires.*

MINI ÉVAL

1- Je laisse passer cette ambulance qui manifestement cherche à s'engager :
OUI ____________________ A ❑
NON ____________________ B ❑

2- Je dois :
céder le passage ____________ A ❑
ou
seulement faciliter le passage ______ B ❑

3- Ce fourgon est :
- un véhicule prioritaire ____________ A ❑
- un véhicule bénéficiant de facilités de passage ____________ B ❑
- un véhicule des services de l'Equipement ne benéficiant d'aucune priorité spécifique ______ C ❑

4- Sont classés comme véhicules prioritaires :
- les pompiers ____________ A ❑
- le SAMU ____________ B ❑
- les médecins de garde ____________ C ❑
- les engins de déneigement ____________ D ❑

Réponses : 1-A 2-A 3-C 4-AB

1- Les victimes piétons les plus nombreuses sont les personnes âgées :

OUI ____ A ❑
NON ____ B ❑

2- Pour sortir du carrefour giratoire, je dois mettre le clignotant à droite :

OUI ____ A ❑
NON ____ B ❑

3- Ce deux-roues zigzague, je klaxonne :

OUI ____ A ❑
NON ____ B ❑

4- Pour tourner à gauche, le clignotant est :

- superflu ____ A ❑
- secondaire ____ B ❑
- obligatoire ____ C ❑

5- Je peux klaxonner ici ces piétons qui ne traversent pas sur le passage :

OUI ____ A ❑
NON ____ B ❑

6- Je roule à une vitesse de 40 km/h, je ralentis :
OUI ______________________ A ❑
NON ______________________ B ❑

7- A 30 km/h, mon allure est :
Autorisée ______________________ A ❑
Adaptée ______________________ B ❑
Inadaptée ______________________ C ❑

8- Je klaxonne
OUI ______________________ A ❑
NON ______________________ B ❑

9- Je ralentis :
OUI __________ A ❑ NON __________ B ❑
Je klaxonne :
OUI __________ C ❑ NON __________ D ❑

10- A 30 km/h au lieu de 50 km/h, la violence du choc avec un piéton est réduite :
De 10 % ______________________ A ❑
De 30 % ______________________ B ❑
De 60 % ______________________ C ❑

Réponses : 1-A 2-A 3-A 4-C 5-B 6-A 7-AC 8-B 9-AD 10-C

Notes

A LES ACCIDENTS

La conduite d'un véhicule nécessite une prise de conscience des éventuels risques pris ou que l'on fait prendre aux autres.
De nombreux facteurs peuvent générer un accident. Si celui-ci intervient, il est préférable de faire les bons choix ou les bons gestes.

Accidents

Qu'est-ce que le risque ?

Il y a des risques qui sont liés à l'activité dans un système constitué par l'Homme, le Véhicule et l'Environnement. Et il y a des risques que nous prenons volontairement ou par inattention ; ou tout simplement parce que nous n'en connaissons pas bien les conséquences.

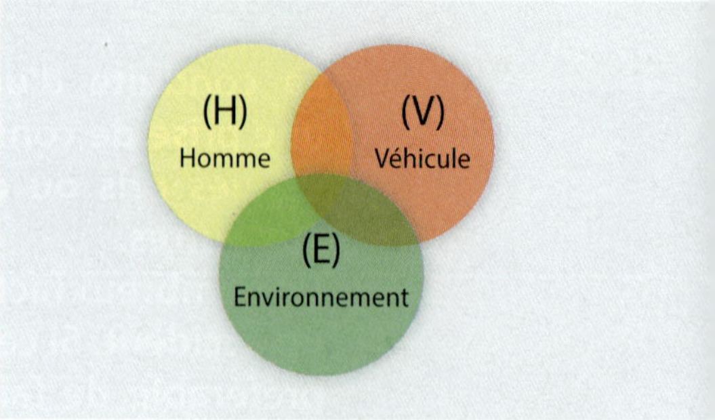

Risque, infraction et accident

Celui qui prend des risques s'expose plus que les autres à être impliqué dans un accident ! Cela explique que les forces de l'ordre, et les radars fixes ou mobiles, soient placés là où il y a un risque.

Les principaux facteurs d'accidents graves

C'est la fréquence des facteurs qu'on trouve dans les accidents. Les facteurs se cumulent car ils ne sont jamais isolés. Le comportement humain se retrouve dans plus de 95 % des accidents graves.

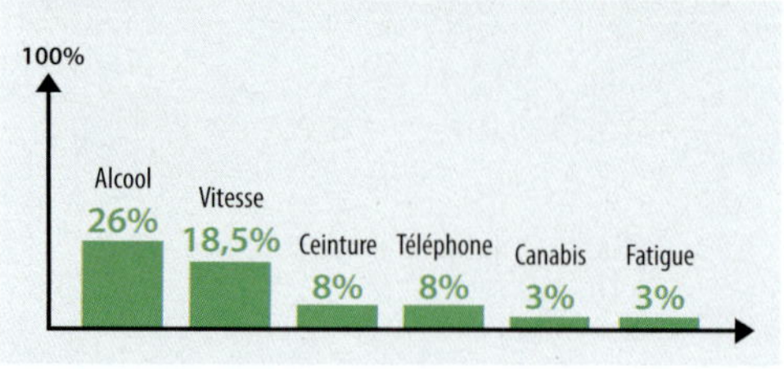

Les données statistiques principales

La tranche d'âge la plus exposée se situe entre 15 et 24 ans (13 % de la population et 27 % des tués).
Beaucoup d'accidents très graves se produisent hors agglomération.
De nuit, les accidents sont plus graves alors qu'il y a beaucoup moins de circulation.

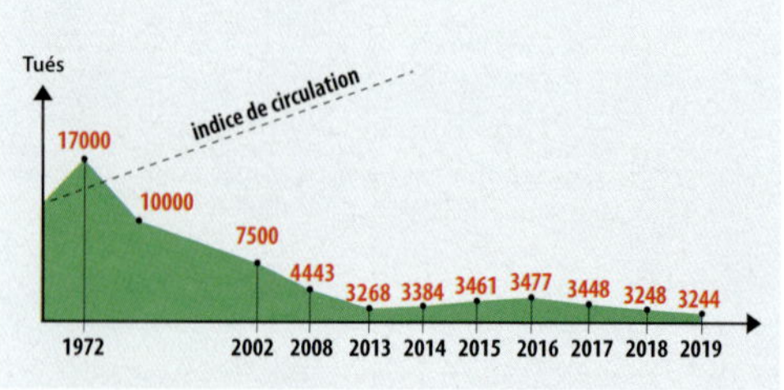

Protéger

→ Ne pas s'arrêter si l'on est impliqué dans un accident est un délit de fuite.

→ Ne pas porter secours, au moins en alertant, est un délit de non-assistance à personne en danger.

Si les secours sont déjà en place, je reste très vigilant pour ne pas mettre en danger les sauveteurs et je passe mon chemin.

Si je suis le premier arrivé, je protège les lieux afin d'éviter un sur-accident !

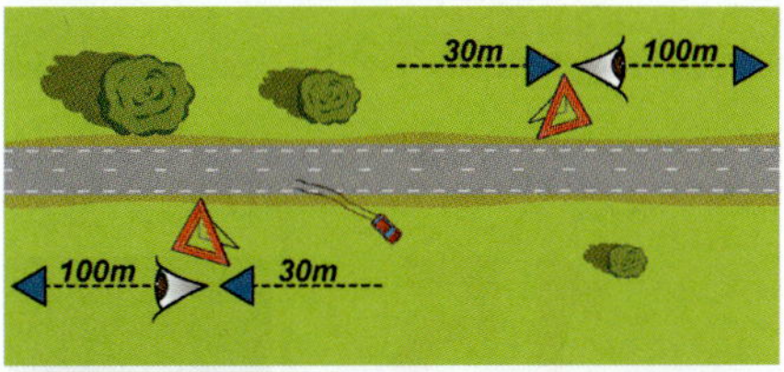

Triangles placés à 30 mètres et visibles à 100 mètres.

Chaque conducteur doit conserver un gilet de sécurité à portée de main (dans la boîte à gants par exemple) et le revêtir avant de sortir du véhicule pour installer le triangle de présignalisation qu'il placera à environ 30 mètres du lieu de l'accident.

Un passager se place dans chaque sens, en sécurité à une centaine de mètres, et agite un tissu blanc ou une lampe de poche la nuit.

Je place les personnes valides en sécurité sur l'accotement, et derrière un rail s'il y en a.

Dès que possible, je m'assure que les contacts électriques sont coupés et je débranche les batteries s'il le faut. S'il s'agit d'un véhicule GPL, je cherche à fermer le gaz.

Si un feu se déclare, je dirige le jet de l'extincteur à la base du feu. Si je n'ai pas d'extincteur, je jette du sable ou de la terre dessus, jamais d'eau !

Dégagement d'urgence d'une victime

Si une victime ne peut se dégager par elle-même d'un danger réel, immédiat et non contrôlable, un dégagement d'urgence s'impose exceptionnellement.

Alerter

En priorité j'utilise les bornes orange !

Le téléphone portable peut s'avérer très utile pour se faire guider dans les gestes de survie et pour informer avec exactitude sur l'état des blessés.

À partir d'une borne orange, j'appuie sur le bouton rouge. Je serai directement en relation avec les secours, qui sauront exactement où je suis.

Sur mon portable, je compose en priorité le **15** (appel des SAMU, en charge de la réponse médicale : problèmes urgents de santé et conseils), le **18** (appel des sapeurs-pompiers, en charge des secours d'urgence : personnes, accidents, incendies) ou le **112** (appel d'urgence valide dans l'ensemble de l'union Européenne).

Ces numéros sont gratuits et peuvent être composés sur n'importe quel téléphone, même si ce n'est pas le vôtre et qu'il est verrouillé.

L'alerte doit être la plus rapide et la plus précise possible pour ne pas retarder l'intervention des secours et pour ne pas compromettre la vie ou la santé de la ou des victimes.

Je précise au mieux les lieux grâce à la signalisation, et éventuellement aux édifices proches. Je communique le nombre des blessés et leur état (conscience, blessures, etc.).

J'avertis s'il y a des risques particuliers (matières dangereuses à l'aide du logo du véhicule *(voir p. 214)*, incendie, noyade, etc.).

J'attends d'être invité à raccrocher pour le faire !

Alerte et protection des populations

Le SAIP

Le SAIP (Système d'Alerte et d'Information des Populations) est un ensemble d'outils (les médias, internet, des panneaux à message variable, les 5300 sirènes réparties sur le territoire) permettant d'avertir la population d'un danger imminent ou qu'un événement grave est en train de se produire.

Le signal émis par les sirènes est une modulation d'un son montant et descendant sur trois cycles successifs.

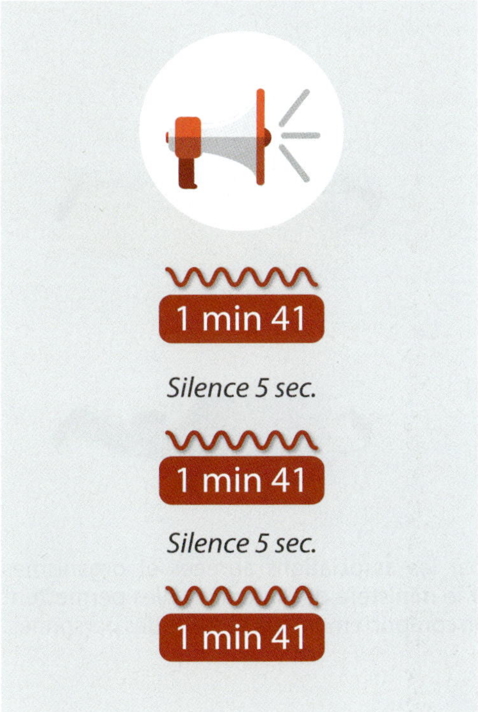

Chaque mois, des essais sont effectués à midi le premier mercredi. Pour ne pas confondre avec une véritable alerte, le son est émis sur une période de seulement 30 s.

Comportement à adopter

Dès le début de l'alerte, et jusqu'au signal de fin d'alerte, il faut :

1 - se mettre en sécurité et rejoindre sans délai un bâtiment

2 - rester informé à l'aide des médias et d'internet

3 - respecter les consignes des autorités

Si les consignes sont de se confiner, je ferme les portes et les fenêtres, je calfeutre les portes, les fenêtres et les bouches d'aération, je désactive les systèmes de ventilation ou de climatisation.

Si les consignes sont d'évacuer, j'emporte alors mon kit d'urgence préparé à l'avance (www.gouvernement.fr/risques).

Attention, dans tous les cas :

→ Je reste en sécurité et je ne vais pas chercher mes enfants à l'école car ils sont pris en charge par les enseignants.

→ Je n'utilise mon téléphone portable qu'en cas d'urgence vitale afin d'éviter de saturer les réseaux téléphoniques.

En cas d'attaque terroriste ou de situation de violence

Il faut appliquer les consignes nationales indiquées (www.gouvernement.fr/reagir-attaque-terroriste). S'il est impossible de s'échapper, il faut se cacher, obéir aux forces de l'ordre, réaliser les gestes de premier secours et rester vigilant.

Secourir

Porter secours ne signifie pas nécessairement accomplir des gestes de secourisme. Les premiers gestes de secours font partie de l'enseignement obligatoire.

Pour ce faire, il existe des stages accessibles dès l'âge de 10 ans, comme :

→ Gestes qui sauvent (GQS)
→ Prévention et secours civiques de niveau 1 (PSC 1)
→ Premiers secours en équipe de niveau 1 (PSE 1)
→ Premiers secours en équipe de niveau 2 (PSE 2).

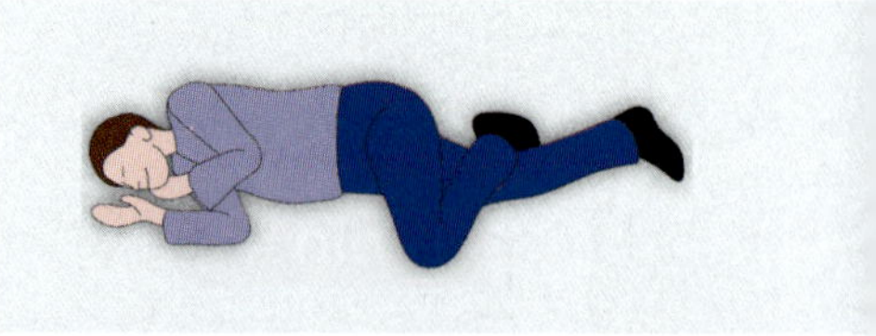

Ces formations sont uniquement dispensées par les associations agréées et organismes habilités à la formation aux premiers secours par le ministère de l'Intérieur. Elles permettent d'acquérir les compétences pour participer par son comportement à la sécurité des personnes.

Les premiers secours

Le traumatisme

Le traumatisme est une lésion des os (fracture), des articulations (entorse ou luxation), des organes (tête, thorax, abdomen) ou de la peau. Les signes de traumatisme peuvent être multiples (douleur vive, impossibilité de bouger, gonflement, déformation). Les risques peuvent être importants et entraîner des complications neurologiques (paralysie, conscience altérée, perte de connaissance), des détresses circulatoires ou respiratoires.

Si le traumatisme se situe au niveau de la colonne vertébrale (douleur du dos ou de la nuque), une atteinte de la moelle épinière est possible.

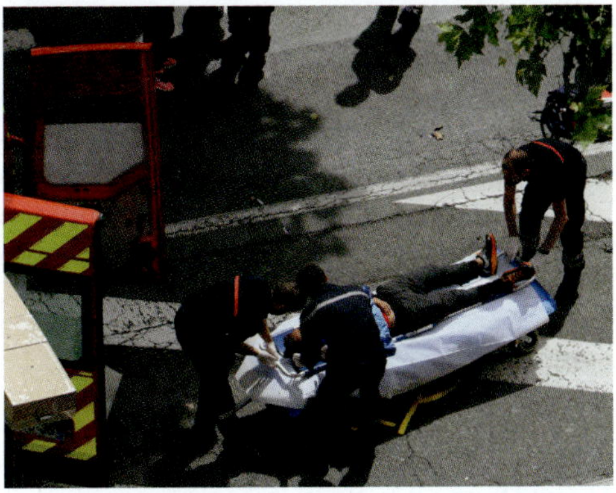

Dans le cas d'un traumatisme, il faut ni déplacer ni bouger la victime. Il faut alerter ou faire alerter les secours et respecter les recommandations données. Enfin, il faut surveiller la victime en lui parlant et en la réconfortant, en la protégeant du froid, de la chaleur ou des intempéries.

L'hémorragie

Une hémorragie est une perte de sang prolongée, provenant d'une plaie ou d'un orifice naturel, qui imbibe de sang un mouchoir en quelques secondes et qui ne s'arrête pas spontanément. Je reste attentif au fait qu'une hémorragie peut être masquée par la position de la victime ou un vêtement ample et absorbant, comme un manteau ou un blouson.

La perte abondante ou prolongée de sang conduit à une détresse circulatoire qui menace immédiatement ou à très court terme la vie de la victime (arrêt cardiaque).

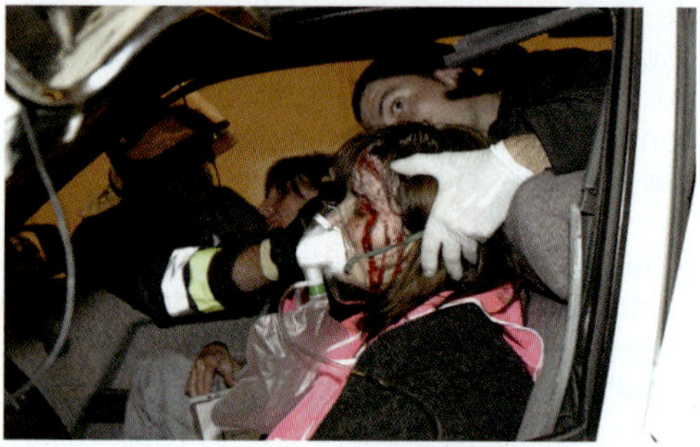

Dans le cas d'une hémorragie, il faut demander à la victime de comprimer immédiatement l'endroit qui saigne ou à défaut, le faire à sa place. Attention à se protéger la main pour éviter la transmission de maladies infectieuses. Ensuite, allonger la victime, puis alerter les secours. L'alerte est effectuée par un témoin s'il est présent ou vous-même si la victime peut comprimer seule sa plaie.

S'il faut faire une compression, il convient d'appuyer fortement sur l'endroit qui saigne avec les doigts ou la paume de la main, en interposant une épaisseur de tissu propre recouvrant complètement la plaie (mouchoirs, torchons, vêtements, ...) et conserver cette compression jusqu'à l'arrivée des secours.

L'arrêt cardiaque

Une personne est en arrêt cardiaque lorsque son cœur ne fonctionne plus ou fonctionne d'une façon anarchique. L'oxygénation du cerveau n'est alors plus assurée. Les lésions du cerveau surviennent dès la première minute de manque d'oxygène. Si aucun geste de premiers secours n'est effectué, la victime meurt en quelques minutes.

Je peux identifier un arrêt cardiaque lorsque la victime ne répond pas aux questions et ne réagit pas. C'est aussi le cas si elle ne respire pas (aucun mouvement de la poitrine visible et aucun bruit ou souffle perçu), ou si la victime présente une respiration anormale avec des mouvements respiratoires inefficaces, lents, irréguliers et bruyants.

Dans le cas d'un arrêt cardiaque, je dois :

1 - ALERTER en appelant immédiatement les secours, de préférence avec mon téléphone portable et en le mettant sur haut-parleur pour garder les mains libres.

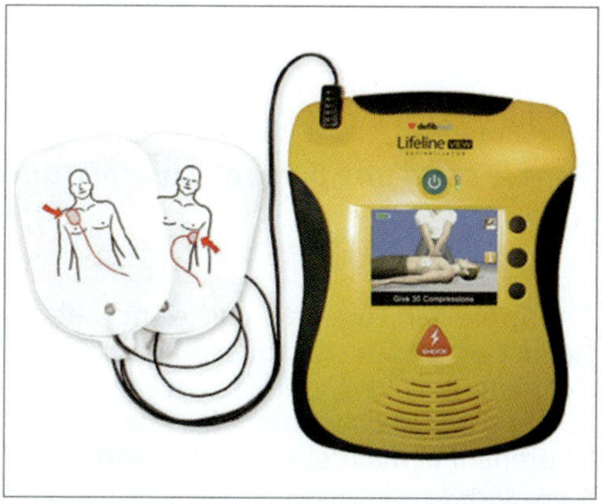

2 - MASSER en pratiquant une réanimation cardio-pulmonaire (RCP) précoce. Pour cela, je dois répéter des cycles de 30 compressions thoraciques suivies de 2 insufflations (bouche à bouche). Si je ne peux effectuer les insufflations, je masse en continu.

3 - DEFIBRILLER en utilisant un défibrillateur automatique externe (DAE) s'il y en a un à proximité. Je le mets en oeuvre le plus tôt possible. Je suis les indications données par messages vocaux.

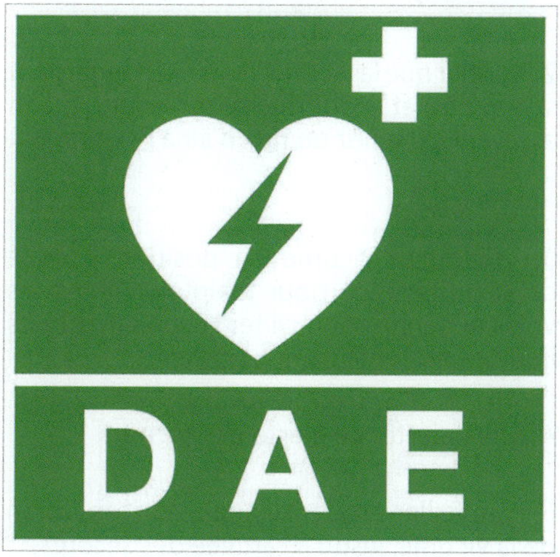

Dans un premier temps, il faut placer les électrodes, après avoir enlevé ou coupé si nécessaire les vêtements qui couvrent la poitrine de la victime. Si le défibrillateur annonce que le choc est nécessaire, je fais écarter les personnes autour de moi, et je reprends les compressions thoraciques immédiatement. Si le choc n'est pas nécessaire, je continue les compressions thoraciques jusqu'à l'arrivée des secours.

La perte de connaissance

Une personne a perdu connaissance lorsqu'elle ne répond pas et ne réagit à aucune sollicitation verbale ou physique mais respire. Si la victime reste sur le dos, elle risque d'avoir des difficultés respiratoires importantes pouvant entraîner un arrêt cardiaque. La respiration n'est possible que si les voies aériennes permettent le passage de l'air sans encombre.

En étant sur le dos, la victime peut être empêchée de respirer par des liquides présents dans la gorge (liquides gastriques, sang, salive) ou par la langue qui bascule en arrière. Je reconnais une perte de connaissance si la victime ne répond pas aux questions, reste immobile, mais respire.

Dans le cas d'une perte de connaissance, je dois :

1 - Apprécier l'état de conscience de la victime en posant des questions simples : « comment ça va ? » ; « vous m'entendez ? » ; en secouant doucement les épaules ; en lui prenant la main et en lui demandant de me la serrer.

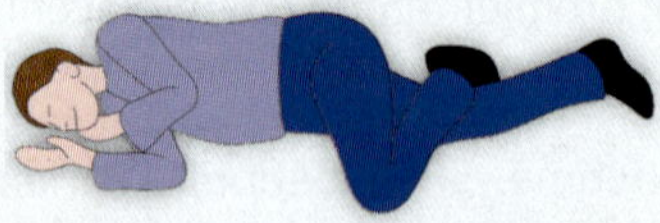

2 - Vérifier que la victime respire en regardant si le ventre et la poitrine se soulèvent, ou en essayant de sentir un flux d'air à l'expiration.

3 - Placer la victime en position latérale de sécurité (PLS) pour maintenir libres les voies aériennes et faciliter l'écoulement des liquides présents dans la gorge.

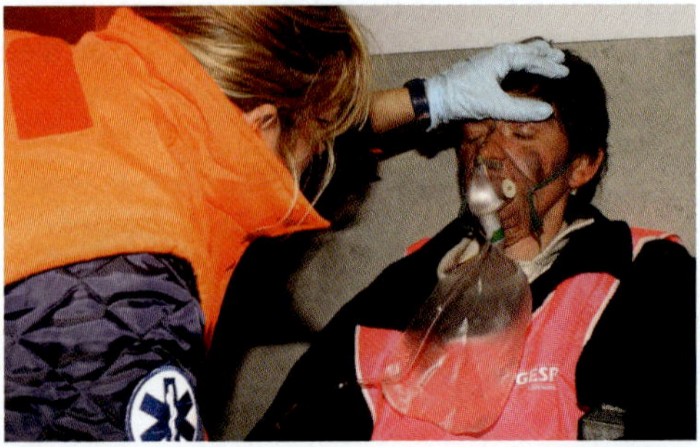

4 - Faire alerter ou alerter les secours.

5 - Surveiller en permanence la respiration de la victime, jusqu'à l'arrivée des secours.

EN RÉSUMÉ

✓ *50 % des accidents mortels ont pour facteur un non-respect d'une règle ; 30 % l'alcool et 25 % la vitesse.*
✓ *95 % des accidents ont une cause humaine.*
✓ *Le nombre des tués sur la route a baissé de près de 17 000 tués en 1972 à 3 268 tués en 2013.*
✓ *La tranche d'âge de 15 à 24 ans est la plus exposée au risque.*
✓ *Les accidents graves ont surtout lieu lorsqu'on a une impression de sécurité, et plus particulièrement la nuit hors agglomération. Un motard est 21 fois plus exposé qu'un conducteur de voiture.*
✓ *En présence d'un accident, je dois protéger, alerter puis secourir.*
✓ *Les numéros d'appels sont le 15, le 18, le 17, ou le 112 à l'aide d'un portable.*

MINI ÉVAL

1- Sur les autoroutes françaises, le premier facteur d'accident mortel est :
l'alcool ________ A ❑
la vitesse excessive ou inadaptée aux circonstances ________ B ❑

2- En arrivant sur le lieu d'un accident, la première chose à faire est de :
secourir la ou les victimes ________ A ❑
alerter la police ou la gendarmerie ________ B ❑
protéger le lieu de l'accident ________ C ❑

3- Je suis témoin d'un accident corporel. Pour appeler les secours depuis mon téléphone portable, je compose :
le 111 ________ A ❑
ou
le 112 ________ B ❑

Réponses : 1-B 2-C 3-B

Notes

M

ÉLÉMENTS MÉCANIQUES

Le contrôle de l'état mécanique du véhicule est indispensable pour la sécurité du conducteur et de ses passagers.

L'entretien du véhicule doit être régulier, les niveaux et les pressions de gonflage doivent être vérifiés fréquemment.

Voir et être vu

L'ensemble des surfaces vitrées et des feux doit être propre. Parfois un produit détergent est nécessaire pour décoller les insectes.

Les surfaces vitrées

Le pare-brise à l'avant est composé d'un feuilletage protecteur en cas de choc. Les vitres du pare-brise et les vitres latérales avant côté conducteur et côté passager doivent avoir une transparence suffisante, tant de l'intérieur que de l'extérieur du véhicule.

Attention, je risque 3 points en moins sur mon permis de conduire si mon véhicule a des vitres sur-teintées.

Aucune étiquette ne peut être apposée sur les surfaces vitrées, hormis la vignette du contrôle technique et celle de l'assurance.

Elles sont collées en bas à droite du pare-brise.

La lunette arrière comprend généralement des résistances chauffantes permettant de la dégivrer et de la désembuer.

Si je nettoie l'intérieur, je fais attention aux filaments qui sont fragiles.

Les feux

Les feux servent à voir et à être vu, mais ils servent aussi à communiquer avec les autres usagers :

- le ralentissement avec les feux stop ;
- le changement de direction avec le clignotant ;
- une anomalie ou un danger avec le signal de détresse ;
- ma présence avec un appel des feux.

Ils doivent être réglés par un spécialiste et en bon état de fonctionnement !

- À l'avant :

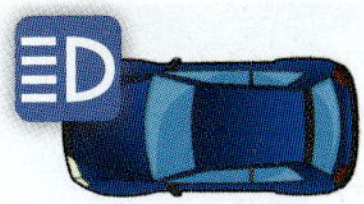

2 ou 4
feux de route

2 feux
de croisement

2 feux
de position

2 feux de brouillard
avant (facultatifs)

- À l'arrière :

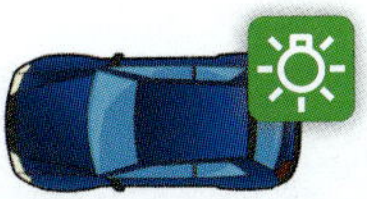

2 feux rouges

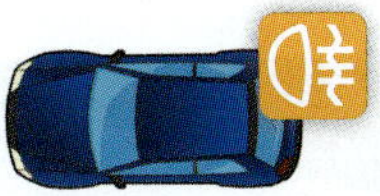

1 (à gauche) ou 2 feux de
brouillard arrière

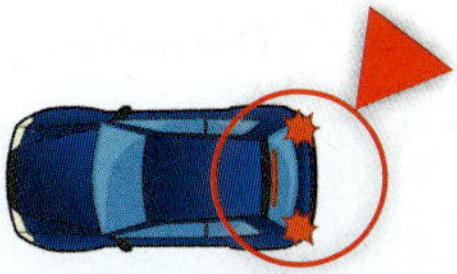

3 feux stop

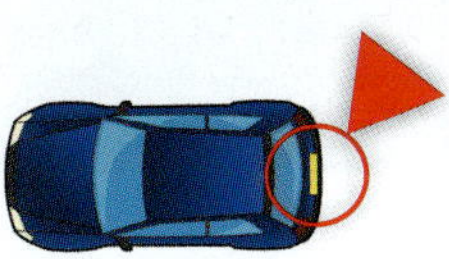

éclairage plaque
d'immatriculation
lisible à 20 m

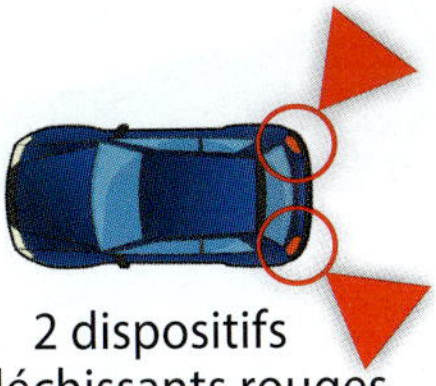

2 dispositifs
réfléchissants rouges
(catadioptres)

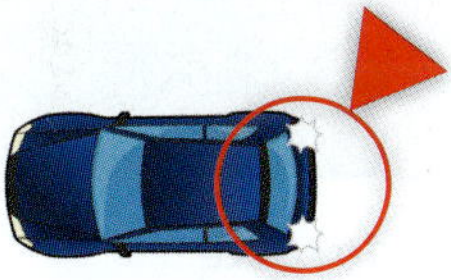

1 ou 2 feux de recul
(facultatifs)

- À l'avant et à l'arrière :

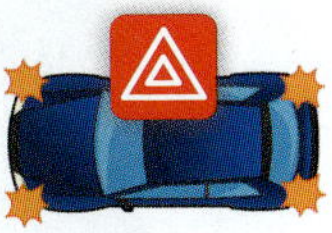

feux de
détresse

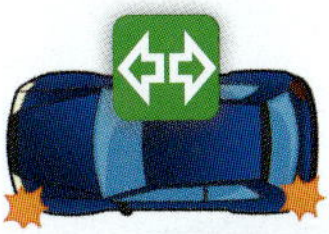

clignotants
(gauche ou droite)

Il existe aussi des feux diurnes (de jour), qui s'allument automatiquement dès qu'on lance le moteur ; et des feux d'angle automatiques pour éclairer sur les côtés lorsqu'on tourne.

La portée des feux

Certains modèles récents peuvent être équipés de feux d'angle qui éclairent latéralement dans les virages prononcés (à droite ou à gauche), en soutien des autres feux. Ils sont commandés par la rotation du volant.

Feux de position avant et feux rouges arrière :

Visibles à 150 m.

Les feux de position avant peuvent être de couleur blanche ou jaune.

Feux de croisement :

Éclairent sur 30 m minimum, sans éblouir.

Les feux de croisement peuvent être de couleur blanche ou jaune.

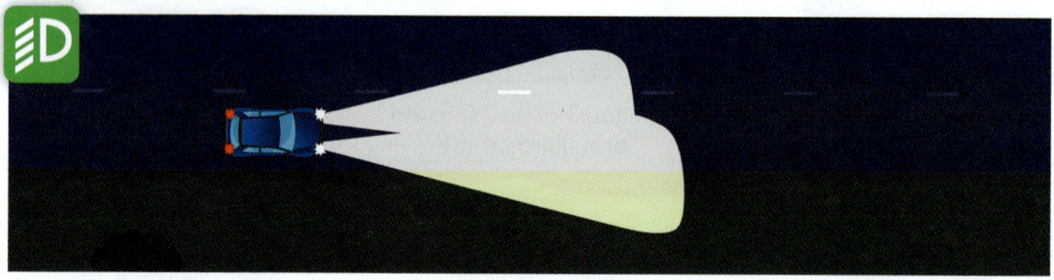

Feux de route :

Éclairent à 100 m minimum.

Les feux de route peuvent être de couleur blanche ou jaune.

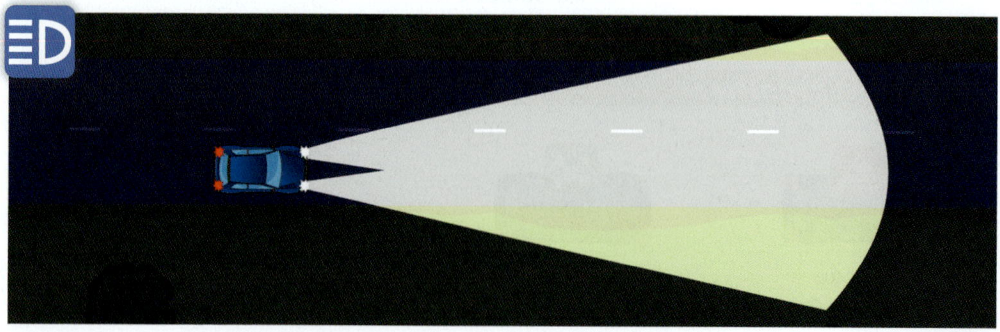

Les rétroviseurs

Le champ de vision du conducteur ne permet de voir ni sur les côtés ni vers l'arrière.

Les trois rétroviseurs servent à combler une partie seulement vers l'arrière.
Il est donc impératif de tourner la tête pour contrôler sur les côtés, notamment avant de tourner ou de dépasser.

Le rétroviseur extérieur droit est obligatoire si la vision du rétroviseur intérieur est masquée par le chargement ou une remorque.

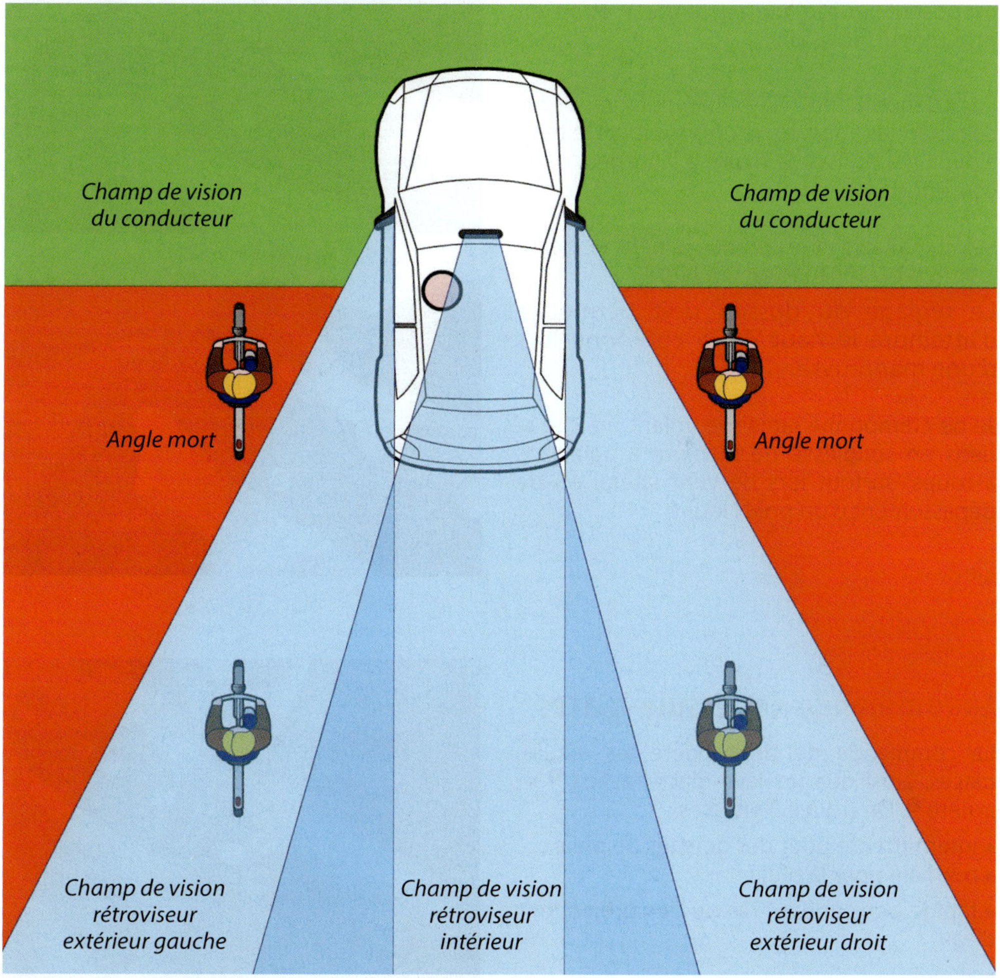

Commandes

Elles servent à conduire le véhicule ; et à gérer la puissance du moteur. Elles mettent en œuvre les accessoires obligatoires ou facultatifs de visibilité ou de confort.

Le volant

Il est aujourd'hui assisté afin de faciliter les manœuvres. Certains constructeurs proposent un réglage en hauteur et/ou en profondeur. *(voir p. 307)*

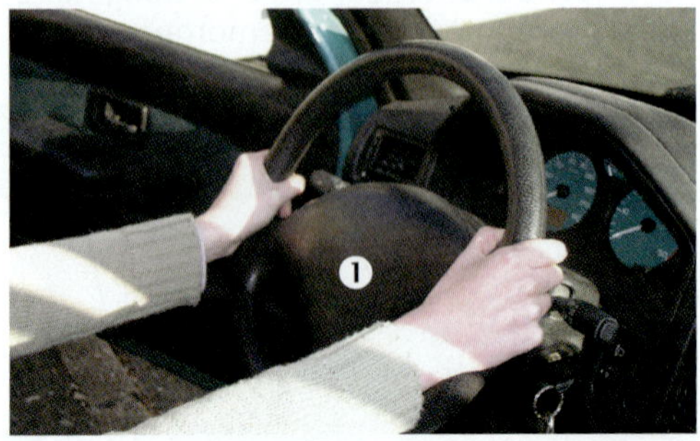

En dehors de la manipulation des commandes annexes, je dois toujours le tenir à deux mains. Pas de mains à l'intérieur de la couronne !

Selon ma taille et le confort, je tiens le volant à 9h15 ❶ ou 10h10 ❷, en équilibre.

Le réglage du dossier doit permettre d'atteindre le haut de la couronne lors d'une manœuvre.

Je ne cramponne jamais le volant mais je le tiens en souplesse de manière à agir sans à-coups, surtout lors de vent latéral ou de dépassement d'un poids lourd.

La commande des essuie-glaces

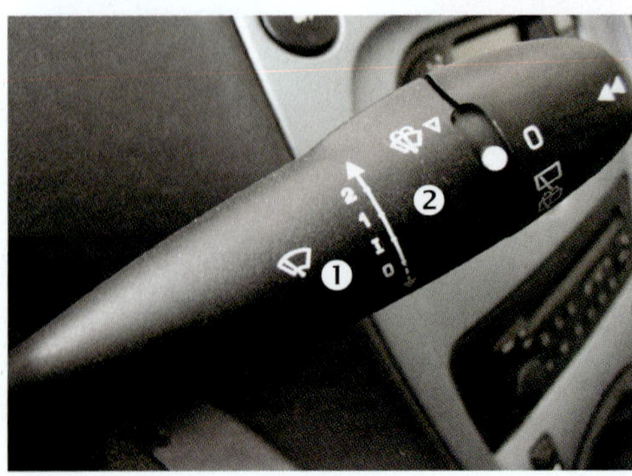

La commande de droite gère les essuie-glaces, ainsi que les lave-glaces avant ❶ et arrière ❷. On trouve 3 vitesses :

- intermittente pour des gouttes de pluie ;
- normale pour la pluie ;
- rapide pour une averse ou des projections d'eau.

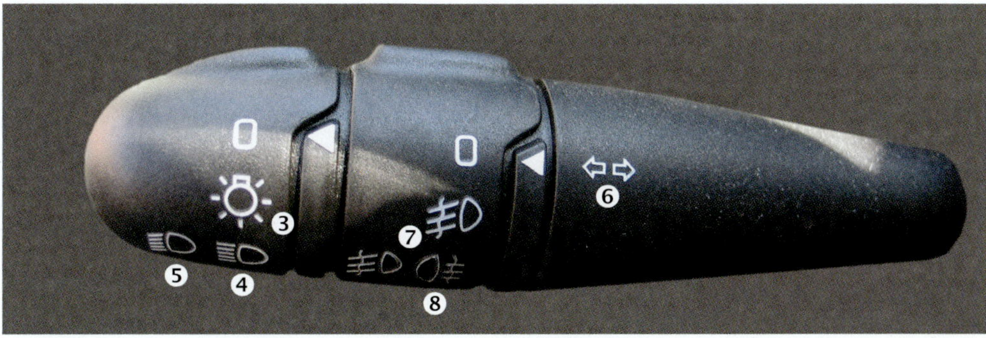

❸ *Position seuls*

❹ *Route*

❺ *Croisement*

❻ *Clignotants, ils s'allument aussi en même temps que les feux de détresse*

❼ *Feux de brouillard avant*

❽ *Feu(x) de brouillard arrière*

Les commandes de confort

Elles servent au désembuage du pare-brise ou à régler la température et la ventilation à l'intérieur du véhicule. Des aérateurs centraux et latéraux dirigent les courants d'air vers le pare-brise, vers les vitres latérales et l'intérieur du véhicule.

Distribution aérateurs

Climatisation automatique

Chauffage et ventilation

Le tableau de bord

Il informe, grâce aux témoins et voyants, sur l'utilisation des commandes et sur les paramètres du moteur.

Le **rouge** est une alerte sérieuse qui nécessite l'arrêt et un contrôle immédiats.

Le **jaune orangé** est un rappel de fonctionnement d'éléments moteur ou donnant des informations.

Le **vert** est relatif aux feux.

Exception faite du témoin de feu de route qui est **bleu** et du feu arrière de brouillard qui est **jaune orangé**.

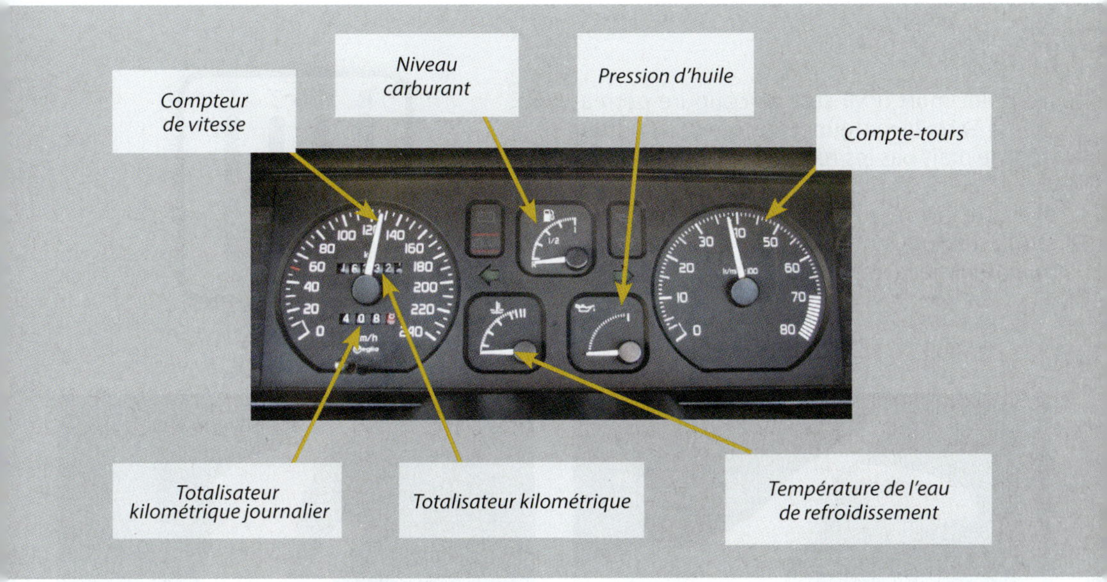

Le levier de vitesses

Il sert à gérer la puissance que je vais distribuer aux roues par l'intermédiaire de la boîte de vitesses. Il se situe au volant ou au plancher, et la position de la marche arrière (R) sur la grille peut varier selon les constructeurs.

Pour démarrer, j'ai besoin de puissance pour vaincre l'inertie du véhicule. Ensuite, lorsque la voiture est lancée, l'inertie n'est plus à vaincre. Plus j'acquiers de la vitesse, moins j'ai besoin de puissance.

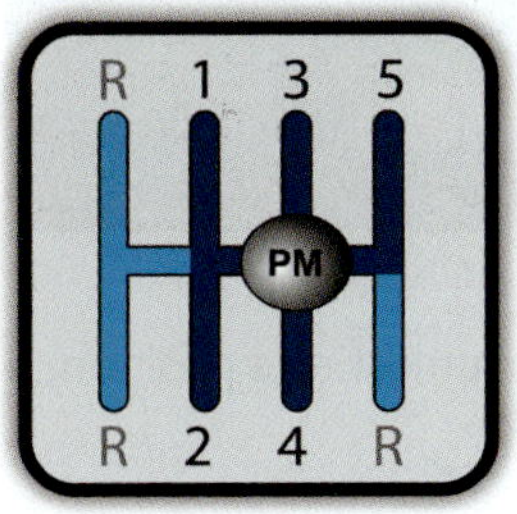

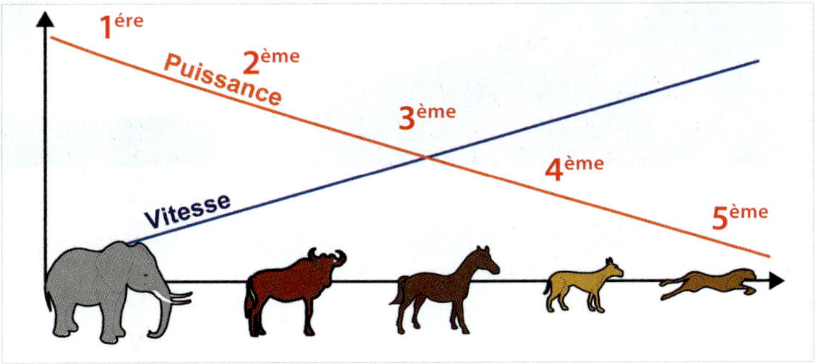

Le point mort (PM) sert de coupure permanente entre le moteur et les roues : le moteur tourne mais pas les roues.

Il existe un ressort entre 1-2 et 3-4 et un autre ressort entre 3-4 et 5-MA afin de maintenir le levier au point mort (PM).

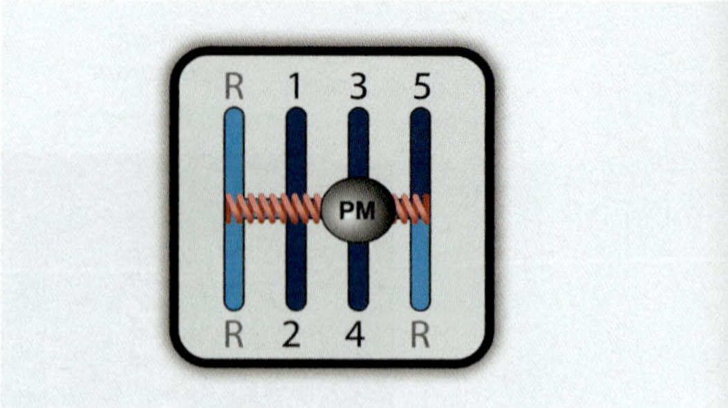

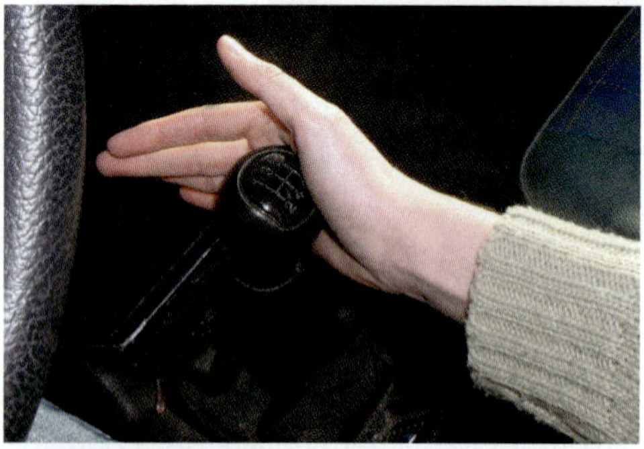

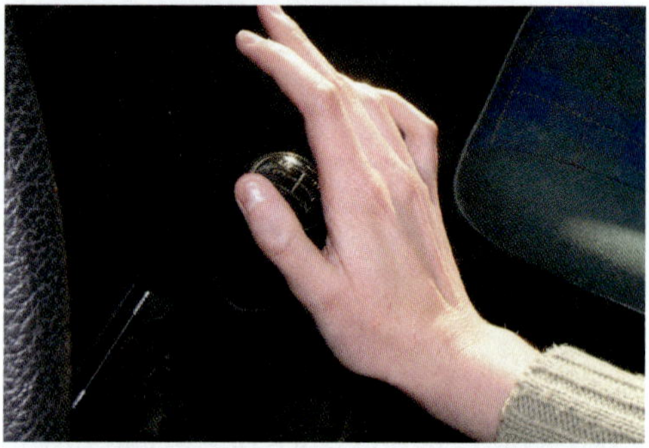

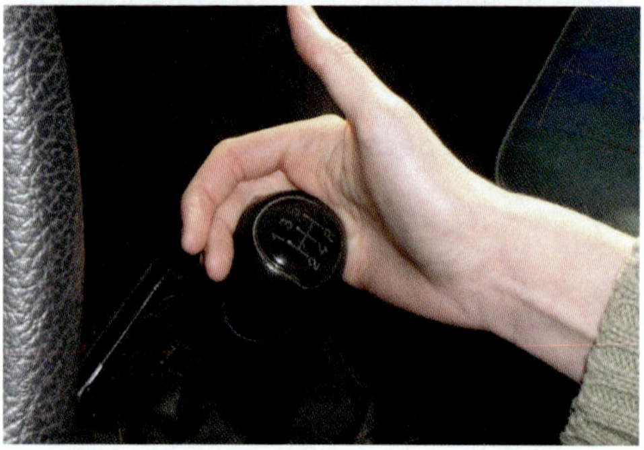

Attention à la position de la main lorsque j'actionne le levier avec la paume. Cette position, si elle est juste, vous permet de passer les vitesses sans effort sur le levier.

EN RÉSUMÉ

✓ *Les vitres et les feux doivent être propres, la lunette arrière désembuée et dégivrée.*
✓ *Pas d'étiquettes autres que les vignettes de contrôle technique et d'assurance sur le pare-brise.*
✓ *À l'avant : feux de position, de croisement et de route. Feux de brouillard facultatifs.*
✓ *À l'arrière : plaques réfléchissantes rouges, feux de recul, feux de position, feux stop et feux de brouillard. Éclairage de la plaque d'immatriculation.*
✓ *À l'avant et à l'arrière : clignotants et feux de détresse. Il peut y avoir des répétiteurs latéraux.*
✓ *Portées minimales : feux de croisement = 30 m sans éblouir ; feux de route = 100 m.*
✓ *Les rétroviseurs permettent de couvrir en partie vers l'arrière le champ de vision du conducteur, mais il faut aussi tourner la tête pour voir sur les côtés.*
✓ *Le volant se tient entre 9h15 et 10h10.*
✓ *La commande des feux se situe à gauche du volant. Cette manette active aussi les clignotants.*
✓ *La commande des essuie-glaces, située à droite du volant, possède trois positions : intermittente, normale et rapide. Elle actionne aussi l'essuie-glace arrière et les lave-glaces.*
✓ *Je peux désembuer le pare-brise avec les aérateurs et la production de chaleur.*
✓ *Des cadrans et des témoins lumineux permettent de connaître la vitesse à laquelle je roule, le kilométrage parcouru, etc. L'action sur les commandes allume des témoins.*
✓ *Le levier de vitesse permet de choisir le rapport qui permettra à la voiture de démarrer puis de circuler à différentes vitesses, en fonction de la puissance dont j'ai besoin.*

MINI ÉVAL

1- Pour désembuer rapidement le pare-brise, les réglages sont ici effectués :
OUI________________________A ❑
NON________________________B ❑

2- Le levier de vitesse sert à accélérer le moteur :
OUI________________________A ❑
NON________________________B ❑

3- Un véhicule automobile doit posséder à l'arrière :
*deux feux rouges*________________________A ❑
*deux feux stop*________________________B ❑
*un feu arrière de brouillard*________________________C ❑
*un feu de marche arrière*________________________D ❑

Réponses : 1-B 2-B 3-ABC

Mécanique

Une voiture est constituée d'un châssis coque et d'une carrosserie ; de quatre roues ; d'un moteur ; et d'un intérieur aménagé pour le confort et la sécurité des passagers. À cela s'ajoutent des accessoires obligatoires ou facultatifs.

Sécurité passive et active

La sécurité passive concerne tout ce qui dans le véhicule protège des chocs (structures de carrosserie, ceintures, airbag).

La sécurité active concerne tout ce qui dans le véhicule participe à éviter l'accident (ABS, AFU, ESP, ASR)*.

La carrosserie est un squelette comprenant un habitacle quasi indéformable pour protéger les passagers et des parties déformantes pour amortir les chocs en cas d'accident.

Les ceintures de sécurité servent à maintenir les passagers sur leur siège et à diffuser progressivement la violence du choc, afin d'en diminuer les conséquences.

Les airbags complètent les ceintures en amortissant et en protégeant le visage et les membres.

La transmission

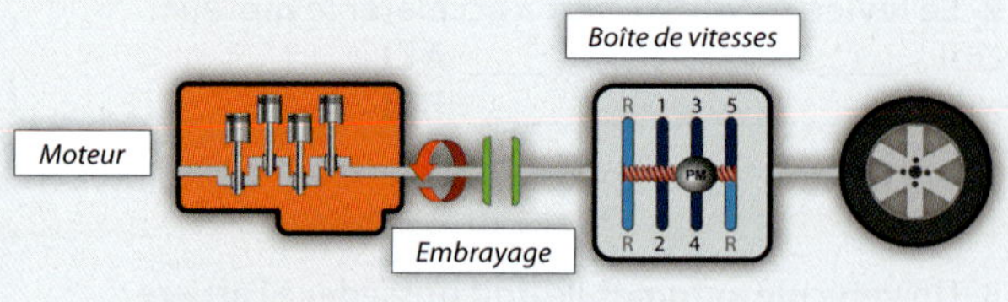

C'est tout ce qui permet de faire passer le mouvement et la puissance du moteur vers les roues. Sur certains véhicules, tout est automatisé.

*ABS = assistance au freinage qui évite le blocage des roues et permet de diriger le véhicule
AFU = assistance à la pression de freinage d'urgence
ESP = correcteur de trajectoire en cas de début de dérapage
ASR = empêche le patinage d'une roue lors d'une accélération sur chaussée glissante

Le freinage

Les freins à disque et les freins à tambour :

Les véhicules de tourisme sont maintenant équipés de freins à disque, assistés par un ABS (système antiblocage de roues). L'ABS permet de diriger le véhicule tout en freinant en urgence car les roues ne se bloquent pas.

Attention, cependant, il ne raccourcit pas les distances de freinage.

En actionnant la pédale de frein, le freinage agit sur les quatre roues du véhicule.

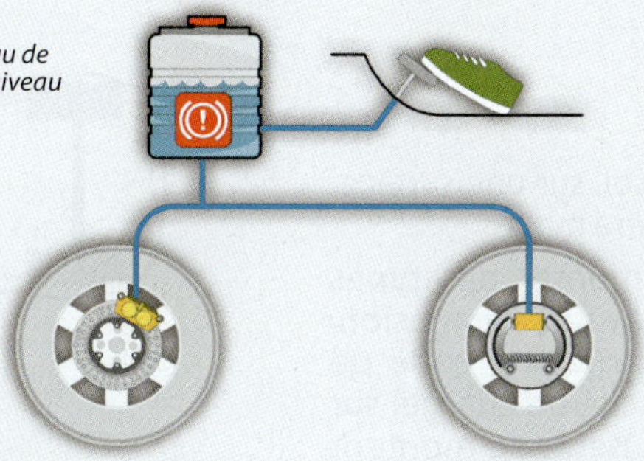

Le témoin allumé au tableau de bord indique une baisse de niveau de liquide de frein

Après un passage dans l'eau (flaque ou nettoyage), j'assèche les freins en les utilisant un peu en circulation, avant d'avoir besoin de freiner

Ce témoin indique que le frein à main est serré

Le frein de parcage :

Appelé aussi frein à main, il sert à immobiliser le véhicule. Il peut aussi servir en cas de défaillance du système principal. Pour ce faire, je tire le levier et je dose, tout en maintenant enfoncé le cliquet de blocage.

Le freinage d'urgence :

Si je dois freiner en urgence et que mon véhicule ne possède pas d'ABS, j'appuie jusqu'à la limite de blocage des roues, puis je relâche légèrement la pression et j'appuie de nouveau jusqu'à la limite.

La suspension

La suspension participe au confort des passagers, mais aussi et surtout à la tenue de route du véhicule. Une mauvaise suspension engendre des distances de freinage plus longues.

La suspension est composée d'un ressort et d'un amortisseur sur chaque roue. Les pneumatiques complètent l'ensemble

Pour une vérification sommaire, j'appuie sur un bord du véhicule, il s'enfonce, remonte, baisse de moitié puis revient en place. S'il continue d'osciller, l'amortisseur est alors défectueux.

Les pneumatiques

Ils assurent le contact au sol, sur une surface équivalente à celle de quatre mains.

Il n'est pas permis de monter des types de pneus différents (marque, dimension, catégorie d'utilisation, structure, code de vitesse et indice de capacité de charge) sur le véhicule. Deux pneus neufs se montent en priorité sur l'essieu arrière.

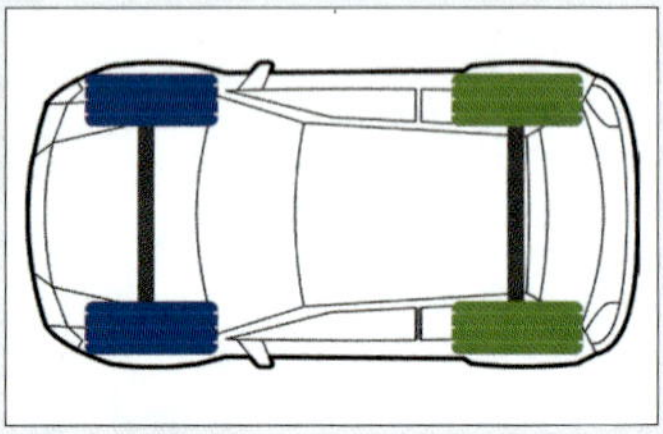

Déchirure toile, boursouflure

Défaut de parallélisme

Nid-de-poule, coup de trottoir

La profondeur des sculptures ne doit pas être inférieure à 1,6 mm afin de pouvoir évacuer l'eau de pluie. Les témoins d'usure sont signalés sur le bord par un TWI, un triangle ou un Bibendum. Il ne doit pas y avoir une différence d'usure de plus de 5 mm entre les roues d'un même essieu.

Un pneu usé augmente les distances de freinage et fait apparaître l'aquaplanage plus tôt *(voir p.193)*.

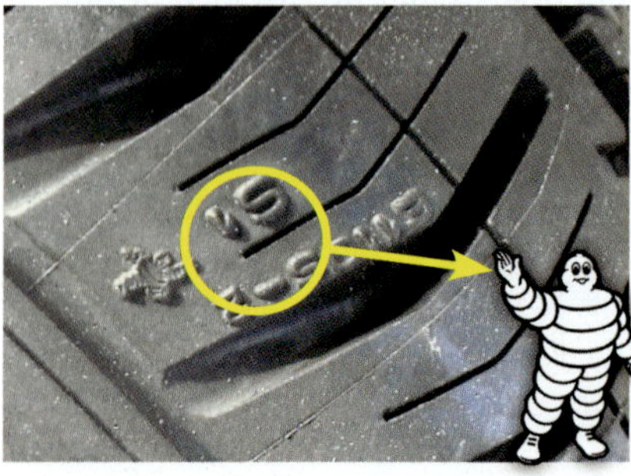

EN RÉSUMÉ

✓ La carrosserie possède une partie rigide pour protéger les passagers et des parties déformables pour amortir un choc lors d'un accident.
✓ Les ceintures et les airbags participent à la prise en charge des passagers lors d'un choc.
✓ La transmission est composée d'un moteur, d'un embrayage, d'une boîte de vitesses et de roues.
✓ Le freinage est assuré par des freins à tambours et à disques. Le frein à main immobilise la voiture et peut servir de frein de secours.
✓ La suspension est composée de quatre amortisseurs et ressorts entre la carrosserie et l'essieu.
✓ Les pneus participent à la suspension et à la tenue de route.
✓ Pas de déchirure ni de hernie sur les flancs du pneu et la profondeur des sculptures n'est pas inférieure à 1,6 mm.

MINI ÉVAL

1- Étant équipé d'un freinage ABS, je peux raccourcir la distance de sécurité à un trait :
OUI ______ A ❑
NON ______ B ❑

2- Je viens démarrer et ce témoin reste allumé. Cela peut provenir :
du frein à main mal desserré
OUI ______ A ❑ NON ______ B ❑
des feux de position allumés
OUI ______ C ❑ NON ______ D ❑

3- La profondeur des rainures principales d'un pneu doit être au minimum de :
- 0,6 mm ______ A ❑
- 1,6 mm ______ B ❑
- 16 mm ______ C ❑

Réponses : 1-B 2-AD 3-B

Entretien

Les contrôles avant de démarrer

Chaque jour, j'effectue un contrôle visuel du véhicule afin de repérer d'éventuelles anomalies.

Le tour de la voiture :

- pour voir si un pneu n'est pas dégonflé ou crevé ;
- pour voir si les feux et surfaces vitrées ne sont pas détériorés ou sales ;
- pour mesurer l'espace disponible afin de m'insérer.

L'entretien périodique

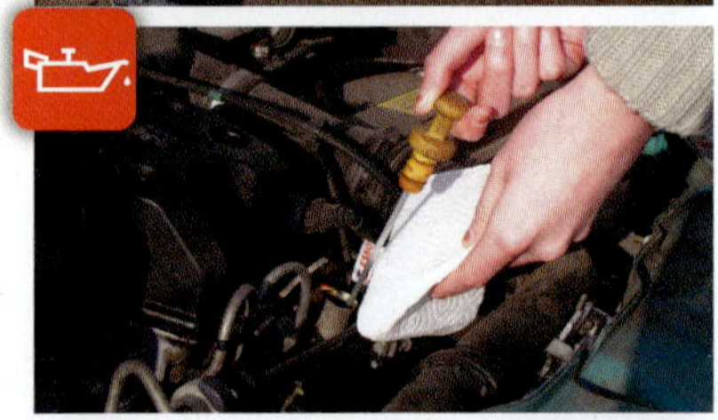

Tous les mille kilomètres, ou une fois par mois, je vais contrôler les divers organes afin de pouvoir m'assurer du bon état du véhicule et circuler en sécurité.

Je lève le capot - et muni d'un chiffon - je vais effectuer les contrôles suivants.

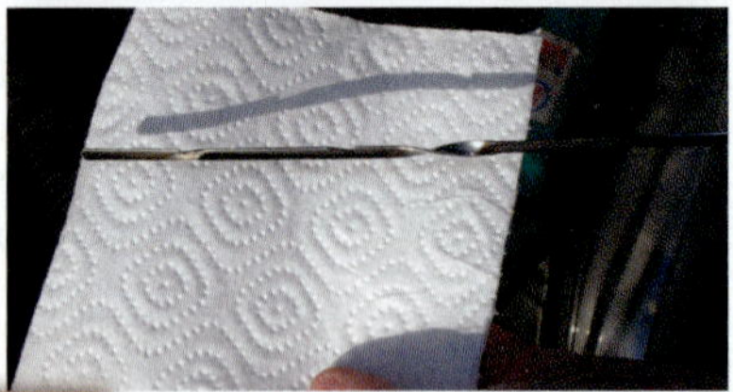

Le niveau d'huile moteur :

Le niveau d'huile se contrôle moteur froid. Sur la jauge, le niveau doit se situer entre les deux repères. J'ajoute de l'huile moteur s'il le faut (diesel ou essence).

Le niveau du liquide de refroidissement :

Le niveau se situe entre mini et maxi. Attention, je n'ouvre le bouchon que si le moteur est refroidi car il y a risque de projection d'eau bouillante.

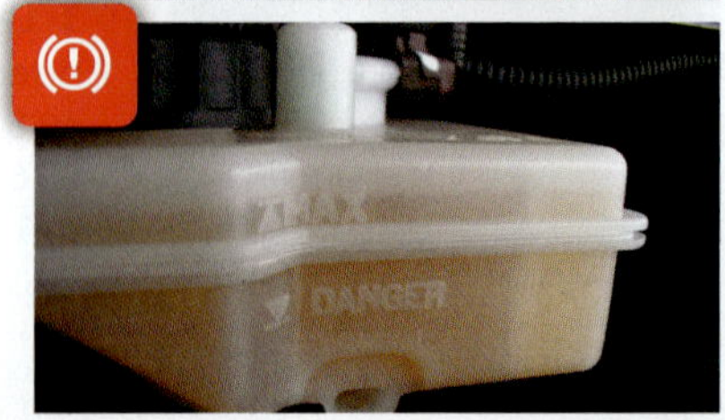

Le niveau de liquide de frein :

Le niveau se situe entre mini et maxi. Avec l'usure des plaquettes le niveau baisse un peu. S'il baisse trop, je consulte un spécialiste.

Attention aux fuites car il y a un risque de perte brusque de freinage.

Les pneumatiques

Au moins une fois par mois, je m'arrête dans une station de gonflage et je vérifie la pression à l'aide d'un manomètre.

J'ajuste les pressions selon les indications du livret d'entretien (ou intérieur de portière). J'ajoute 200 à 300 g (ou 0,2 à 0,3 bar) si le véhicule est chargé ou si j'effectue de longs parcours.

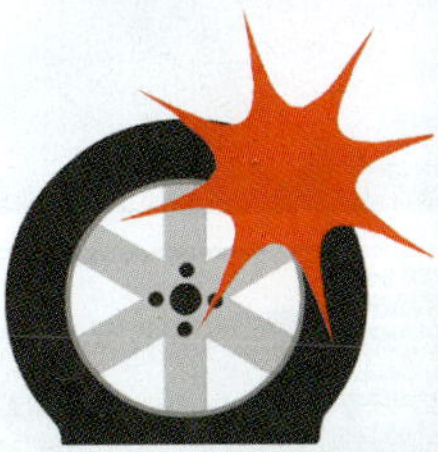

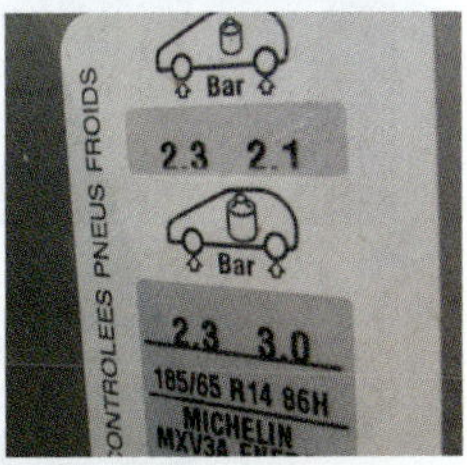

Le contrôle de la pression s'effectue à froid. Si je l'effectue après quelques kilomètres, je n'enlève pas de pression mais j'ajuste en ajoutant de l'air.

Un pneu surgonflé durcit un peu le confort. Un pneu sous-gonflé chauffe jusqu'au décollement de la bande de roulement et risque d'exploser. La consommation augmente, les distances de freinage s'allongent et la tenue de route est mauvaise.

En cas de crevaison, je sors de la chaussée et je choisis un sol dur pour pouvoir utiliser le cric :

- je serre le frein à main et enclenche une vitesse ;
- je débloque les boulons avant de monter le véhicule avec le cric ;
- je change de roue ;
- je bloque les boulons après avoir redescendu le véhicule.

La roue de secours se situe sous le coffre à l'arrière (voir livret du véhicule).

Un pneu en galette limite la vitesse à 80 km/h et sert à rejoindre un réparateur à proximité.

Il est conseillé de posséder une bombe anti-crevaison !

Les essuie-glaces et le lave-glace

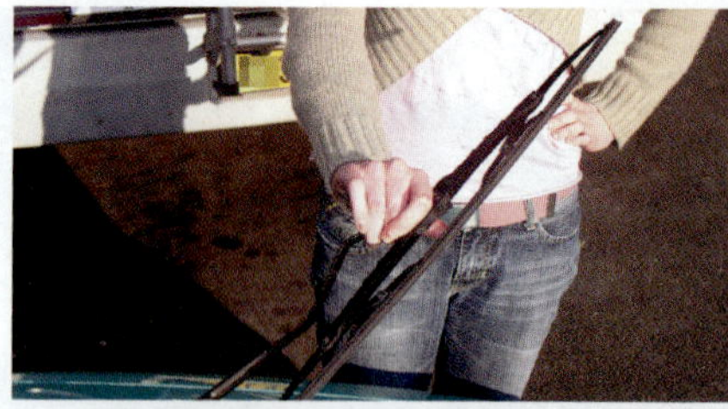

Les essuie-glaces possèdent une lamelle en caoutchouc. Cette matière s'use et se détériore avec le soleil et le gel.

Je change les balais une fois par an, avant la mauvaise saison.

Je contrôle et je remplis le ou les réservoirs de lave-glace avec un liquide de nettoyage de vitres. Ceux du commerce contiennent un antigel.

La batterie

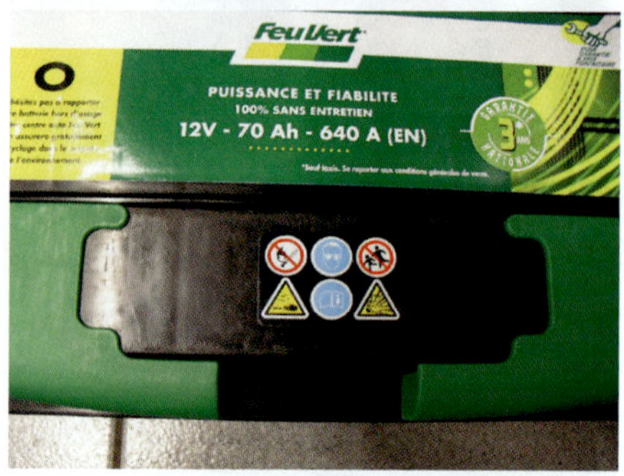

La plupart des batteries sont « sans entretien », je n'ai donc pas à m'en préoccuper. Pour les autres, je vérifie le niveau de liquide qui doit atteindre les repères, et j'ajuste avec de l'eau distillée seulement.

Attention, une étincelle, une flamme ou une cigarette peuvent provoquer une forte explosion, projetant de l'acide très corrosif sur le visage et les mains !

Il est possible de démarrer un autre véhicule en panne de batterie. Pour ce faire, avec des câbles spéciaux, je branche les bornes positives entre elles puis les bornes négatives. Je maintiens en accélération moyenne le moteur. Pour débrancher, j'enlève le câble négatif puis le câble positif.

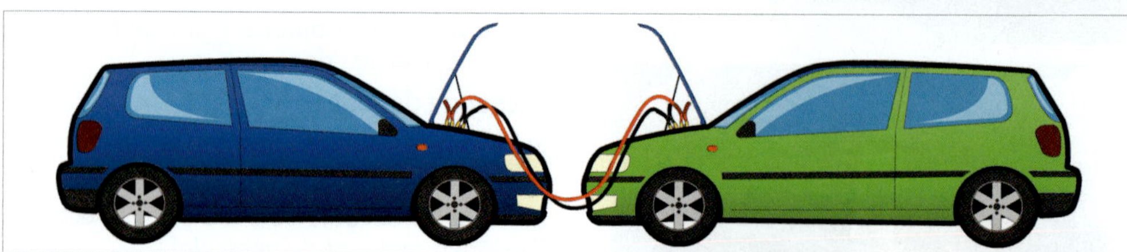

Les courroies

Le moteur entraîne divers accessoires à l'aide de courroies (alternateur, pompes, etc.). Je vérifie leur tension qui ne doit pas débattre de plus d'un centimètre. Elles ne doivent pas être effilochées.

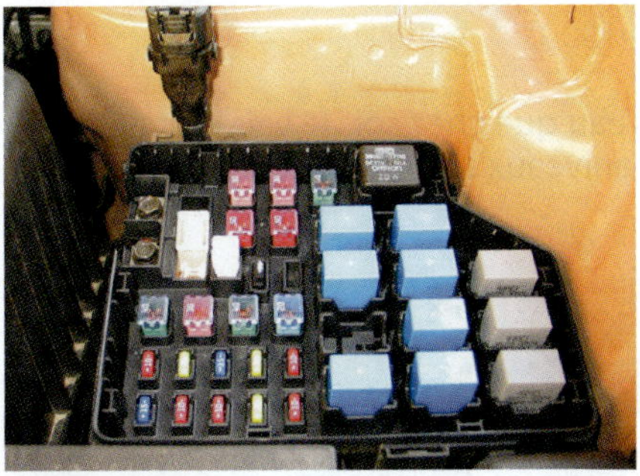

Les fusibles

Les fusibles sont placés dans un boîtier étanche sous le capot ou dans un logement du tableau de bord (voir livret du véhicule).

Ils protègent le véhicule d'un court-circuit.
Je remplace un fusible fondu par le même, qui est de la même couleur. Le remplacer par un autre risque de provoquer un incendie...

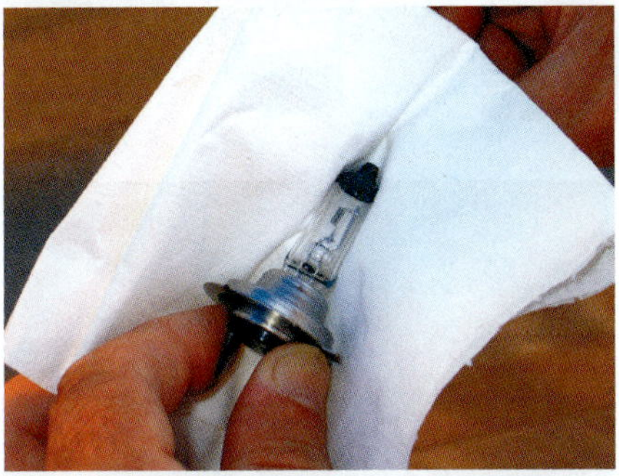

Les ampoules

Chaque feu possède une ampoule spécifique.

Je ne touche pas directement une ampoule des feux de croisement et de route. En effet, les traces de doigts sur le verre spécial risquent de le fendre ensuite avec la chaleur et de griller l'ampoule.

Je consulte le livret du constructeur pour connaître la procédure de changement d'ampoule.

Une boîte d'ampoules et de fusibles de rechange est indispensable.

Lorsqu'une ampoule grille, je change les deux, symétriquement, car l'autre est usée et va griller à son tour. Une ampoule perd jusqu'à 50 % de ses capacités d'éclairage avec le temps.

Si le bruit du clignotement s'accélère, cela signifie que l'une des ampoules des clignotants est grillée.

Les professionnels

Les visites d'entretien périodiques sont inscrites sur un livret de garantie, qui comporte une liste complète des vérifications mécaniques, d'anti-pollution et de sécurité. Tous les 7 500 à 30 000 km selon les modèles, l'huile permettant la lubrification du moteur, les filtres à air et à huile, sont à changer.

Nettoyage du véhicule

Une station de lavage consomme beaucoup moins d'eau que chez soi. Je vais donc préférer ce mode plutôt que dans la rue où c'est interdit ! Les caniveaux servent à recueillir les eaux de pluie et non pas les eaux usées...

Surfaces vitrées et optiques

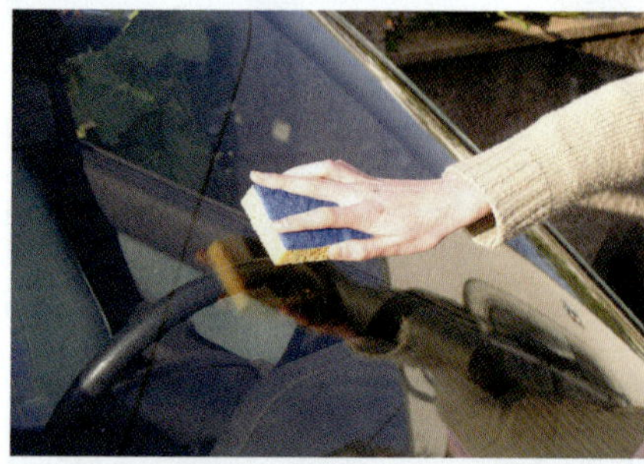

Les vitres et les optiques se nettoient avec une éponge et de l'eau savonneuse ou avec un produit ménager de la maison. Ne pas utiliser la surface grattante de l'éponge car elle raye !

Attention, l'intérieur de la lunette arrière comporte des résistances chauffantes fragiles. Je nettoie dans le sens des fils.

Le tableau de bord se nettoie avec un chiffon sec et un produit pour les matières plastiques.

Graissage

Périodiquement je pulvérise un peu d'huile de graissage au niveau des serrures et des charnières des portes et du capot.

L'hiver, il est parfois nécessaire de pulvériser un produit dégivrant dans les serrures.

EN RÉSUMÉ

✓ *Avant de démarrer, je fais le tour de la voiture pour un contrôle rapide.*
✓ *Périodiquement, je contrôle l'huile moteur, l'eau de refroidissement, le liquide de frein.*
✓ *Je vérifie une fois par mois la pression des pneus. Je l'effectue à froid ; et je ne dégonfle jamais si je le fais à chaud. En charge ou sur long parcours, je surgonfle de 200 à 300 g.*
✓ *Un pneu sous-gonflé risque l'explosion.*
✓ *Pour changer une roue, je choisis un sol dur et un lieu protégé. Une galette de secours limite la vitesse à 80 km/h pour rejoindre un réparateur.*
✓ *Je change les essuie-glaces chaque année et j'assure le plein des lave-glaces avec un produit détergent et antigel.*
✓ *Les batteries avec entretien sont mises à niveau avec de l'eau distillée. Attention au risque d'explosion en présence d'une flamme ou d'une cigarette.*
✓ *Un débattement d'un centimètre d'une courroie est normal.*
✓ *Pour changer un fusible, je choisis la même couleur. Pour changer une ampoule, je la saisis avec un chiffon.*
✓ *Une vidange et un changement des filtres s'effectuent environ tous les 7 500 à 30 000 km.*

MINI ÉVAL

1- En règle générale, on effectue la vidange d'huile moteur :
tous les 2 500 km_______ A ❑
entre 15 000 et 30 000 km_______ B ❑
tous les 100 000 km_______ C ❑

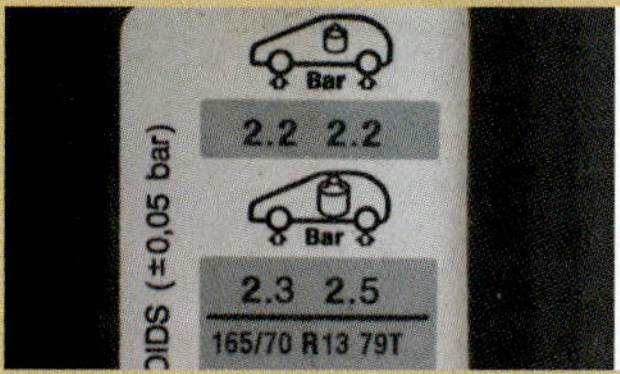

2- Le sous-gonflage peut avoir pour conséquences :
*- l'éclatement du pneu*_______ A ❑
*- une usure prématurée du pneu*_______ B ❑
*- une amélioration de la tenue de route*_______ C ❑
*- une augmentation de la consommation de carburant*_______ D ❑

3- Je peux remplacer un fusible défectueux par un fusible :
*de même ampérage*_______ A ❑
*d'un ampérage supérieur*_______ B ❑
*d'un ampérage inférieur*_______ C ❑
*de même couleur*_______ D ❑

Réponses : 1-B 2-ABD 3-AD

Dynamique du véhicule

L'énergie cinétique

L'énergie cinétique, c'est une réserve de puissance qu'un objet accumule lorsqu'il est en mouvement. Cela permet, par exemple, au ballon de continuer d'avancer lorsque l'énergie qui lui donne ce mouvement s'arrête.

Lorsque je cesse d'accélérer, le véhicule continue sur sa lancée grâce à cette énergie cinétique.

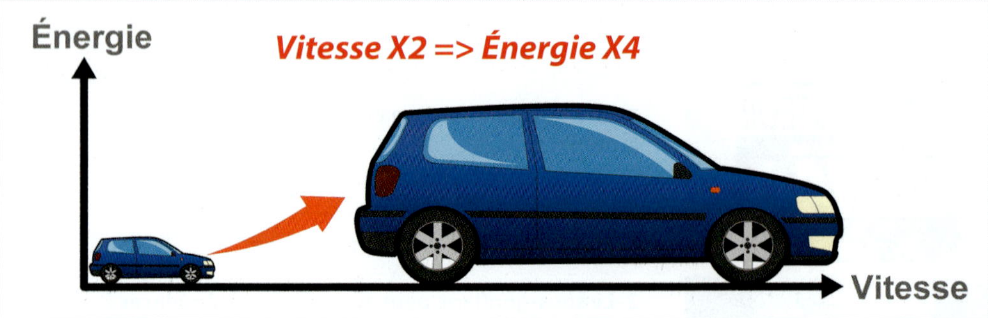

L'énergie cinétique dépend surtout du carré de la vitesse.

$$Ec = 1/2\ mV^2$$

(Formule qu'il n'est pas nécessaire de retenir)

m = la masse du véhicule et du chargement (bagages et passagers)

V^2 = la vitesse en mètres par seconde au carré

La vitesse joue un rôle très important dans l'intensité de l'énergie cinétique.

Les distances de freinage

Plus je vais vite et plus il me faut du temps et de la distance pour m'arrêter.

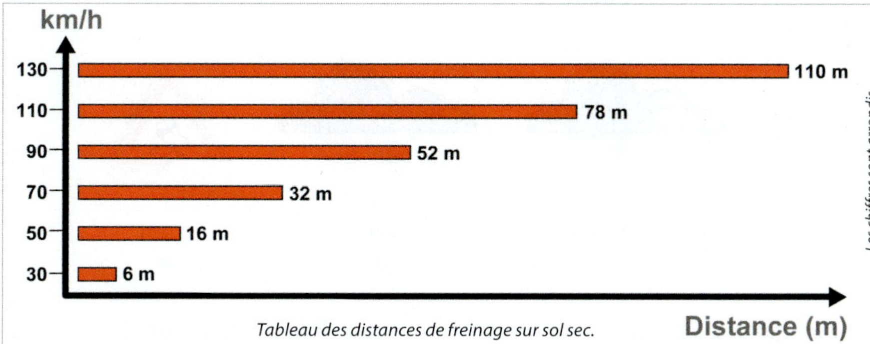

Tableau des distances de freinage sur sol sec.

La distance d'arrêt

La distance d'arrêt comprend la distance parcourue durant le temps de réaction, à laquelle j'ajoute la distance de freinage.

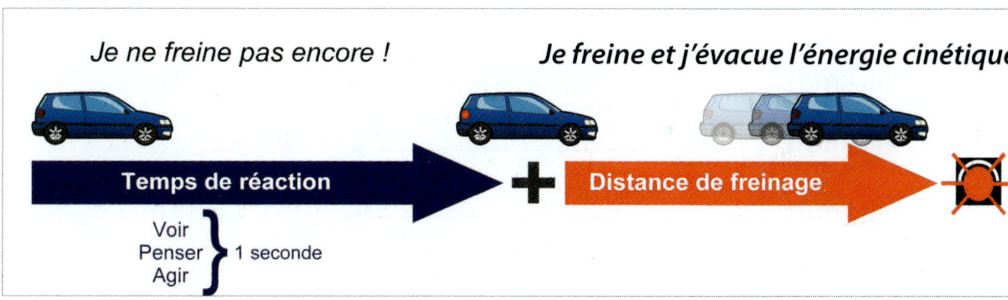

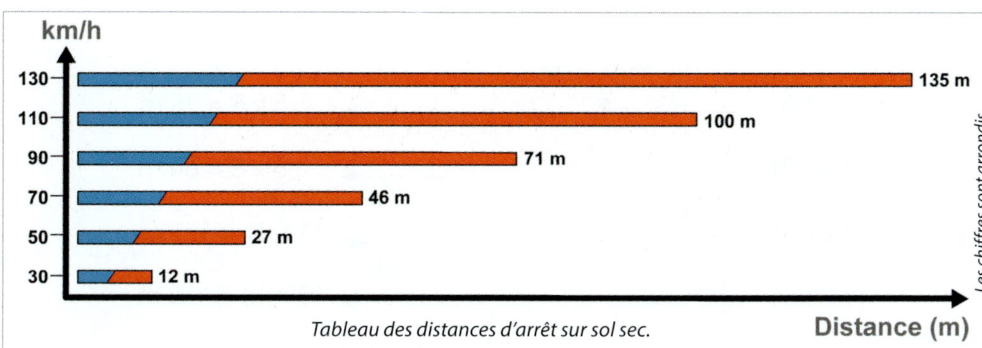

Tableau des distances d'arrêt sur sol sec.

L'adhérence

La distance de freinage dépend de l'adhérence au sol du véhicule : c'est-à-dire de l'état de la route, de la météo et de l'état des pneus.

0,7 — 0,35 ❶ — 0,1 ❷ — 0,001 ❸

Les chiffres sont des moyennes

La pluie ❶ multiplie par 2 la distance de freinage ; la neige ❷ la multiplie par 7 ; et sur le verglas ❸ il n'y a plus d'adhérence.

Pense-bête

Pour avoir une idée approximative de la distance parcourue en une seconde, je multiplie le chiffre des dizaines de la vitesse par 3.

50 km/h → 5 x 3 = 15 m

80 km/h → 8 x 3 = 24 m

110 km/h → 11 x 3 = 33 m

Pour avoir une idée très approximative de la distance d'arrêt, je multiplie le chiffre des dizaines de la vitesse par lui-même.

50 km/h → 5 x 5 = 25 m

80 km/h → 8 x 8 = 64 m

110 km/h → 11 x 11 = 121 m

130 km/h → 13 x 13 = 169 m

La force centrifuge

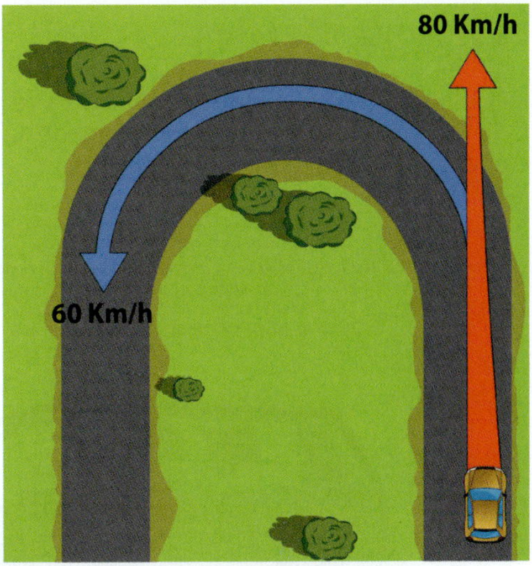

C'est la force qui tend à me faire sortir du virage. C'est l'adhérence des pneus qui me maintient dans la trajectoire du virage.

Si ma vitesse est trop grande, je dépasse les capacités d'accroche des pneus et je sors de la route.

Plus le virage est serré, plus je dois ralentir.

Négocier en sécurité un virage

Pour m'engager correctement dans un virage :

❶ je ralentis en fonction de la courbe et de la visibilité sur la sortie ;

❷ j'élargis au maximum la courbe ;

❸ j'évite de trop serrer la ligne médiane ;

❹ je suis à droite ou bien dans ma voie à la sortie du virage.

le virage à gauche

le virage à droite

La violence d'un choc

La violence du choc augmente avec le carré de la vitesse !
Cela signifie qu'une petite variation de la vitesse engendre une très grande différence d'énergie et de violence de choc.

Tout ce qui se trouve dans le véhicule possède sa propre énergie cinétique : passagers et bagages !

Je ne laisse pas d'objet sur la plage arrière.

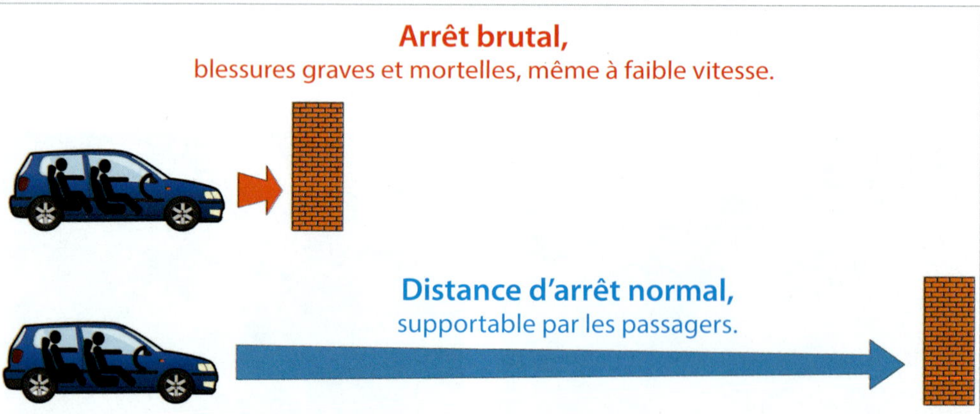

Malgré les déformations de la carrosserie et la protection des passagers par les ceintures et les systèmes de protection intérieure, ce sont les organes (cerveau, foie, cœur, rate, etc.) qui ne résistent pas à la décélération brutale !

Il est donc très important de ne pas dépasser les limitations de vitesse, même de très peu, car les normes des véhicules et de l'infrastructure sont prévues pour celles-ci, mais pas au-dessus...

EN RÉSUMÉ

✓ *L'énergie cinétique dépend surtout du carré de la vitesse.*
✓ *La distance de freinage varie avec le carré de la vitesse.*
✓ *La distance d'arrêt correspond à l'addition de la distance parcourue durant le temps de réaction et la distance de freinage.*
✓ *L'adhérence au sol varie en fonction de la qualité du revêtement, des pneus et de la météo. Elle influence considérablement la distance de freinage.*
✓ *La force centrifuge tend à sortir le véhicule de sa trajectoire en virage. Elle dépend surtout de la vitesse et du rayon du virage.*
✓ *La violence d'un choc varie avec le carré de la vitesse. Un corps humain ne peut pas supporter une décélération trop violente.*

MINI ÉVAL

1- Sur route mouillée, la distance de freinage est multipliée :
par 2 ______________ A ❑
par 3 ______________ B ❑
par 4 ______________ C ❑

2- Plus ma vitesse est élevée et plus mon temps de réaction augmente :
OUI______________ A ❑
NON______________ B ❑

3- La force centrifuge :
maintient le véhicule dans le virage :
OUI__________ A ❑ NON__________ B ❑
augmente avec la vitesse :
OUI__________ C ❑ NON__________ D ❑

4- Sur la plage arrière, je peux déposer :
un cartable ______________ A ❑
un vêtement ______________ B ❑
un journal ______________ C ❑
un parapluie ______________ D ❑

Réponses : 1-A 2-B 3-BC 4-BC

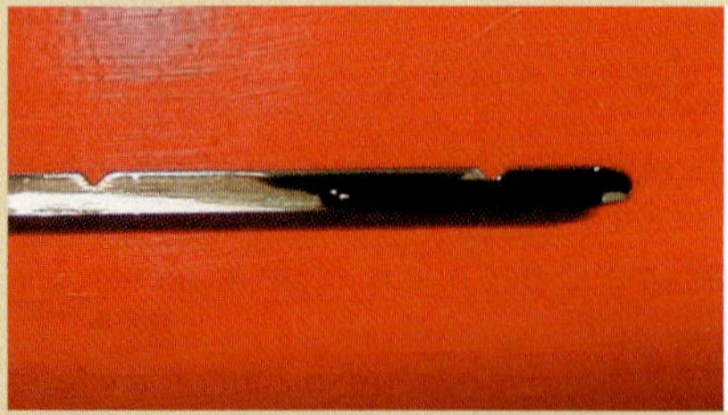

1- Le niveau d'huile moteur est suffisant :
OUI ______________________ A ❑
NON ______________________ B ❑

2- Les pneumatiques participent :
à la direction du véhicule
OUI ________ A ❑ NON ________ B ❑
à la suspension du véhicule
OUI ________ C ❑ NON ________ D ❑

3- Si je commets un délit, mon permis peut être suspendu :
OUI ______________________ A ❑
NON ______________________ B ❑

4- En cas d'accident, je communique :
le nombre des victimes ______________ A ❑
l'état des victimes ______________ B ❑
l'identité des victimes ______________ C ❑

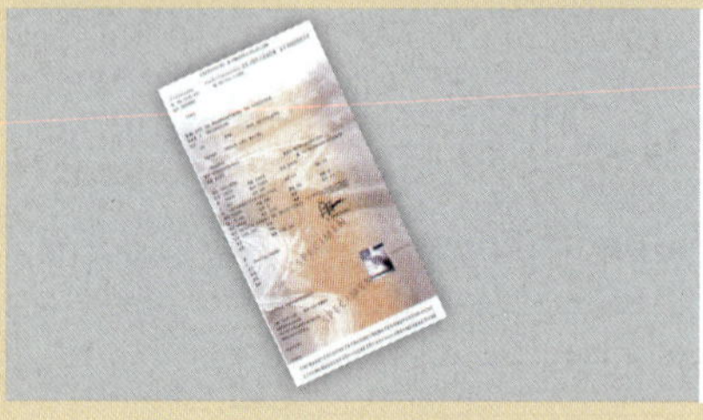

5- Lors d'un contrôle, si je n'ai pas sur moi la carte grise, pour la présenter je dispose au maximum de :
1 jour ______________________ A ❑
3 jours ______________________ B ❑
5 jours ______________________ C ❑

6- Mon véhicule a besoin de documents spécifiques pour circuler en Europe :

OUI ______ A ❑

NON ______ B ❑

7- La profondeur minimale des sculptures ne doit pas descendre en dessous :

de 2 millimètres ______ A ❑

de 1,6 millimètre ______ B ❑

de 1 millimètre ______ C ❑

8- Ne pas s'arrêter à un contrôle de police :

- constitue un délit de fuite ______ A ❑

- est un refus d'obtempérer ______ B ❑

- peut entraîner une suspension de 3 ans du permis de conduire ______ C ❑

9- Le liquide de refroidissement fait partie des niveaux que je dois contrôler périodiquement sur mon véhicule :

OUI ______ A ❑

NON ______ B ❑

10- En tant que conducteur novice, je peux perdre l'ensemble des points affectés à mon permis de conduire en une seule infraction :

OUI ______ A ❑

NON ______ B ❑

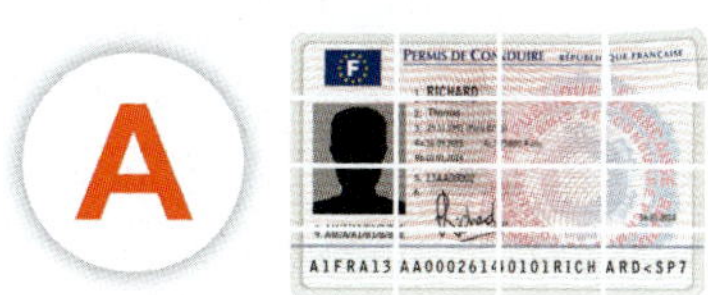

Réponses : 1-A 2-AC 3-A 4-AB 5-C 6-B 7-B 8-BC 9-A 10-A

Notes

E

RESPECT DE L'ENVIRONNEMENT

Autrefois un rêve, aujourd'hui une nécessité. Mais à quoi sert la voiture ? Trop de voitures engendrent de la pollution et du gaspillage dont les effets se mesurent à l'échelle de la planète.
Comment peut-on limiter ces effets ?

Ecomobilité et écoconduite

Les transports en commun

Les petits parcours sont très consommateurs de carburant.

Autant que possible j'utilise les transports en commun afin de diminuer la pollution. Il existe des Parkings + Relais à l'entrée des grandes villes (bus, métro, tramway).

Les transports écoresponsables

Le covoiturage est l'utilisation d'une même voiture par plusieurs personnes effectuant un trajet commun, dans le but d'alléger les frais de transport et de limiter la pollution.

L'autopartage est le principe du vélopartage adapté à la voiture. Un véhicule est ainsi proposé en libre-service.

Le pedibus est un mode de ramassage scolaire visant à encadrer les déplacements des enfants sur le trajet domicile-école. Il permet par la pratique d'intégrer des notions de prévention et d'écomobilité.

L'écoconduite

La pollution varie selon le comportement du conducteur.

Accélérations intempestives et freinages tardifs engendrent une surconsommation de 40 %.

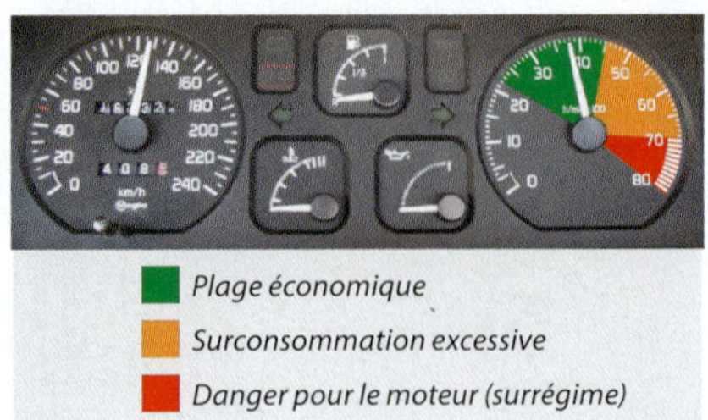

- Je monte sans attendre sur le rapport de vitesse le plus haut, sans pousser les régimes moteur intermédiaire.
- Je stabilise ma vitesse sans trop varier le régime du moteur.
- Je ralentis plutôt en levant le pied de l'accélérateur qu'en freinant.
- J'anticipe les ralentissements.

J'évite de circuler avec les vitres baissées ou avec le toit ouvert. Tout ce qui augmente la résistance à l'air est coûteux en énergie : laisser une galerie vide sur le toit augmente notamment de 10 % la consommation. Le sous-gonflage augmente également la consommation de carburant.

- J'utilise un porte-vélos placé à l'arrière plutôt que sur le toit.
- Je préfère une remorque à une galerie.
- Je coupe le moteur en attente dans une file (station-service, passage à niveau, etc.) ou dans un embouteillage.

La climatisation est un très gros consommateur d'énergie ! Je préfère ventiler et aérer avant de l'utiliser.

Le bruit

Sur les voies rapides ou les autoroutes, à proximité de zones urbaines, la réduction de vitesse sert aussi à réduire le bruit provoqué par les moteurs et les pneumatiques.

L'entretien mécanique

Le réglage de l'injection ou de la carburation ne peut être effectué que par un spécialiste avec un matériel électronique.

Si je pratique moi-même la vidange du moteur, je dois déposer l'huile usagée dans une déchetterie où elle sera recyclée.

Il en est de même pour d'anciennes pièces mécaniques comportant de l'amiante.

Le pot d'échappement contient des particules métalliques, résidus de la combustion du carburant.

Les pics de pollution

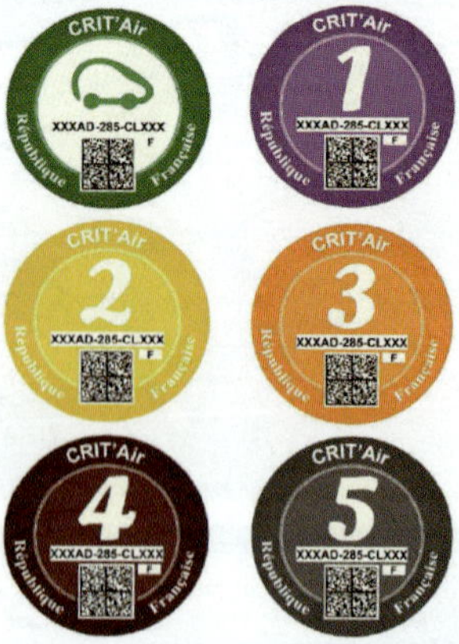

Par grande chaleur, la préfecture peut imposer des limitations de vitesse plus restrictives aux abords des grandes villes

Cela contribue au maintien de la qualité de l'air.

Lors de certains pics de pollution, la préfecture peut décider la mise en oeuvre de la circulation différenciée, pendant laquelle seuls les véhicules équipés de la vignette Crit'Air peuvent circuler.

Le malus éco

La pollution :

Toutes les voitures ne polluent pas de la même manière.

Il va de soi qu'une petite cylindrée rejettera moins de produits toxiques dans l'atmosphère qu'une grosse cylindrée.

Il s'agit principalement de CO2 (dioxyde de carbone) qui est le principal gaz à effet de serre responsable du changement climatique.

Pollueur payeur !

Les véhicules gros consommateurs de carburant rejettent plus de gaz carbonique que les autres.

Étiquette énergie/CO2

Elle est obligatoire et doit être apposée sur chaque voiture neuve. L'étiquette comporte sept classes de couleurs différentes et permet à tout acheteur potentiel d'être renseigné de manière lisible et comparative sur les émissions de CO2 du véhicule.

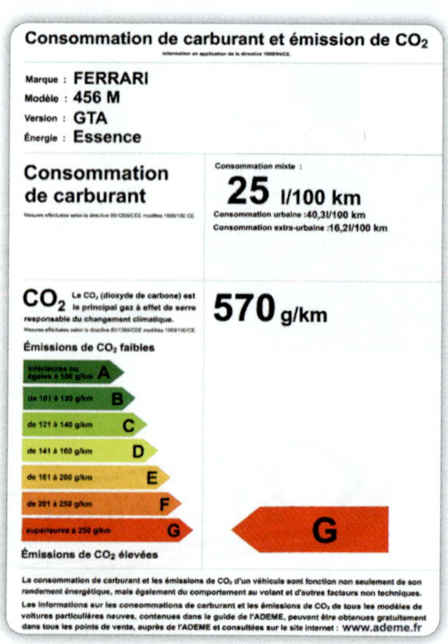

Étiquette énergie

EN RÉSUMÉ

✓ *Les petits parcours consomment beaucoup de carburant, je préfère les transports en commun.*
✓ *Une conduite énergique provoque une surconsommation de 40 % ; une galerie de 10 %. Un sous-gonflage et la climatisation sont très gourmands.*
✓ *Une conduite souple, en léger sous-régime, économise le carburant.*
✓ *J'anticipe les ralentissements en décélérant à l'avance.*
✓ *La limitation de vitesse participe à la réduction du bruit.*
✓ *Le contrôle technique permet de connaître la pollution du moteur et d'effectuer ensuite les réglages dans un garage.*
✓ *J'utilise la déchetterie pour me débarrasser des huiles et des pièces usées.*
✓ *L'étiquette énergie permet de vérifier, avant l'achat d'un véhicule neuf, son niveau de consommation et de pollution.*

MINI ÉVAL

1- Pour me rendre à mon travail, je privilégie :
*ma voiture*__________ A ❑
*les transports en commun*__________ B ❑

2- Remédier à la pollution de l'air ne concerne que le garagiste :
OUI__________ A ❑
NON__________ B ❑

3- La consommation de carburant augmente avec :
une conduite dynamique
OUI__________ A ❑ NON__________ B ❑
un sous-gonflage des pneus
OUI__________ C ❑ NON__________ D ❑

4- Pour consommer moins de carburant :
*- je transporte un objet encombrant à l'aide d'une galerie sur le toit*__________ A ❑
*- je transporte un objet encombrant dans une remorque attelée au véhicule*__________ B ❑
*- je conserve ma galerie vide sur le toit du véhicule*__________ C ❑

Réponses : 1-B 2-B 3-AC 4-B

1- Un contrôle antipollution :
doit être effectué périodiquement
OUI__________A ❑ NON__________B ❑
peut être effectué par la police
OUI__________C ❑ NON__________D ❑

3- Pour diminuer la consommation de carburant, je transporte les vélos :
*Sur la galerie de toit*__________A ❑
*Sur un porte-vélos arrière*__________B ❑

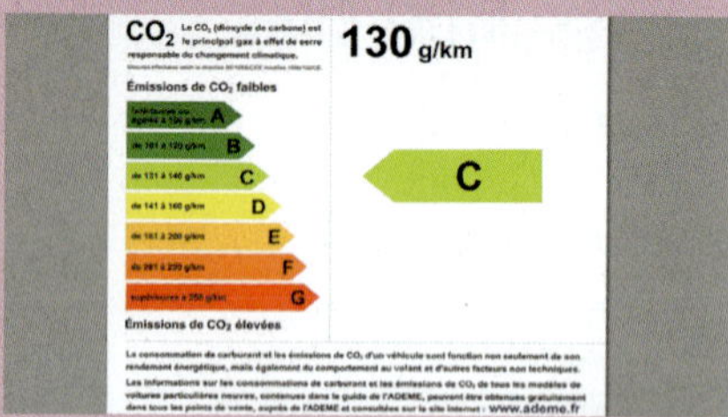

3- Ce véhicule est :
*peu polluant*__________A ❑
*moyennement polluant*__________B ❑
*très polluant*__________C ❑

4- Je roulerai mieux dans cette côte :
en troisième__________A ❑
ou
en quatrième__________B ❑

5- Le témoin de jauge de carburant vient de s'allumer.
Je peux rejoindre la prochaine station :
OUI__________A ❑ NON__________B ❑
Je réduis un peu ma vitesse :
OUI__________C ❑ NON__________D ❑

6- La pollution est constituée :
de gaz carbonique
OUI__________A ☐ NON__________B ☐
de particules métalliques
OUI__________C ☐ NON__________D ☐

7- En diminuant la vitesse, on diminue la pollution :
OUI__________A ☐
NON__________B ☐

8- La consommation de carburant augmente si :
Les pneus sont sous-gonflés__________A ☐
Les vitres sont ouvertes__________B ☐
Ma conduite est brusque__________C ☐
La circulation est fluide__________D ☐

9- Avec un entretien régulier de mon véhicule :
j'économise du carburant :
OUI__________A ☐ NON__________B ☐
je préserve l'environnement :
OUI__________C ☐ NON__________D ☐

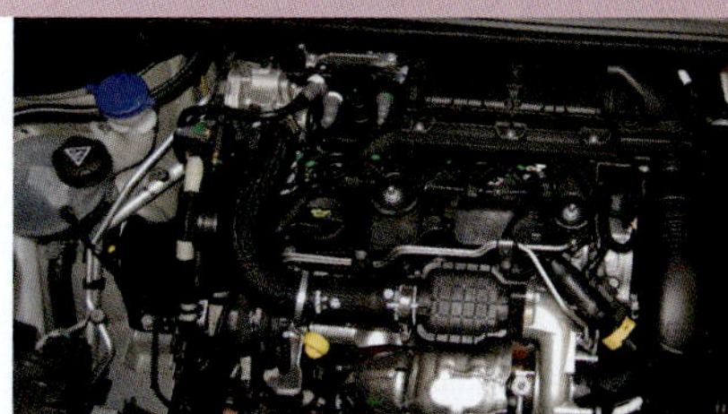

10- À vitesse égale un véhicule de grosse cylindrée consomme plus de carburant qu'un autre :
OUI__________A ☐
NON__________B ☐

Réponses : 1-AC 2-B 3-B 4-A 5-AC 6-AC 7-A 8-ABC 9-AC 10-A

Notes

D

RÈGLEMENTATION GÉNÉRALE

Les permis de conduire sont gérés par un ordinateur central dans lequel toutes les infractions entrainant retraits de points, suspensions, invalidations ou annulations sont enregistrées. Le conducteur assure son véhicule. Il est enfin soumis aux aléas de la vie et de la santé.

Administration

Ce titre est un document administratif européen sur lequel sont inscrits le ou les permis obtenus, ainsi que les éventuelles restrictions, limitations ou aménagements. Une visite médicale périodique ou ponctuelle est parfois obligatoire. Un permis militaire peut être transformé en permis civil.

Hors Europe :

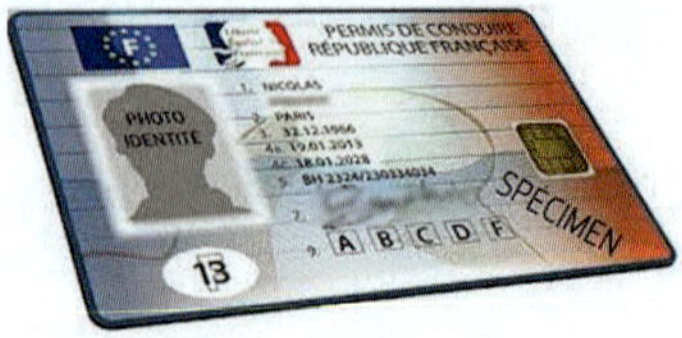

Il est parfois nécessaire ou utile de se faire établir un duplicata appelé « Permis international » auprès d'une préfecture ou d'une sous-préfecture.

Ce titre ne remplace pas l'original qu'il faut montrer en même temps.

Gestion automatisée :

Chaque conducteur possède un dossier sur lequel sont inscrits tous les événements concernant :

- les examens passés et les permis obtenus ;
- les points perdus et récupérés automatiquement ou par stage ;
- les infractions (contraventions et délits) ;
- les suspensions, annulations et invalidations du permis de conduire ;
- des informations du type échange, transformation ou conditions particulières, ainsi que les visites médicales.

Ce dossier est accessible en se présentant personnellement à la préfecture, ou sous-préfecture, muni d'une pièce d'identité. Une copie imprimée du solde des points restants peut être obtenue. Aucune communication n'est effectuée par téléphone.

L'administration délivre alors des codes d'accès pour consulter son solde de points sur Internet. https://tele7.interieur.gouv.fr/

Attention, le retrait de points peut être effectif plusieurs semaines après avoir payé l'amende.

L'administration expédie un courrier en « recommandé » lorsque le capital points descend à 6, ou moins, afin de prévoir éventuellement un stage de récupération.

Lorsque le capital est à zéro, une lettre recommandée avec accusé de réception parvient au domicile du conducteur. Il doit alors rendre son permis à la préfecture ou la sous-préfecture dans un délai de dix jours.

Un permis invalidé, suspendu ou annulé touche tous les permis possédés.

Les catégories de permis de conduire

Catégories	Types de véhicules / Caractéristiques	Âge minimum	Prérequis
AM	Deux ou trois-roues à moteur et quadricycles légers à moteur - cylindrée ≤ 50 cm^3 - puissance ≤ 4 kW - vitesse maxi : 45 km/h	14 ans	ASSR 1 ou 2 ou ASR
A1	Motocyclettes avec ou sans side-car - cylindrée ≤ 125 cm^3 - puissance ≤ 11 kW (15 CV) - rapport puissance/poids ≤ 0,1 kW/kg Tricycles à moteur - puissance ≤ 15 kW (20 CV)	16 ans	ASSR 2 ou ASR
A2	Motocyclettes avec ou sans side-car - puissance ≤ 35 kW (47 CV) - rapport puissance/poids ≤ 0,2 kW/kg - la puissance ne peut résulter du bridage d'un véhicule développant plus de 70 kW	18 ans	ASSR 2 ou ASR
A	Motocyclettes avec ou sans side-car sans limitation de puissance si équipée d'ABS	A2 depuis plus de 2 ans + formation de 7h	ASSR 2 ou ASR
B1	Quadricycles à moteur - puissance ≤ 15 kW - poids à vide : maxi 550 kg pour les transports de marchandises et 400 kg pour les transports de personnes	16 ans	ASSR 2 ou ASR
B	Véhicules automobiles - PTAC ≤ 3,5 t - maximum 9 places assises, conducteur inclus Remorques - PTAC ≤ 750 kg - ou PTAC > 750 kg si somme des PTAC ≤ 3,5 t	18 ans	ASSR 2 ou ASR
B96	- une formation de 7h est obligatoire si la somme des PTAC est > 3,5 t et ≤ 4,25 t	18 ans	ASSR 2 ou ASR + PERMIS B
BE	Véhicules automobiles + remorques - remorque PTAC > 750 kg et ≤ 3,5 t - si la somme des PTAC > 4,25 t	18 ans	PERMIS B

Examen médical

Le permis peut être soumis à un contrôle médical, certains handicaps ou maladies étant incompatibles avec la conduite. Suite à un accident corporel le préfet peut demander un examen médical ponctuel.

Ce contrôle médical est systématique et périodique pour certaines professions (taxi, ambulance, auto-école...) ou catégories de permis (C, D, E) : tous les 5 ans jusqu'à 60 ans, tous les 2 ans jusqu'à 76 ans et tous les ans au-delà. Mention en est faite sur le permis de conduire.

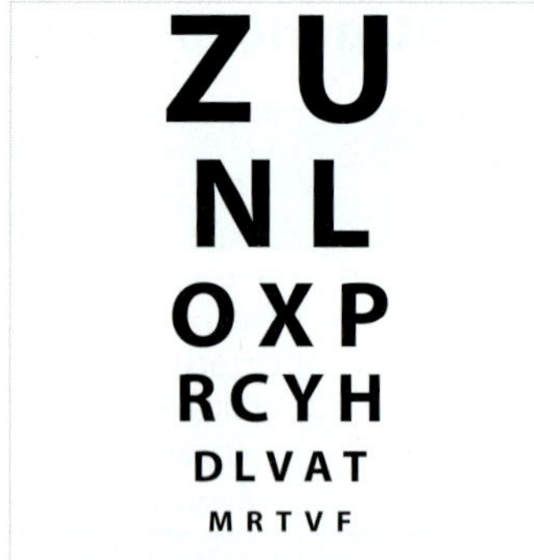

Les contrôles

Les agents peuvent me faire des signes à partir de leur véhicule ou du bord de la route pour un contrôle.

Ne pas s'arrêter est un délit de refus d'obtempérer !

Feu rouge portatif : arrêt obligatoire

Feu jaune portatif : ralentir

Je dois m'arrêter à droite pour un contrôle : c'est une injonction d'arrêt le long d'un trottoir ou sur l'accotement

Je suis désigné et je dois m'arrêter : c'est une injonction d'arrêt. L'agent m'indiquera ensuite où je dois me garer

Les documents

Lors de ce contrôle, je dois pouvoir présenter : mon permis de conduire ❶ valide, le certificat d'immatriculation ❷ du véhicule (carte grise) et l'attestation d'assurance ❸. Je dois être à jour avec le contrôle technique. Au cours de ce contrôle, l'agent peut me faire subir un test d'alcoolémie ou de détection de drogue.

Si je n'ai pas les documents, je reçois une contravention. Je dois alors les présenter dans les 5 jours sous peine d'une amende plus forte.

Dans le cas de perte ou de vol, le commissariat ou la gendarmerie établiront un formulaire en remplacement. Ce document n'est valable que 2 mois en France.

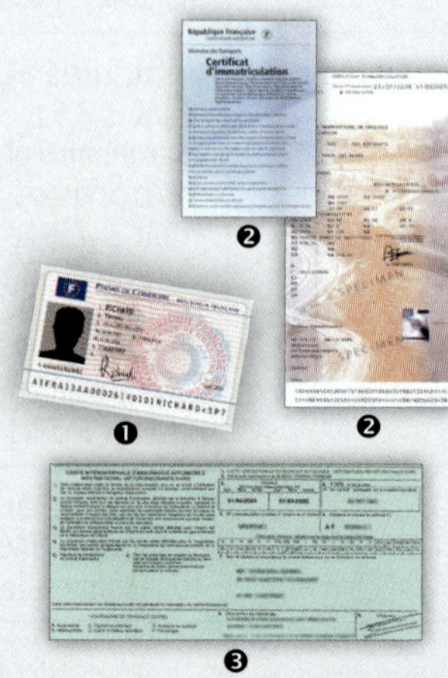

EN RÉSUMÉ

✓ Le permis de conduire est un titre européen.
✓ Le permis B permet de conduire un véhicule ne comportant pas plus de 9 places assises, y compris celle du conducteur, dont le PTAC ne dépasse pas 3,5 t.
✓ Ce véhicule peut tracter une remorque jusqu'à 750 kg de PTAC, à condition de ne pas dépasser 3,5 t pour les deux PTAC additionnés.
✓ Par équivalence, le permis B permet de conduire les véhicules de la catégorie B1 (tricycles et quadricycles à moteur).
✓ La catégorie B permet de conduire une motocyclette légère A1 après deux ans de permis et une formation de 7h en moto-école.
✓ Lors d'un contrôle de police, je dois présenter le permis de conduire, le certificat d'immatriculation et l'attestation d'assurance. En l'absence de documents, je dois les présenter dans les 5 jours.
✓ En cas de perte ou de vol, un formulaire valable deux mois m'est délivré par le commissariat ou la gendarmerie.

MINI ÉVAL

1- Lors d'un contrôle de police, je dois pouvoir présenter :
la carte grise ______ A ❑
l'attestation d'assurance ______ B ❑
la vignette fiscale ______ C ❑
mon permis de conduire ______ D ❑

2- Je pourrai circuler avec une motocyclette, quelle que soit sa cylindrée :
immédiatement après l'obtention de mon permis B
OUI ______ A ❑ NON ______ B ❑
deux ans après avoir obtenu mon permis B
OUI ______ C ❑ NON ______ D ❑

3- Pour tracter cette remorque de moins de 750 kg, le permis B suffit :
OUI ______ A ❑
NON ______ B ❑

Réponses : 1-ABD 2-BD 3-A

Infractions et sanctions

Lorsque je ne respecte pas une règle du code de la route, je commets une infraction. La sanction est alors en relation avec la gravité de celle-ci : la contravention ou le délit.

Les contraventions

Je peux payer immédiatement l'amende au verbalisateur (amende minorée).
Je peux attendre jusqu'à 45 jours avant de payer par timbre-amende ou Internet (amende forfaitaire). www.amendes.gouv.fr

Si j'attends plus, c'est alors une injonction de payer (amende majorée). Il existe 5 classes de contraventions et pour chacune un tarif qui s'élève en fonction de la gravité.

Contraventions	Amende			Amende maximum
	minorée	forfaitaire	majorée	
paiement	≤ *3 jours de la remise* ≤ *15 jours de l'envoi*	≤ *45 jours*	> *45 jours*	---
piéton	---	*4 €*	*7 €*	*38 €*
1ère classe (hors stationnement)	---	*11 €*	*33 €*	*38 €*
1ère classe	---	*17 €*	*33 €*	*38 €*
2ème classe	*22 €*	*35 €*	*75 €*	*150 €*
3ème classe	*45 €*	*68 €*	*180 €*	*450 €*
4ème classe	*90 €*	*135 €*	*375 €*	*750 €*
5ème classe	*1 500 €*			

C'est le propriétaire du certificat d'immatriculation qui est financièrement responsable. À lui d'apporter la preuve qu'il n'était pas au volant s'il est innocent.

Un nouveau système de paiement par « télépaiement automatisé ou par timbre dématérialisé » est désormais possible, et permet d'obtenir 15 jours supplémentaires de délai aux 45 jours pour le paiement de l'amende forfaitaire, ainsi que 20 % de remise pour tout paiement dans les 30 jours.

Les délits

L'infraction est grave et peut coûter de 3 500 € à 100 000 € ; et jusqu'à 10 ans de prison pour les cas les plus graves. Le juge peut aussi obliger à suivre un stage de sécurité routière ou à effectuer des travaux d'intérêt généraux (TIG) par exemple.

Le permis de conduire

Le permis de conduire peut-être suspendu pour une période allant jusqu'à 3 ans et plus en cas de récidive. Il peut aussi être annulé de plein droit, avec une durée d'interdiction de le repasser allant jusqu'à 10 ans dans les cas graves.

Quelques exemples de sanctions :

	Pts	Libellé	Amende	Permis	Prison
Contraventions	0	Stationnement au delà du temps réglementaire	*AF : 17 €*		
	0	Arrêt ou stationnement gênant sur une voie réservée à certains véhicules	*AF : 135 €* *Max : 750 €*		
	1	Excès de vitesse de moins de 20 km/h avec vitesse maximale autorisée de 50 km/h ou moins	*AF : 135 €* *Max : 750 €*		
	1	Excès de vitesse de moins de 20 km/h avec vitesse maximale autorisée supérieure à 50 km/h	*AF : 68 €* *Max : 450 €*		
	2	Excès de vitesse compris entre 20 km/h et moins de 30 km/h	*AF : 135 €* *Max : 750 €*		
	3	Usage d'un téléphone tenu en main (ou avec oreillette) par conducteur d'un véhicule en circulation	*AF : 135 €*		
	3	Usage d'un téléviseur, d'une console de jeux vidéo ou d'un lecteur DVD en situation de conduite	*Max : 1500 €*	*confiscation du matériel*	
	3	Non-respect de la distance de sécurité entre deux véhicules	*AF : 135 €* *Max : 750 €*	*Susp : 3 ans*	
	3	Excès de vitesse compris entre 30 km/h et moins de 40 km/h	*AF : 135 €* *Max : 750 €*	*Susp : 3 ans*	
	3	Dépassement dangereux	*AF : 135 €* *Max : 750 €*	*Susp : 3 ans*	
	3	Défaut de port de ceinture de sécurité (pour le conducteur)	*AF : 135 €* *Max : 750 €*		
	4	Non-respect de l'arrêt au feu rouge ou au stop	*AF : 135 €* *Max : 750 €*	*Susp : 3 ans*	
	4	Excès de vitesse compris entre 40 km/h et moins de 50 km/h	*AF : 135 €* *Max : 750 €*	*Susp : 3 ans*	
	6	Conduite en état alcoolique (≥ 0,25 mg/l ou 0,10 mg/l en période probatoire et < 0,4 mg/l d'air expiré)	*AF : 135 €* *Max : 750 €*	*Susp : 3 ans*	
	6	Refus de priorité au piéton engagé sur la chaussée	*AF : 135 €* *Max : 750 €*		
Délits	6	Conduite en état alcoolique (≥ 0,4 mg/l d'air expiré) ou en état d'ivresse ou refus de vérification de l'alcoolémie	*Max : 4 500 €*	*Susp : 3 ans* *Annul : 3 ans*	*2 ans*
	6	Homicide involontaire par conducteur de véhicule	*Max : 75 000 €*	*Susp : 5 ans* *Annul : 5 ans*	*5 ans*
	6	Récidive d'excès de vitesse de 50 km/h ou plus	*Max : 3 750 €*	*Susp : 3 ans*	*3 mois*

AF = Amende forfaitaire - Max = Maximum pénal - Susp = Suspension - Annul = Annulation
Pts = Nombre de points retirés

Les permis

Le permis de conduire est doté d'un capital de 12 points. Dans le cadre du permis probatoire, le capital est de 6 points. Certaines infractions dangereuses entraînent automatiquement un retrait de points.

Le permis probatoire :

Du fait de leur inexpérience de la conduite, les conducteurs novices sont astreints à des limitations de vitesse spécifiques et à l'apposition du disque A, durant 3 ans dans le cas général (apprentissage traditionnel et conduite supervisée) et durant 2 ans dans le cadre de l'Apprentissage Anticipé de la Conduite (AAC).

Le permis est donc doté de 6 points durant cette période, afin de le fragiliser face aux éventuels mauvais comportements. Il augmente de 2 points tous les ans jusqu'à obtenir 12 points pour les conducteurs ayant suivis la filière traditionnelle d'apprentissage et 3 points chaque année pour l'AAC. À la condition de ne pas perdre de points durant cette période !

Les titulaires d'un premier permis de conduire qui choisissent de suivre une formation complémentaire « postpermis », entre 6 et 12 mois après l'obtention du permis, bénéficient d'une réduction de la période probatoire.

Cette formation est d'une durée d'une journée.

En suivant ce stage, la période probatoire est réduite à 2 ans, au lieu de trois pour les formations traditionnelles (et à un an et demi au lieu de 2 ans pour ceux ayant bénéficié de la conduite accompagnée), sous réserve de ne pas avoir commis d'infraction entraînant la perte de points sur son permis.

La perte de 6 points la 1ère année (alcoolémie par exemple) invalide le permis !

Un conducteur qui perd au moins 3 points en une seule infraction, doit suivre un stage de sécurité routière dans les 4 mois. Attention ! L'infraction pour alcoolémie commence à 0,10 mg par litre d'air expiré au lieu de 0,25 mg chez les autres conducteurs.

La perte de points :

La perte des points est automatique, lorsqu'on a payé la contravention ou après le jugement du tribunal. Je reçois alors un avis du nombre de points perdus.

Je ne peux pas perdre plus de 8 points à la fois pour une même interpellation comportant plusieurs infractions.

La restitution automatique de points :

Si je ne perds aucun point durant 3 ans, le capital est alors automatiquement reconstitué à 12 points.

Si je perds 1 point (petit excès de vitesse par exemple), je le récupère au bout de 6 mois, si je ne perds pas d'autre(s) point(s) entre-temps.

Les stages de sécurité routière :

Je peux récupérer un maximum de 4 points, en suivant un stage volontaire de sensibilisation à la sécurité routière de 2 jours.

Je ne peux pas suivre plus d'un stage tous les ans.

Le juge du tribunal peut m'obliger à suivre un stage de sensibilisation à la sécurité routière en peine complémentaire. Dans ce cas, je ne récupère pas de points !

La perte du permis de conduire :

Si je perds tous mes points, je reçois un courrier officiel avec accusé de réception m'en informant, et me demandant de rendre mon permis.

Le permis est invalidé. Je n'ai plus aucun permis. Si j'avais un permis moto ou un permis poids lourd, je devrai alors repasser toutes les catégories.

Repasser le permis de conduire :

Un délai de 6 mois m'est imposé avant d'obtenir un nouveau permis de conduire. Je m'inscris donc au plus tôt après avoir rendu mon permis à la préfecture.
Au préalable, je subis à mes frais un examen médical et un test psychotechnique.

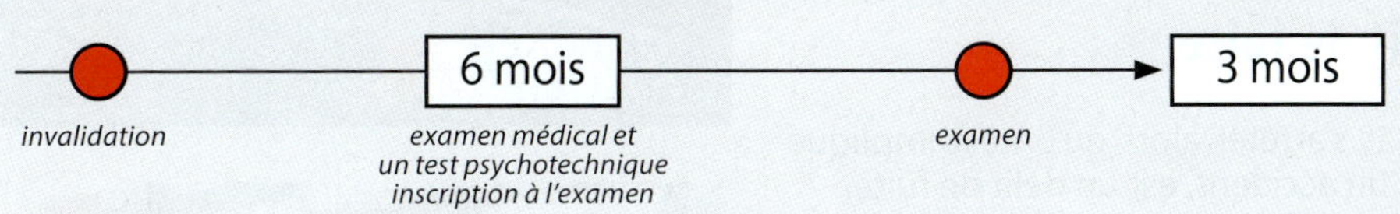

→ Permis probatoire :

Je repasse toutes les épreuves.

→ Non probatoire :

Je ne repasse que l'épreuve du code (ETG), à la condition de ne pas oublier de m'inscrire dans les 9 mois suivant la restitution du permis. Sinon je dois aussi repasser la pratique pour chacun des permis que je possédais.

Ensuite, je repars avec un nouveau permis probatoire à 6 points, mais je ne suis pas astreint au disque « A », ni aux limitations de vitesse des conducteurs novices.

Assurance

Un accident coûte très cher ; et un conducteur responsable ne peut pas couvrir les frais de remboursement. L'assurance sert à dédommager les victimes à sa place.

Obligation d'assurance

L'assurance « responsabilité civile » est obligatoire !

Il est, de plus, fortement conseillé de souscrire une extension pour le conducteur car il n'est pas couvert par l'assurance minimale.

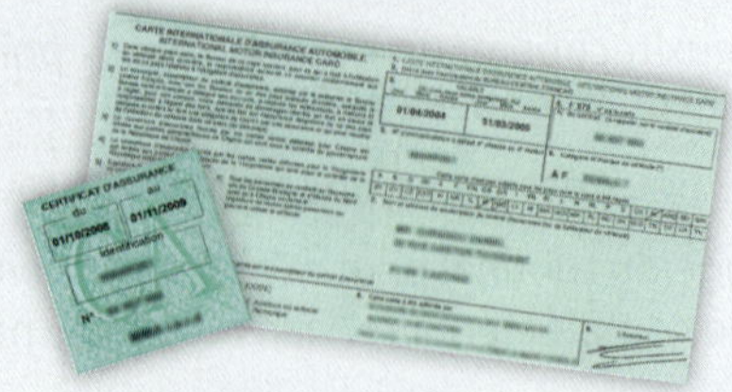

La vignette doit être collée sur le pare-brise *(voir p. 202)*

Options facultatives

Je peux souscrire des options supplémentaires facultatives qui couvrent le vol, l'incendie, les bris de glace, l'assistance d'un avocat, etc.

Une option « tous risques » couvre tout type d'accident et plus particulièrement lorsque le conducteur est le seul impliqué, sans autre usager : une sortie de route par exemple.

Délit de fuite

Ne pas s'arrêter alors qu'on est impliqué dans un accident, est un délit de fuite.

A cela peut éventuellement s'ajouter un autre délit pour non-assistance à personne en danger...

Attention !

En cas d'accident avec alcoolémie du conducteur, les dégâts couverts par les options ne sont pas remboursés (ni les blessures du conducteur, ni les dommages subis par son véhicule).

Le constat amiable européen

Avant de remplir un constat amiable, je commence par dégager la chaussée afin de ne pas créer de gêne ou de sur-accident.

Quelle que soit la langue utilisée sur les constats européens, ceux-ci sont agencés de la même manière, ils sont identiques !

Rien ne sert de se fâcher ni d'accuser l'un ou l'autre car ce sera l'assureur qui le fera selon un tableau commun à tous (IRSA).

Le constat amiable ne sert qu'à recueillir les faits !

S'il y a un blessé, j'avertis les secours. Les forces de l'ordre viendront pour établir le constat.

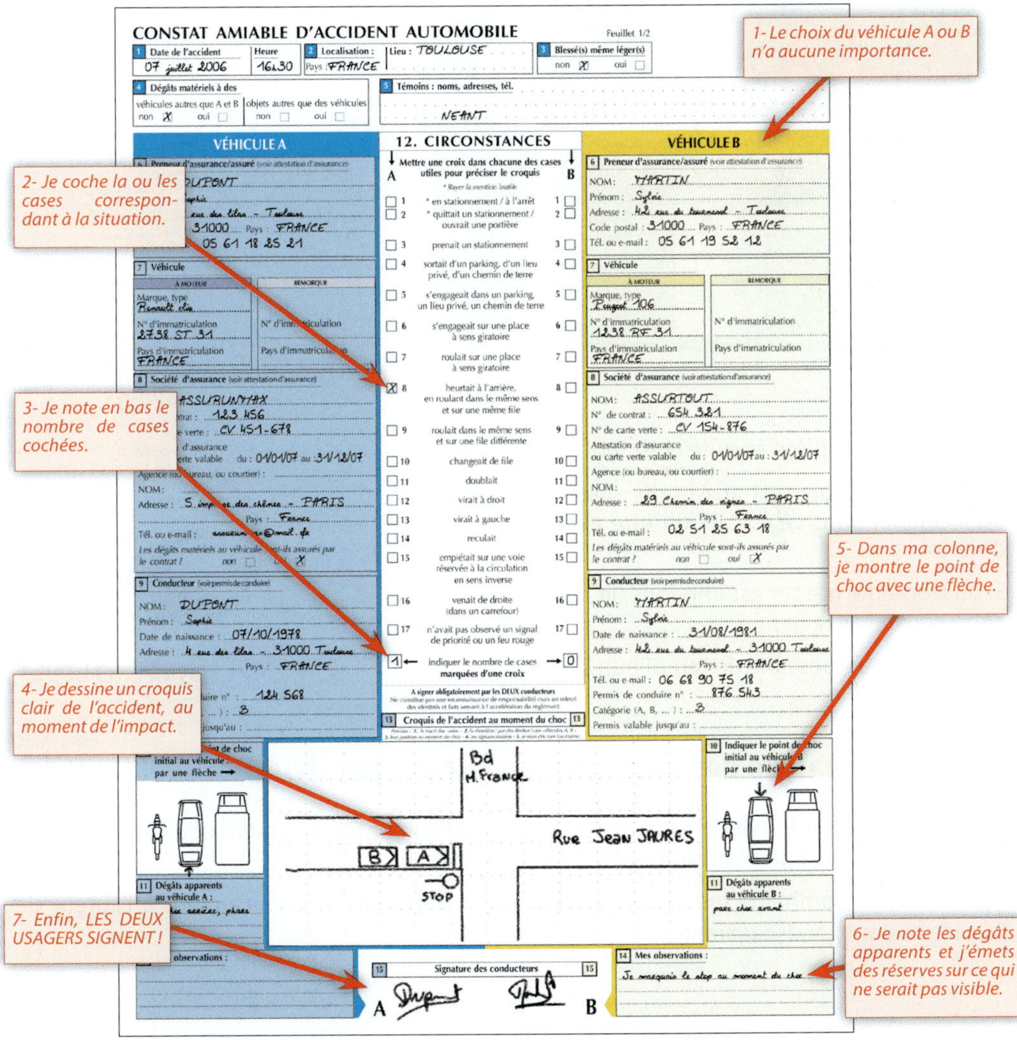

Je sépare les deux feuillets et chacun doit expédier le sien à son assureur dans les 5 jours

Dans le cas où l'autre usager commet un délit de fuite, je remplis le constat avec les éléments que j'ai pu relever (type et marque du véhicule, immatriculation, etc.) et je note dessus les coordonnées des témoins.

Puis je porte plainte au commissariat ou à la gendarmerie.

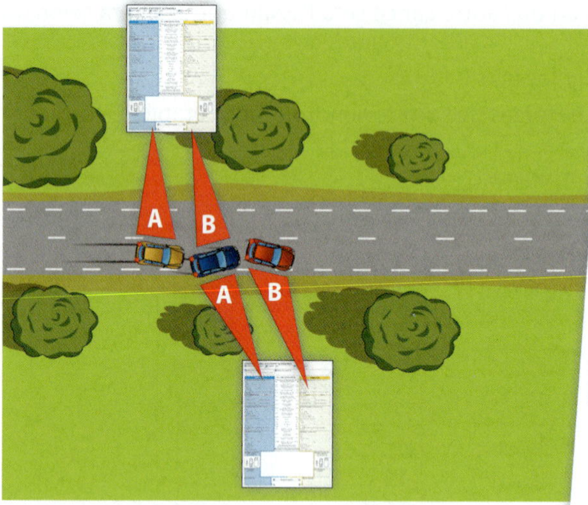

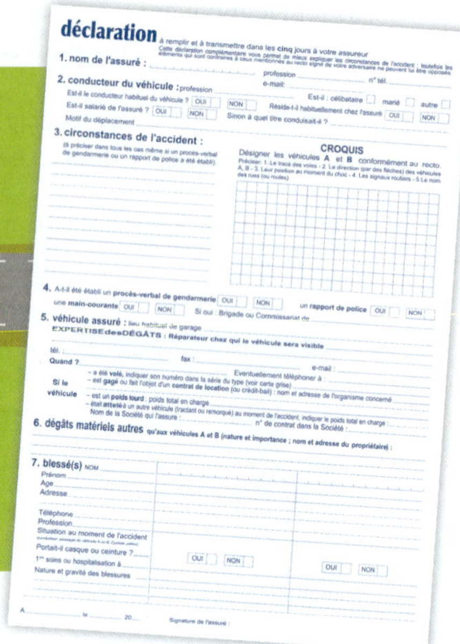

déclaration à remplir et à transmettre dans les cinq jours à votre assureur

1. nom de l'assuré : profession n° tél. e-mail

2. conducteur du véhicule : profession

Est-il le conducteur habituel du véhicule ? OUI NON

Est-il salarié de l'assuré ? OUI NON

Motif du déplacement

3. circonstances de l'accident :

CROQUIS

Désigner les véhicules A et B conformément au recto.

4. A-t-il été établi un procès-verbal de gendarmerie OUI NON un rapport de police OUI NON

une main-courante OUI NON

5. véhicule assuré : lieu habituel de garage

EXPERTISE des DÉGÂTS : Réparateur chez qui le véhicule sera visible

tél. fax e-mail

Quand ?

Si le véhicule

6. dégâts matériels autres qu'aux véhicules A et B (nature et importance ; nom et adresse du propriétaire) :

7. blessé(s) NOM

Prénom

Age

Adresse

Téléphone

Profession

Situation au moment de l'accident

Portait-il casque ou ceinture ? OUI NON OUI NON

1ers soins ou hospitalisation à

Nature et gravité des blessures

A le 20 Signature de l'assuré :

Si besoin, je complète ensuite chez moi le verso.

Le constat amiable sert aussi pour déclarer un vol ou un incendie. Dans ce cas, il doit être expédié dans les deux jours.

Si un troisième usager est impliqué, je remplis alors un autre constat avec lui.

Il est désormais possible de remplir un e-constat.

e-constat auto

Fonds de garantie des assurances obligatoires (FGAO)

Il sert à indemniser les victimes d'un accident dont l'auteur n'est pas identifié (délit de fuite) ou qui n'a pas souscrit d'assurance (défaut d'assurance).

Après avoir dédommagé les victimes, l'organisme demande remboursement à l'auteur de l'accident. www.fondsdegarantie.fr

EN RÉSUMÉ

✓ *Les contraventions comportent 5 classes de gravité. Les délits comportent des peines de prison, et des peines complémentaires.*
✓ *La suspension du permis est souvent prononcée pour les infractions dangereuses.*
✓ *L'annulation peut être prononcée avec une interdiction de repasser le permis.*
✓ *Le permis de conduire est doté d'un capital de 12 points, mais 6 points seulement pour un permis probatoire. Je peux perdre jusqu'à 8 points à la fois.*
✓ *Je peux récupérer tous mes points en restant « sage » durant 3 ans ; ou 4 points en effectuant un stage de 2 jours (mais un seul stage tous les ans).*
✓ *Dans le cadre du permis probatoire, une perte de 3 points ou plus oblige à un stage.*
✓ *Si je perds tous mes points, je dois repasser le permis de conduire (après 6 mois d'attente).*
✓ *L'assurance est obligatoire. Il existe des options facultatives.*
✓ *Ne pas s'arrêter après être impliqué dans un accident est un délit de fuite.*
✓ *Le constat amiable européen doit être signé par les deux usagers impliqués.*

MINI ÉVAL

1- Le refus d'obtempérer est passible d'une simple contravention :
OUI__________A ❑ NON__________B ❑
Je peux être soumis à un alcootest :
OUI__________C ❑ NON__________D ❑

2- Je viens d'obtenir mon permis de conduire après avoir suivi la formation AAC. Sans infraction, mon capital sera de 12 points après :
1 an _____A ❑ *2 ans* _____B ❑ *3 ans* _____C ❑

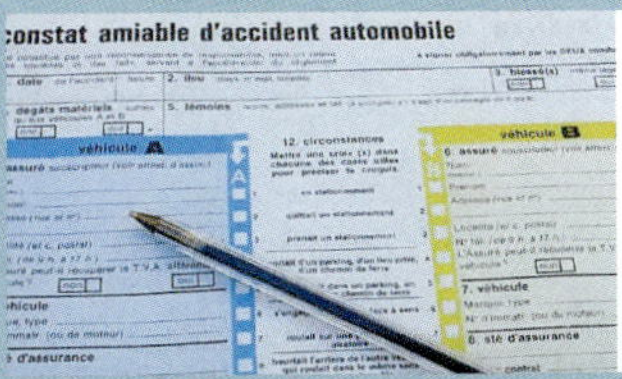

3- Si un accident implique un véhicule devant et un véhicule derrière moi, je remplis :
*un constat*________________________________A ❑
*deux constats*______________________________B ❑
*trois constats*______________________________C ❑

Réponses : 1-BC 2-B 3-B

Administratif

L'immatriculation

Nouvelles plaques :

Depuis 2009, le véhicule ne change plus d'immatriculation en changeant de propriétaire.

À gauche l'État et à droite le logo de la région et le numéro du département.

L'immatriculation des véhicules d'occasion dotés des anciennes plaques sera obligatoirement changée lors de la revente, d'un changement d'adresse, ou de toute autre modification affectant la carte grise.

Plaque avant ou arrière

Anciennes plaques :

Le véhicule possédait une immatriculation composée de chiffres, de lettres suivies du numéro du département.

Plaque avant (sur fond blanc)
Plaque arrière (sur fond blanc ou jaune)

La carte grise :

La « carte grise » est désormais orangée. Elle contient les spécifications techniques et administratives du véhicule.

Vignette d'assurance

Sa validité est en général d'un an, et reste valide un mois après la date limite.

Je dois être en mesure de présenter le document appelé « carte verte » à tout contrôle.

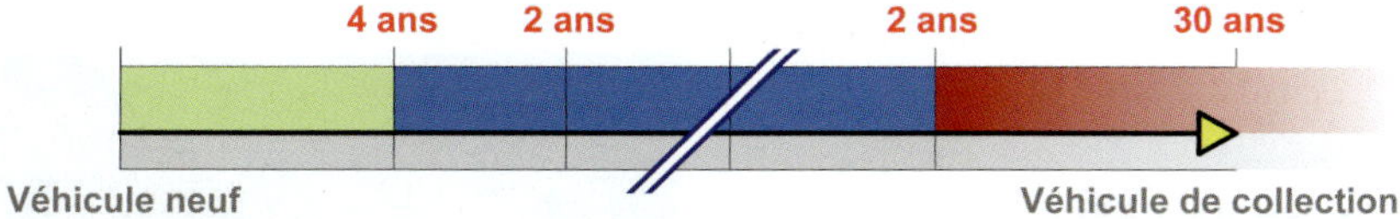

Le contrôle technique

Le contrôle technique permet de connaître l'état sécuritaire de son véhicule ou de celui qu'on souhaite acquérir d'occasion.

La première visite technique a lieu dans les 6 mois qui précèdent le quatrième anniversaire de la voiture.

Les visites suivantes ont lieu tous les deux ans.

Si le contrôle est négatif, le véhicule doit être réparé et passer une contre-visite dans les 2 mois.

En cas de vente, la visite ne doit pas dater de plus de 6 mois.

1. *Identification*
2. *Freinage*
3. *Direction*
4. *Visibilité*
5. *Éclairage / Signalisation*
6. *Liaisons au sol*
7. *Structure carrosserie*
8. *Équipement*
9. *Organes mécaniques*
10. *Pollution / Niveau sonore*

Les bagages

À l'intérieur du véhicule, les bagages ou les objets encombrants ne doivent pas gêner la visibilité ou les mouvements du conducteur. Pas d'objets sur la plage arrière ni au sol à l'avant.

Dans le coffre, je cale les objets afin qu'ils ne se déplacent pas durant le trajet.

Pour charger la galerie je dois respecter trois règles :

- ne pas dépasser l'aplomb avant du pare-choc ;
- ne pas dépasser 3 m à l'arrière ;

Au-delà d'un mètre le chargement est signalé par un dispositif réfléchissant homologué, complété par un feu rouge la nuit.

- ne pas dépasser 2,55 m de largeur.

Les objets doivent être fixés afin de ne pas balayer à l'arrière ni traîner au sol.

Le transport de vélos

Pour transporter des vélos à l'arrière du véhicule, attention à ne pas cacher la plaque, sinon en rajouter une.

Attention à ne pas cacher les feux du véhicule. Au besoin, en ajouter sur les vélos.

Les animaux

Pas d'animal en liberté dans l'habitacle !

Il existe des cages de transport. Une grille de séparation avec le poste de conduite peut également être installée.

Les passagers

Les passagers montent et descendent toujours, si possible, du côté du trottoir.

Chacun s'assure qu'il peut ouvrir la portière, par un regard attentif vers l'arrière. La porte est ouverte en deux temps afin de ne pas surprendre un piéton ou un deux-roues.

Responsabilité :

Je suis responsable des passagers de moins de 18 ans. Je m'assure qu'ils sont tous installés correctement dans leur siège. Chaque siège ne peut être occupé que par une seule personne.

Pas d'enfants de moins de 10 ans à l'avant sauf si toutes les places arrières sont occupées ou s'il n'y en a pas.

EN RÉSUMÉ

✓ *Les nouvelles plaques sont sur fond blanc à l'avant et à l'arrière. Les anciennes plaques sont sur fond blanc à l'avant et sur fond blanc ou jaune à l'arrière.*
✓ *La carte d'immatriculation comporte les informations administratives et techniques du véhicule.*
✓ *Elle doit être changée dans les quinze jours dans le cas d'un achat à un particulier.*
✓ *Elle doit être changée ou modifiée dans le mois qui suit en cas de changement d'adresse.*
✓ *La vignette d'assurance est placée en bas à droite du pare-brise. Elle est valable un mois après la date de fin de validité.*
✓ *Le contrôle technique est obligatoire au quatrième anniversaire du véhicule neuf, puis tous les deux ans.*
✓ *En cas de vente, le contrôle technique ne doit pas dépasser les six mois d'ancienneté.*
✓ *En cas d'anomalie grave, je dois faire réparer et présenter le véhicule pour une contre-visite dans les deux mois.*

MINI ÉVAL

1- La vignette d'assurance doit être placée :

en bas à gauche du pare-brise A ❑
en bas à droite du pare-brise B ❑
en haut à gauche du pare-brise C ❑
en haut à droite du pare-brise D ❑

2- Ma voiture est âgée de 5 ans. Je dois effectuer le contrôle technique :

tous les 6 mois A ❑
tous les 2 ans B ❑
tous les 4 ans C ❑

3- Je déménage pour changer de département. Je dois changer la carte grise :

avant un mois A ❑
avant trois mois B ❑
avant six mois C ❑

Réponses : 1-B 2-B 3-A

Remorque

Attention au PTAC (Poids Total Autorisé en Charge - F1 ou F2 sur carte grise) de la remorque car les permis B ou BE en dépendent. Ne pas non plus dépasser le PTRA (Poids Total Roulant Autorisé - F3 sur carte grise) du véhicule tracteur.

Permis B

PTAC remorque ≤ 750 kg ou > 750 kg si PTAC remorque + PTAC véhicule ≤ 3,5 t
Option B96 si remorque > 750 kg et somme des PTAC > 3,5 t et ≤ 4,25 t

Permis BE

PTAC remorque > 750 kg et ≤ 3,5 t
Somme des PTAC > 4,25 t

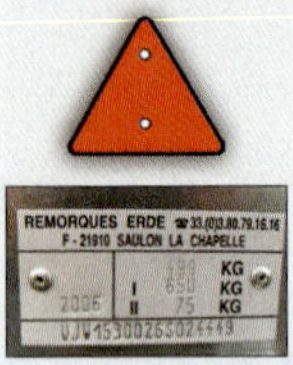

Une remorque se distingue à l'arrière grâce aux deux plaques réflectorisantes rouges triangulaires.

Une remorque possède une plaque du constructeur, dite de tare, où sont inscrits : le PTAC, le poids à vide (PV - G ou G1 sur la carte grise), la charge utile (CU), la largeur, la longueur et la surface.

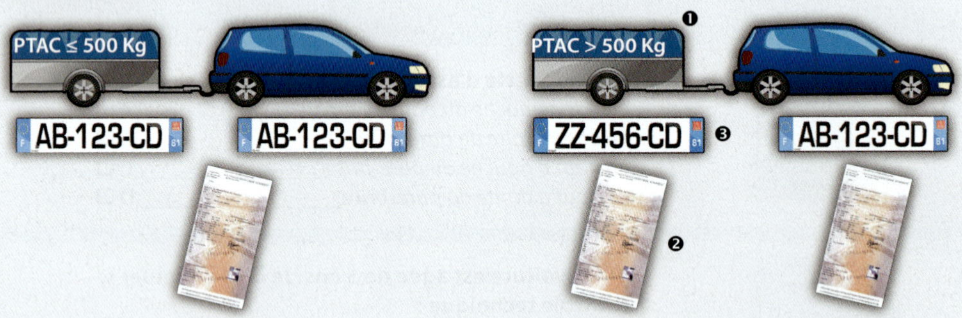

Une remorque d'un PTAC supérieur à 500 Kg ❶ possède sa carte grise ❷ et sa propre immatriculation ❸.

Si sa dimension masque les feux du véhicule, elle doit alors posséder les mêmes feux arrière que le véhicule ; il en est de même avec un porte-vélos fixé à l'arrière.

Un rétroviseur à droite est obligatoire si la remorque masque la visibilité dans le rétroviseur intérieur.

Un attelage de fortune peut dépanner un véhicule. Dans ce cas, j'utilise une barre rigide.

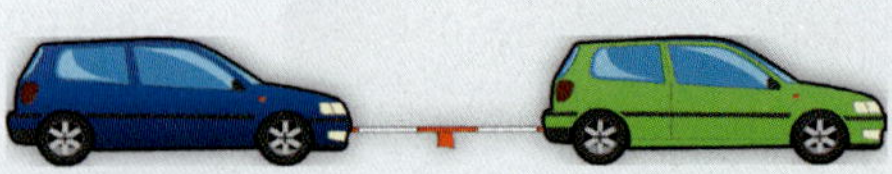

EN RÉSUMÉ

✓ Le permis B suffit pour tracter une remorque de moins de 750 kg ou si la somme des PTAC est inférieure à 3,5 t.
✓ Si la somme des PTAC est supérieure à 3,5 t sans dépasser 4,25 t, il faut posséder l'option B96 obtenue par une formation de 7 h. Si la somme des PTAC excède 4,25 t, il faut passer le permis BE.
✓ Si la remorque masque les feux du véhicule, celui-ci doit alors posséder les mêmes feux arrière. De plus, deux triangles rouges réfléchissants sont obligatoires.
✓ Une remorque de plus de 500 kg possède sa propre immatriculation.
✓ Je suis attentif aux divers branchements et attaches lorsque j'attèle une remorque.
✓ Une remorque modifie les conditions de conduite.
✓ Les bagages ne doivent pas gêner.
✓ Le chargement ne dépasse pas l'aplomb à l'avant, ni 3 m à l'arrière.
✓ Les enfants de moins de 10 ans voyagent à l'arrière, sauf un bébé sur un siège dos à la route, airbag passager désactivé.
✓ Les enfants sont installés dans des sièges et rehausseurs.

MINI ÉVAL

1- Pour être réglementaire, sur cette remorque, il manque :
des feux de gabarit ______ A ❑
des triangles catadioptres ______ B ❑
une roue de secours ______ C ❑

2- La signalisation annonce :
- un accès interdit aux véhicules de moins de 3,5 t
OUI ______ A ❑ *NON* ______ B ❑
- un accès interdit aux véhicules tractant une remorque de plus de 250 kg
OUI ______ C ❑ *NON* ______ D ❑

3- Je tracte une caravane et l'ensemble mesure plus de 7 m :
Je peux ici dépasser une autre caravane :
OUI ______ A ❑ NON ______ B ❑
Je peux dépasser le véhicule devant moi :
OUI ______ C ❑ NON ______ D ❑

Réponses : 1-B 2-BC 3-AD

Notes

P

PRÉCAUTIONS NÉCESSAIRES EN QUITTANT LE VÉHICULE

On ne gare pas son véhicule n'importe où, n'importe comment. Il existe des règles afin de limiter la gêne ou le danger. On ne quitte pas non plus son véhicule sans prendre certaines précautions.

Règles générales

Il existe trois sortes d'immobilisations de son véhicule :
- l'arrêt en circulation ;
- l'arrêt qui ne dure pas car on repart immédiatement ;
- le stationnement pour quitter son véhicule.

Souvent, on effectue un arrêt, qui est en fait considéré comme un stationnement.

L'arrêt :

C'est immobiliser le véhicule sur la chaussée, le temps de prendre ou de déposer un passager, ou le temps de charger ou de décharger des objets.

Le conducteur doit rester au volant ou à proximité immédiate afin de déplacer le véhicule sans délai.

Le stationnement :

C'est arrêter son véhicule pour toute autre raison sortant de la définition de l'arrêt.

Pour exemple, s'arrêter pour aller chercher son pain à la boulangerie est un stationnement.

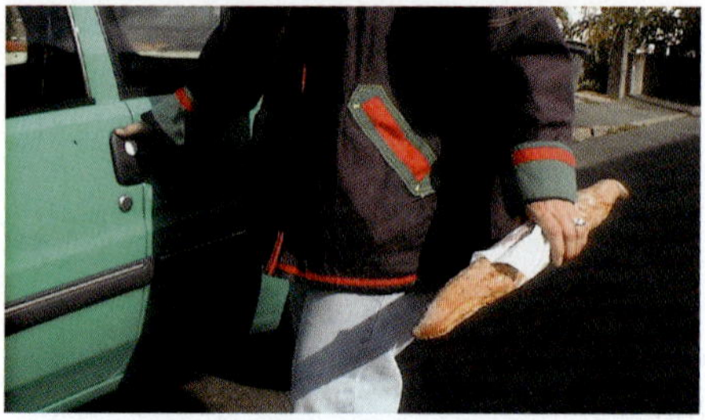

Hors agglomération :

L'arrêt et le stationnement s'effectuent sur l'accotement et de préférence à droite lorsque c'est possible. Pour aller stationner à gauche, il ne faut pas couper une ligne continue (axiale ou rive).

En agglomération :

L'arrêt et le stationnement s'effectuent toujours à droite dans le sens de la marche.

Dans un sens unique le stationnement peut être aussi autorisé à gauche. C'est le seul cas de stationnement bilatéral autorisé.

Comment stationner ?

Par mesure de sécurité, il est toujours préférable de pouvoir quitter un stationnement en marche avant afin d'élargir au mieux le champ de vision. Ce qui n'est pas toujours faisable sur un parking de supermarché.

En créneau

En épi

Ainsi, j'entre autant que possible en marche arrière dans un emplacement libre en bataille.

En bataille

En quittant le véhicule, je dois :

- m'assurer du blocage de la direction (anti-vol) ;
- vérifier l'immobilisation totale avec le frein de parcage (frein de parking) ;
- sortir avec précaution pour ne pas surprendre un deux-roues par exemple ;
- faire sortir les passagers côté trottoir ;
- fermer les portes à clé (ou verrouillage centralisé).

Les interdictions générales

Arrêt et stationnement dangereux :

L'arrêt et le stationnement sont considérés comme dangereux s'ils masquent la visibilité ! Et cela coûte, en plus d'une amende, 3 points au permis de conduire.

A proximité d'une intersection

Dans un virage

À proximité d'un sommet de côte

Avant un passage à niveau

La nuit ou par mauvaise visibilité sur une chaussée, sans se signaler avec les feux de position ou de stationnement

Arrêt et stationnement très gênants :

C'est lorsque j'empiète sur un domaine qui n'est pas le mien !

Sur un passage pour piétons, ou sur une distance de 5 mètres en amont dans le sens de circulation.

À cheval et sur un trottoir, sauf si des emplacements délimités sont prévus

Sur une voie « verte », une bande et une piste cyclable, un chemin pour piétons ou une piste cavalière

Dans un couloir de bus

Sur un emplacement réservé aux handicapés, GIG (Grand Invalide de Guerre) ou GIC (Grand Invalide Civil)

À hauteur d'une bouche d'incendie

À proximité de la signalisation routière si je la cache

Arrêt et stationnement gênants :

La bande d'arrêt d'urgence ne sert que pour une panne ou un malaise

Sur un arrêt d'autocar (hors agglomération)

Sur un arrêt d'autobus (en agglomération)

Sur l'emplacement d'une station de taxis

En présence d'une ligne continue, s'il n'y a pas suffisamment d'espace entre le trottoir et la ligne

Sur un pont ou dans un tunnel

Lorsque l'accès ou le dégagement d'un emplacement de stationnement est empêché

Stationnement interdit mais arrêt toléré :

Devant une entrée carrossable d'immeuble

Sur un emplacement de livraison ou de rechargement pour les véhicules électriques

En double file

Stationnement abusif :

Je ne peux pas laisser stationner mon véhicule au même emplacement durant plus de sept jours. Dans certaines grandes villes, ce délai est raccourci (2 jours à Paris).

Stationner

Dans tous les cas, je vais gêner durant la manoeuvre :

- je préviens donc à l'avance de mon intention de m'arrêter, en indiquant avec le clignotant et en réduisant ma vitesse ;
- avant le lieu de ma manœuvre, si je suis suivi, je m'arrête pour bien signifier aux autres qu'ils doivent me laisser l'espace de manœuvre ;
- je me range en prenant soin de vérifier qu'on me laisse manœuvrer.
- je peux effectuer plusieurs petites manœuvres pour m'ajuster.

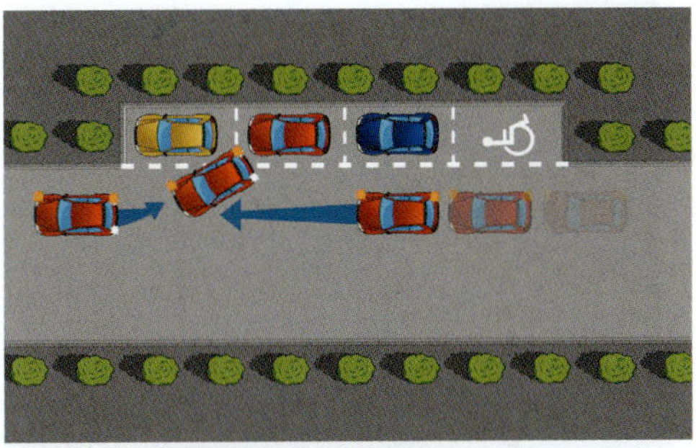

Créneau :

- je recule jusqu'à ce que les roues arrière arrivent à l'extrémité du véhicule ;
- je contrôle autour de moi ;
- je recule mon véhicule environ à 45° ;
- j'entre l'avant tout en contrôlant que je ne vais pas accrocher ;

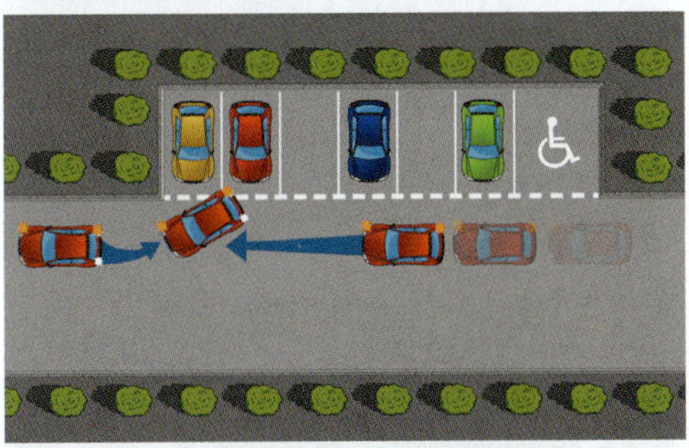

Bataille :

- je contrôle autour de moi ;
- je recule tout en positionnant mon véhicule pour entrer l'arrière dans l'espace libre
- je peux effectuer plusieurs petites manœuvres pour m'ajuster.

Épi :

- En marche arrière : j'opère comme pour un rangement en bataille.
- En marche avant : j'entre normalement à vitesse très réduite. Attention ensuite à la marche arrière lorsque je vais repartir car la visibilité ne sera pas bonne !

Les parkings :

A l'entrée des grandes agglomérations, des parcs de stationnement (parcs relais) sont parfois aménagés afin de désengorger la circulation et les rues, en assurant la liaison avec les transports en commun.

Le péage combine la plupart du temps le prix du stationnement et le prix des tickets de bus ou de tramway.

Les souterrains :

Attention !

L'accès des parkings souterrains et des parkings en étages peut être réglementé.

Des prescriptions concernant la vitesse, la largeur ou encore la hauteur, sont indiquées à l'entrée.

Attention donc aux camionnettes, aux vans, ou encore aux galeries si elles sont chargées.

Avant d'entrer, j'allume au moins les feux de position. Je circule au pas puis je me gare.

Il est souvent utile d'inscrire le numéro de l'emplacement et de l'étage...

La plupart des parkings aménagés en sous-sol ou en étages sont payants.

Attention aux heures de fermeture !

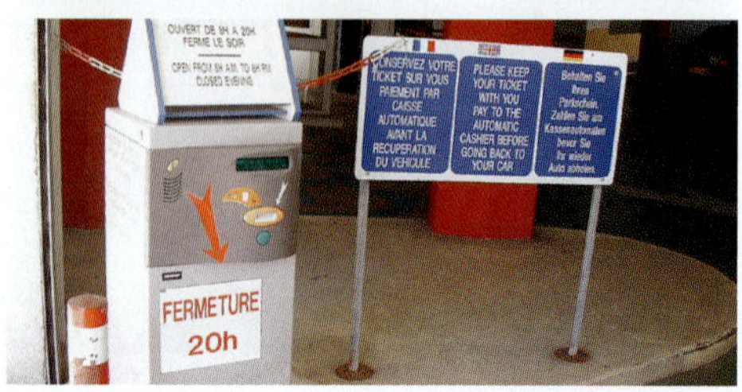

EN RÉSUMÉ

✓ *Prendre ou déposer un passager, charger ou décharger le véhicule, tout en restant à proximité pour pouvoir le déplacer, définissent l'arrêt. Tout autre arrêt est considéré comme un stationnement.*
✓ *Rester plus de 7 jours au même endroit est un stationnement abusif.*
✓ *L'arrêt et le stationnement sont considérés comme gênants lorsqu'ils empiètent sur un domaine réservé à d'autres usagers, ou lorsqu'ils gênent la circulation.*
✓ *L'arrêt reste parfois toléré : entrée d'immeuble, livraison, emplacement de recharge des véhicules électriques.*
✓ *L'arrêt et le stationnement sont dangereux lorsqu'ils cachent la visibilité en des lieux dangereux.*

MINI ÉVAL

1- Je peux m'arrêter à cet endroit pour téléphoner :
OUI ____________________ A ❑
NON ____________________ B ❑

2- Dans ce sens unique, je suis bien stationné :
OUI ____________________ A ❑
NON ____________________ B ❑

3- Je peux m'arrêter à droite pour me repérer sur une carte :
OUI ____________________ A ❑
NON ____________________ B ❑

4-Je peux aller directement stationner dans les emplacements à gauche :
OUI ____________________ A ❑
NON ____________________ B ❑

Réponses : 4-B 3-B 2-A 1-B

Interdictions

L'interdiction prend effet au niveau du panneau, dans le sens de la marche et jusqu'à la prochaine intersection.

Signalisation d'arrêt et de stationnement interdits

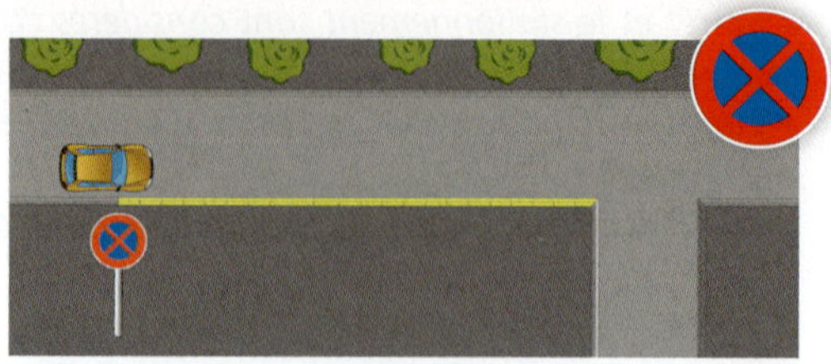

Arrêt interdit :

Une ligne continue jaune en bordure de trottoir signifie aussi une interdiction de s'arrêter.

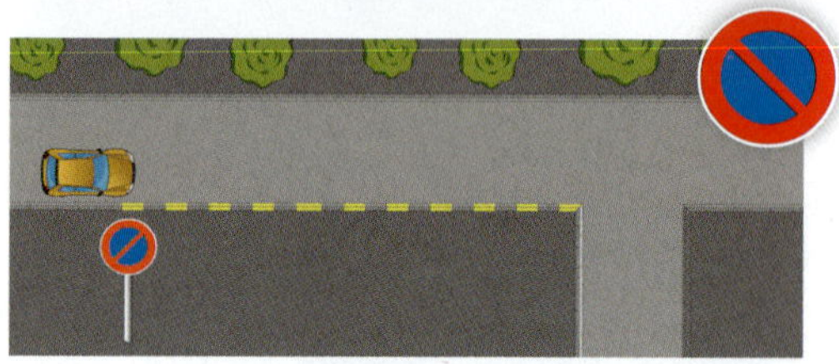

Stationnement interdit :

Une ligne discontinue jaune en bordure de trottoir signifie aussi une interdiction de stationner. L'arrêt est autorisé.

Panonceaux :

Ils précisent que l'interdiction vise une catégorie d'usagers, une période définie ou encore le fait de désigner un côté.

Transport de marchandises

Réservé aux véhicules électriques pendant la durée de recharge de leurs accumulateurs

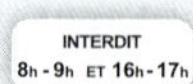

Créneaux horaires

Stationnement réglementé

Réservé aux véhicules bénéficiant du label «autopartage»

Sauf catégories

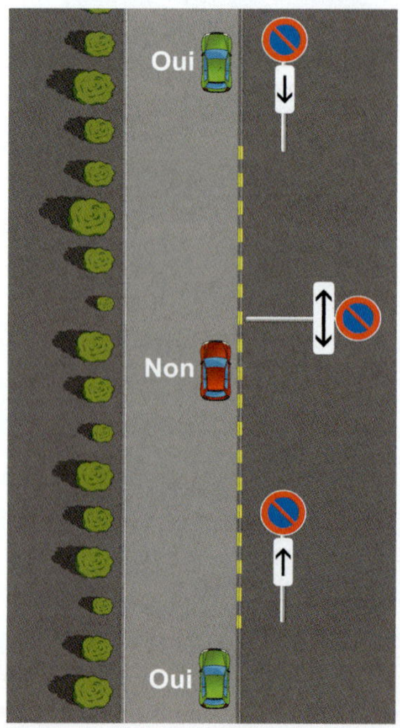

L'immobilisation à l'aide d'un sabot dit de « Denver » puis la mise en fourrière peuvent être demandées par des agents si le stationnement gênant perdure.

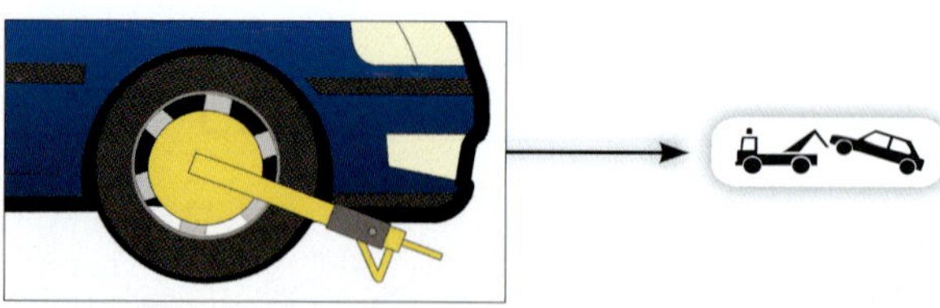

Entrée de zone *Sortie de zone*

Parcs et zones

Zone :

L'interdiction ou la règlementation concerne toutes les rues jusqu'au panneau de sortie.

Signalisation de stationnement réglementé

Stationnement gratuit et limité par disque

Zone bleue :

Parfois les emplacements de stationnement sont délimités en bleu, d'où le nom de cette zone.

Le stationnement est réglementé entre 9h et 19h, et limité à 1h30 ❶ ou moins ❷.

- je règle le disque sur l'heure d'arrivée ;
- je place le disque visible du trottoir, derrière le pare-brise ;
- je dois repartir avant la fin de la période autorisée.

Stationnement limité selon la taxe payée

Zone à stationnement payant :

Je dois stationner dans les places délimitées. Le mot PAYANT est accolé au marquage.

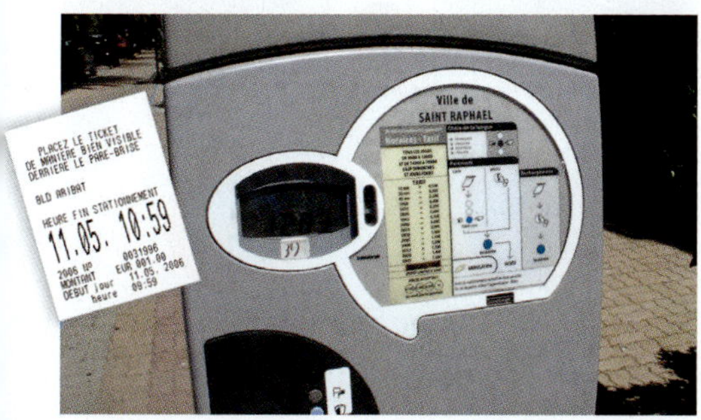

Le ticket distribué par l'horodateur est placé derrière le pare-brise de manière à être visible du trottoir.

Zone à stationnement unilatéral à alternance semi-mensuelle :

Placé à proximité du panneau d'entrée d'agglomération, il concerne en général toute l'agglomération.

Attention cependant, il peut aussi exister d'autres types de règlementation à l'intérieur de l'agglomération (payant ou avec disque par exemple).

Le stationnement s'effectue d'un seul côté de la rue et chaque quinzaine le côté change. Le changement s'effectue la veille d'une quinzaine entre 20h30 et 21h.

Pour mieux comprendre la règle, je vais raisonner en autorisation de stationner et non pas en interdiction de stationner.

Règle d'association des chiffres impairs et des chiffres pairs :

- je stationne du côté impair (1-3-5-etc.) de la rue la première quinzaine du mois (1 au 15) ;
- je stationne du côté pair (2-4-6-etc.) la deuxième quinzaine du mois (16 à fin de mois).

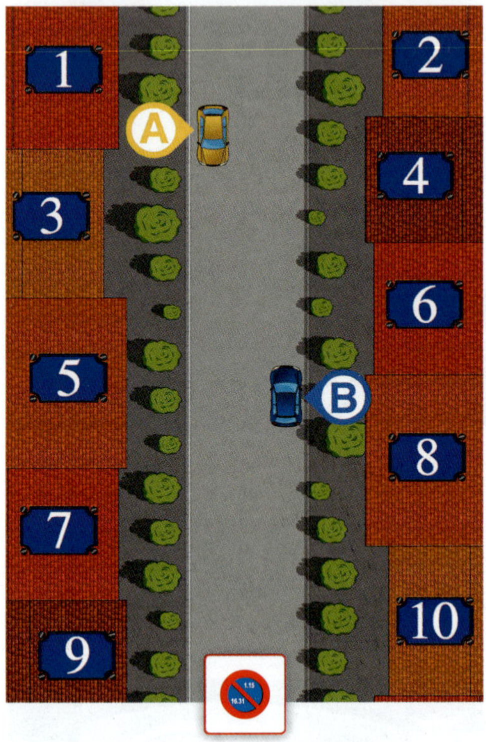

Exemple : Nous sommes le 30 juin au matin. Je stationne comme le véhicule A ou comme le véhicule B ?

Le 30 juin fait partie de la deuxième quinzaine. La deuxième quinzaine est un chiffre pair. Je stationne donc du côté pair de la rue, comme le véhicule B.

Stationnement unilatéral :

La règle est souvent rappelée dans les rues par des panneaux qui sont implantés du côté de l'interdiction.

Stationnement interdit de ce côté, la première quinzaine du mois

Stationnement interdit de ce côté, la deuxième quinzaine du mois

EN RÉSUMÉ

✓ *L'arrêt et le stationnement peuvent aussi être interdits par une ligne jaune continue ou discontinue.*
✓ *Des panonceaux peuvent préciser à qui s'adresse l'interdiction, une durée ou encore des espaces.*
✓ *Les zones concernent un quartier jusqu'à l'agglomération entière. Un panneau met fin à la zone.*
✓ *Le stationnement peut être interdit ou réglementé, gratuit ou encore payant et limité dans le temps. Des symboles précisent alors le régime du stationnement et les places sont délimitées.*
✓ *Lorsque le stationnement s'effectue de manière unilatérale alternée semi-mensuelle, on associe les chiffres des immeubles (pairs ou impairs) pour connaître le côté du stationnement autorisé.*
✓ *Stationnement autorisé la première quinzaine du côté des numéros impairs.*
✓ *Stationnement autorisé la deuxième quinzaine du côté des numéros pairs.*

MINI ÉVAL

1- Je peux m'arrêter juste :
avant le panneau
OUI_________ A ❑ NON_________ B ❑
après le panneau
OUI_________ C ❑ NON_________ D ❑

2- Pour stationner à cet emplacement, je dois utiliser le disque :
OUI_________ A ❑
NON_________ B ❑

3- J'entre dans une zone où le stationnement est :
gratuit
OUI_________ A ❑ NON_________ B ❑
contrôlé par disque
OUI_________ C ❑ NON_________ D ❑

4- Je vais dans le centre-ville et nous sommes le 18 du mois. Je stationnerai :
du côté des numéros impairs_________ A ❑
ou
du côté des numéros pairs_________ B ❑

Réponses : 1-AC 2-A 3-BD 4-B

P ÉVALUATION

1- Ces véhicules sont bien stationnés :

OUI ________________________ A ❑

NON ________________________ B ❑

2- Pour stationner, je coupe les feux du véhicule :

OUI ________________________ A ❑

NON ________________________ B ❑

3- Je suis riverain.

Je peux stationner près de la borne d'incendie :

OUI ________________________ A ❑

NON ________________________ B ❑

4- Après ce panneau, je peux stationner à droite :

OUI ________________________ A ❑

NON ________________________ B ❑

5- Pour la sécurité, je stationne sur le trottoir :

OUI ________________________ A ❑

NON ________________________ B ❑

6- Nous sommes le 10 du mois.
Je stationne du côté des numéros :

pairs ________________ A ❑
ou
impairs ________________ B ❑

7- Je peux stationner :

avant le pont ________________ A ❑
sous le pont ________________ B ❑
après le pont ________________ C ❑

8- Pour me garer à droite, il est préférable de le faire :

en marche avant ________________ A ❑
ou
en marche arrière ________________ B ❑

9- Je peux aller stationner à gauche :

OUI ________________ A ❑
NON ________________ B ❑

10- Le long de ces véhicules à droite, je peux :

m'arrêter
oui ________________ A ❑
non ________________ B ❑
stationner
oui ________________ C ❑
non ________________ D ❑

Réponses : 1-A 2-A 3-B 4-B 5-B 6-B 7-AC 8-B 9-B 10-BD

S'installer et quitter le véhicule

Conduire commence bien avant de s'insérer dans la circulation et se termine lorsque tous les occupants sont sortis du véhicule.

Avant chaque départ, je dois mettre en œuvre une procédure particulière.

Procédure d'installation

En ce qui me concerne, l'installation joue un grand rôle dans le confort et l'accessibilité des commandes.

Je dois pouvoir accéder à celles-ci sans avoir à décoller le dos du dossier, ni à me déhancher sur le siège.

1-Je règle le siège :

La jambe gauche doit pouvoir appuyer à fond sur la pédale d'embrayage, sans être tendue.

La manette de réglage se situe sous le siège ou sur le côté. Sur certains modèles, il existe une manette de réglage du siège en hauteur.

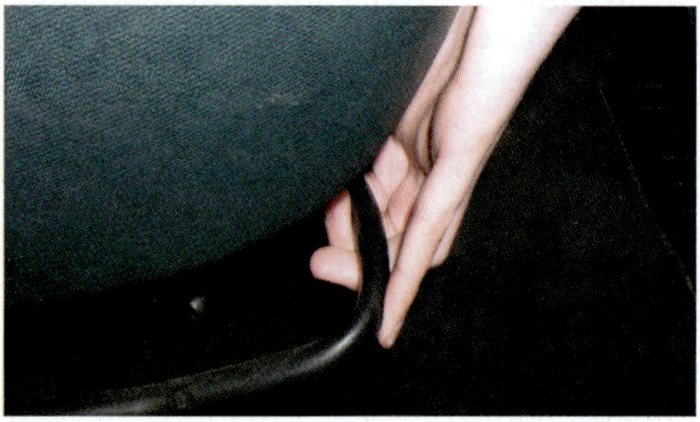

2-Je règle le dossier :

En position, les bras sont légèrement pliés ❶.

Je dois pouvoir atteindre le haut du volant sans décoller le dos ❷.

La manette ❸ (ou la molette) se situe en bas du dossier.

❶

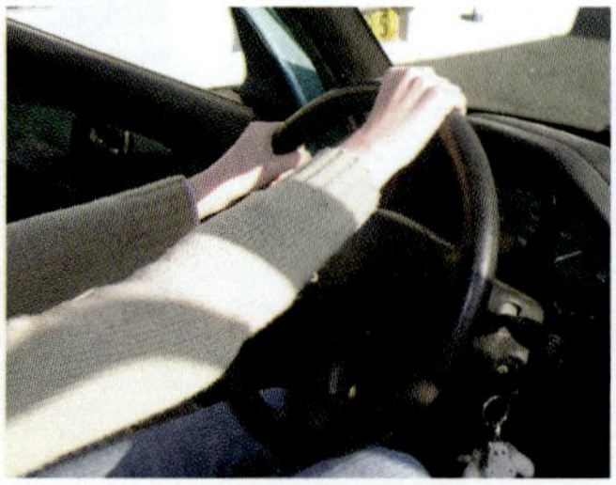

❷

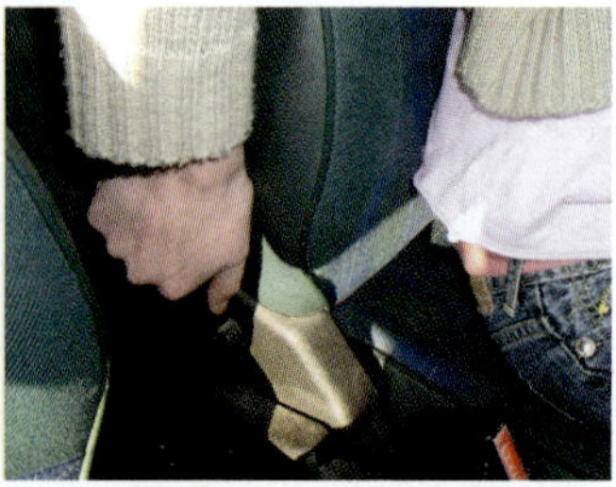

❸

Pour tenir le volant, je ne le cramponne pas, et je place les mains entre 9h15 ❶ et 10h10 ❷ selon ma taille.
Sur certains modèles, le volant est réglable en hauteur ❸.

❶

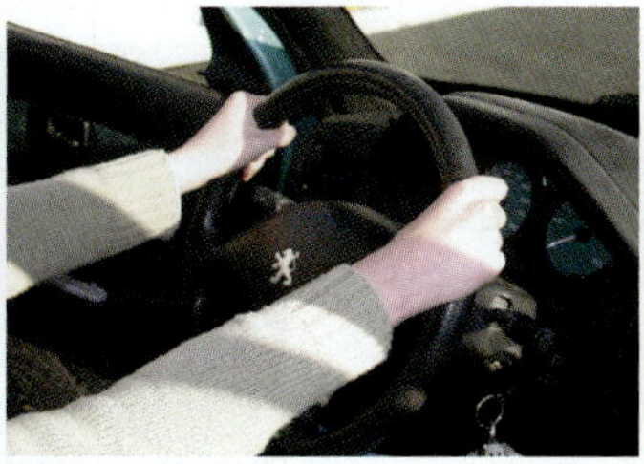

❷

❸

Je régle les rétroviseurs :

Encadrer au mieux la lunette arrière pour voir le plus loin possible.

Le rétroviseur intérieur ❹ est saisi sans poser ses doigts sur le miroir.

Une position « nuit ❺ » permet de ne pas être ébloui. Il suffit de pousser ou de tirer la manette.

La vision dans les rétroviseurs extérieurs ❻ effleure le bord du véhicule pour avoir un référent sur la position des autres usagers. Le champ de vision oblige à tourner la tête pour voir dans les angles morts ❼.

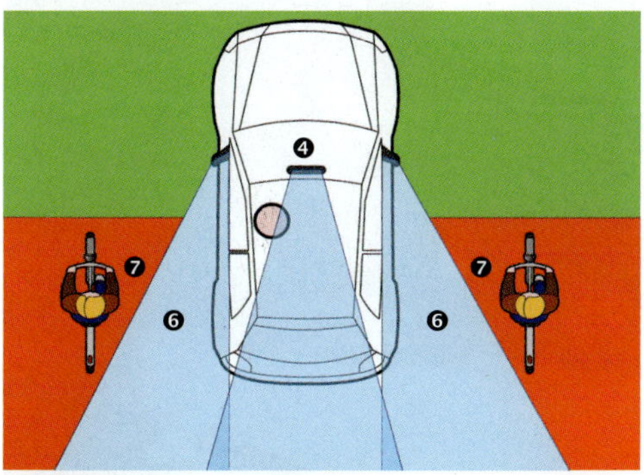

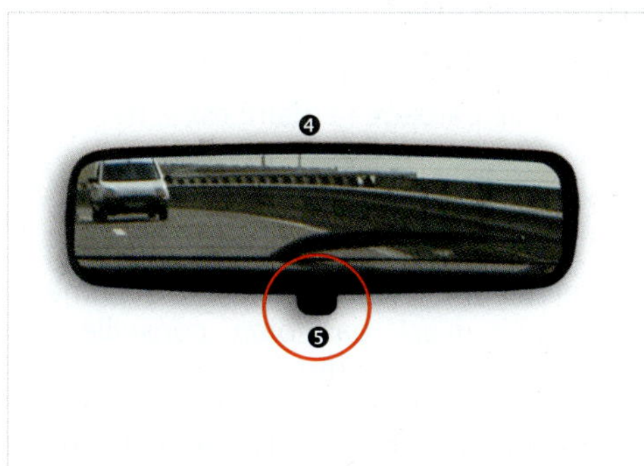

J'attache ma ceinture de sécurité :

La ceinture doit bien s'appuyer en bas sur les os du bassin ; et sur sa partie pectorale ne pas frotter sur le cou. La hauteur est souvent réglable.

La ceinture n'est pas vrillée.

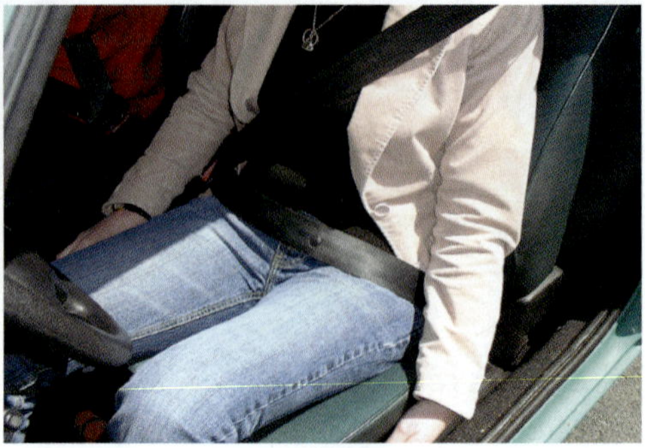

Toute pince destinée à soulager la tension de la ceinture est à proscrire car dangereuse !

Attention ! La ceinture est attachée avant d'établir le contact. Elle est détachée après avoir coupé le contact. C'est une bonne habitude à prendre.

Circuler sur un parking sans ceinture est une infraction...

Quitter le véhicule

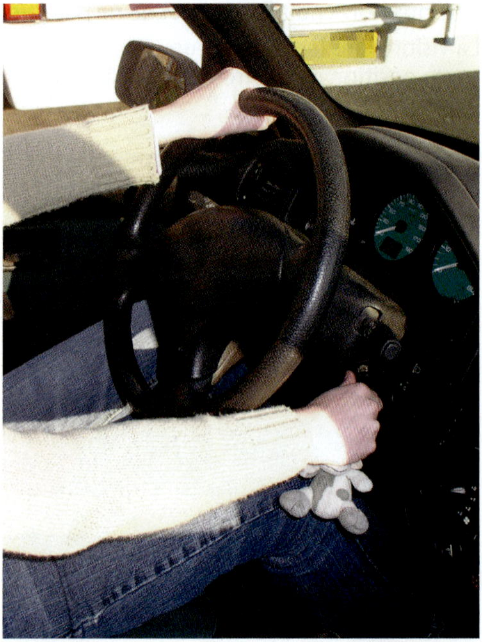

Après avoir totalement arrêté le véhicule, je dois m'assurer que :

- l'antivol de direction est bloqué ;
- le frein de parcage (à main) est serré.

Dans une forte pente, il est conseillé de tourner un peu les roues vers le trottoir.

Enclencher une vitesse peut éventuellement servir mais n'est pas bien conseillé. La mécanique peut en effet être endommagée par un choc même léger. Pour sortir du véhicule, il est préférable d'ouvrir la portière avec la main droite. Cela permet de contrôler plus facilement l'angle mort et ainsi de ne pas risquer de faire chuter un cycliste. Vérifier la fermeture de toutes les portes.

PRÉCAUTIONS NÉCESSAIRES EN QUITTANT LE VÉHICULE

EN RÉSUMÉ

✓ *Les réglages sont effectués afin d'avoir un bon accès à toutes les commandes, sans bouger du siège.*
✓ *Le rétroviseur intérieur cadre la lunette arrière.*
✓ *Les rétroviseurs extérieurs effleurent la carrosserie afin d'avoir un référent sur la position des autres usagers.*
✓ *Attention à la ceinture qui doit tenir le bassin et passer loin du cou.*
✓ *Je vérifie l'immobilisation totale du véhicule avant de le quitter.*
✓ *En forte pente, je tourne un peu les roues du côté trottoir et je passe éventuellement une vitesse.*

MINI ÉVAL

1- Le rétroviseur intérieur sert principalement à voir :
les passagers présents à l'arrière de mon véhicule ___A ❑
ou
les usagers qui me suivent ___B ❑

2- Cette commande permet :
de régler le rétroviseur extérieur gauche ___A ❑
de régler le rétroviseur intérieur ___B ❑
de régler le rétroviseur extérieur droit ___C ❑
de rabattre les rétroviseurs extérieurs ___D ❑

3- Les rétroviseurs extérieurs servent à couvrir tous les angles morts :
OUI ___A ❑
NON ___B ❑

Réponses : 1-B 2-ACD 3-B

Notes

S

EQUIPEMENTS DE SÉCURITÉ

Le transport des enfants nécessite des équipements spécifiques de sécurité.

Transport des enfants

Tous les enfants de moins de 10 ans doivent être placés à l'arrière, sauf dans les cas suivants :

- un bébé peut être transporté à l'avant à côté du conducteur dans un siège adapté dos à la route. Attention, dans ce cas, penser à désactiver l'airbag passager ;
- si les sièges arrière sont tous occupés par des enfants de moins de 10 ans ;
- s'il n'y a aucun siège à l'arrière ou si ceux-ci ne sont pas utilisables.

Sièges auto

Groupe 0 (de la naissance à 10 kg), soit jusqu'à 9 mois :

Dans un lit nacelle fermé et ancré parallèlement au siège. Possibilité de placer un siège à l'avant, dos à la route.

Il est alors obligatoire de désactiver l'airbag passager.

Groupe 1 (9 à 18 kg), soit jusqu'à 4 ans :

Si possible toujours dos à la route car les vertèbres cervicales sont encore très fragiles.

Siège baquet avec harnais et planchette réceptrice.

Groupe 2 (15 à 25 kg), et groupe 3 (22 à 36 kg), soit jusqu'à 10 ans :

Rehausseur selon la taille de l'enfant, avec harnais ou ceinture.

Sécurité enfants :

Les portes arrière sont dotées de verrouillage de sécurité pour les enfants. Elles ne s'ouvrent pas de l'intérieur. Le verrouillage peut être centralisé.

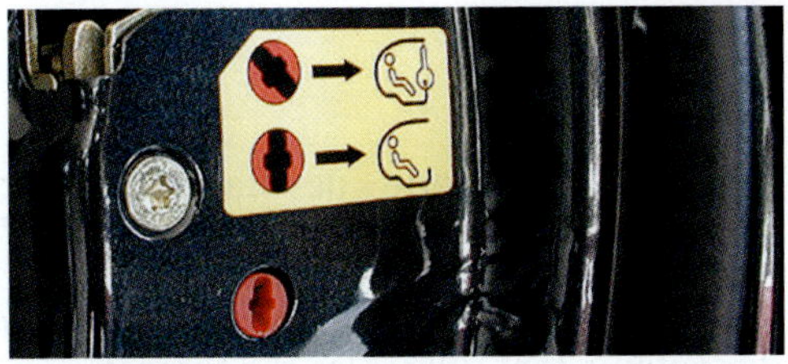

Note : une nouvelle norme ISOFIX - norme ISO d'ancrage pour les sièges pour enfants est obligatoire sur tous les véhicules neufs depuis 2011. Le système ISOFIX peut être de deux types : universel ou semi-universel. Un siège universel est un siège du groupe 1 installé face à la route, équipé d'une « top tether » (sangle supérieure antirotation) et homologué pour être installé aux places Isofix que l'on trouve dans tous les véhicules neufs.

Aides à la conduite

Le régulateur de vitesse permet de se dispenser d'appuyer sur l'accélérateur, la vitesse reste régulée automatiquement à la vitesse programmée.

Il est possible de le désactiver rapidement par un appui sur la pédale de frein.

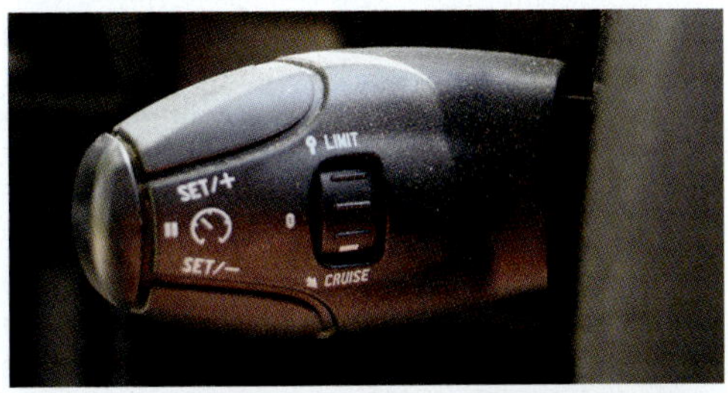

Il peut être « adaptatif » ou « intelligent », en surveillant les véhicules qui précèdent pour ajuster automatiquement la vitesse en fonction des distances de sécurité.

Le limiteur de vitesse ne dispense pas d'utiliser l'accélérateur, il permet seulement d'empêcher de rouler au-delà de la vitesse programmée.

Il peut être désactivé temporairement en appuyant fortement sur l'accélérateur, pour effectuer un dépassement rapide notamment.

Le dispositif d'alerte de franchissement involontaire de lignes (AFIL) est un dispositif qui avertit le conducteur quand il franchit involontairement une ligne continue ou discontinue sans utiliser les clignotants.

L'avertissement se manifeste par une vibration du siège ou du volant du véhicule.

L'aide au stationnement (park assist) permet de réaliser simplement, sans toucher le volant, les créneaux (droite et gauche), voire les rangements en bataille.

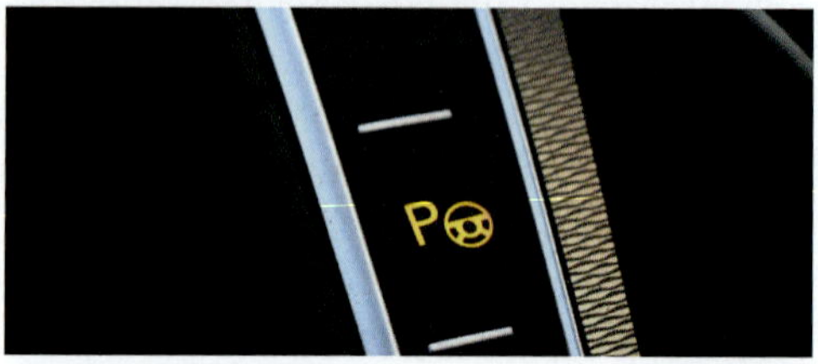

Le dispositif e-Call est système d'appel d'urgence automatique permettant à une voiture accidentée d'appeler instantanément les services d'urgence tout en envoyant sa position précise, que ses occupants soient conscients ou non, et quel que soit le pays de l'UE dans lequel elle se trouve.

Ce système, basé sur le numéro unique d'urgence européen 112, est complété par la géolocalisation et permettrait une intervention des services d'urgence plus rapide, adaptée à la sévérité de l'accident et au type de véhicule impliqué, réduisant ainsi la mortalité et la gravité des blessures résultant des accidents de la route.

Ce système est obligatoire sur tous les véhicules depuis le 31 mars 2018.

EN RÉSUMÉ

✓ *Les enfants de moins de 10 ans voyagent à l'arrière, sauf un bébé sur un siège dos à la route, airbag passager désactivé.*
✓ *Les enfants sont installés dans des sièges et rehausseurs.*

MINI ÉVAL

1- Je transporte un enfant sur le siège avant, dos à la route. Je désactive l'airbag passager :
OUI ______________ A ❑
NON ______________ B ❑

2- En règle générale, je peux installer un enfant sur le siège avant s'il est âgé de :
5 ans ______________ A ❑
8 ans ______________ B ❑
10 ans ______________ C ❑
12 ans ______________ D ❑

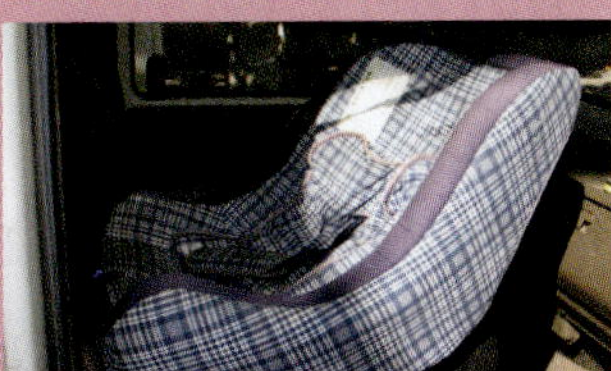

3- Pour installer un bébé à l'avant, je dois impérativement :
placer le siège dos à la route
OUI ______________ A ❑ NON ______________ B ❑
désactiver l'airbag passager
OUI ______________ C ❑ NON ______________ D ❑

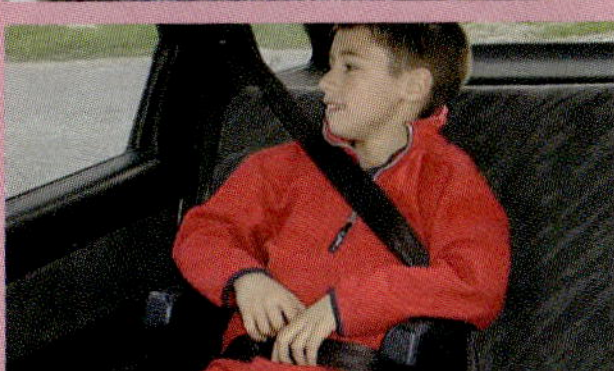

4- Cet enfant est bien installé :
OUI ______________ A ❑
NON ______________ B ❑

5- Cet enfant pourra s'installer à l'avant lorsqu'il aura :
8 ans ______________ A ❑
10 ans ______________ B ❑

Réponses : 1-A 2-CD 3-AC 4-A 5-B

Notes

ANNEXES

Le permis de conduire est une épreuve qui vérifie dans un premier temps que le candidat connaît les règles du code de la route et ses applications ; dans un deuxième temps, l'examinateur contrôle que le candidat est suffisamment à l'aise avec le véhicule pour s'intégrer en toute sécurité dans un trafic routier.
Le permis B permet de conduire plusieurs types de véhicules.

L'examen théorique et pratique

Les conditions préalables

L'ASSR1 est obligatoire pour obtenir le permis AM (anciennement BSR).

L'ASSR2, ou l'ASR (ou à défaut une attestation sur l'honneur si celle-ci est perdue), est obligatoire pour obtenir son permis de conduire. Pour suivre une formation, la possession d'un livret d'apprentissage est obligatoire, mais celui-ci peut être numérique.

L'apprentissage Anticipé de la Conduite, AAC ou Conduite Accompagnée :

À partir de 15 ans, je peux entrer en formation. Je passe l'ETG (Épreuve Théorique Générale).

À la fin de ma formation, le formateur signe l'attestation de fin de formation initiale et je peux alors conduire avec un accompagnateur.

L'accompagnateur :

- 5 ans de permis minimum sans interruption ;
- Ne pas avoir fait l'objet d'une annulation ou d'une suspension du permis de conduire dans les 5 années précédentes ;
- Détenir l'accord de l'assureur ;
- Participer au rendez-vous préalable (au moins 2 h) ;
- Être désigné sur le contrat.

Le véhicule doit être équipé d'un rétroviseur extérieur droit à l'usage de l'accompagnateur.

La conduite n'est possible que sur le territoire français. Les limitations de vitesse sont celles de la période probatoire.

Disque obligatoire à apposer à l'arrière des véhicules en conduite accompagnée.

La durée de formation

Le minimum de cours pratiques fixé par la règlementation est de 20h (ou 13h dans le cas d'une formation sur boîte automatique). On remarque cependant que la plupart des candidats ont besoin de près de 30h avant de réussir l'examen. Notez qu'il est possible d'effectuer la conduite supervisée dans le cadre de la formation traditionnelle.

A l'issue d'un rendez-vous préalable d'une heure, il est possible de conduire avec un accompagnateur (comme dans le cadre de la conduite accompagnée) avant de passer ou de repasser le permis de conduire.

L'épreuve théorique

L'ETG (Épreuve Théorique Générale) se passe à partir de 17 ans en formation traditionnelle et 15 ans en formation AAC.

Il faut répondre correctement à au moins 35 questions sur les 40 proposées pour être admis à l'ETG.

Elle est valable 5 ans pour permettre de passer l'épreuve pratique.

Une situation est présentée avec une question et plusieurs réponses possibles (2 à 4 propositions). Il y a toujours au moins une mauvaise réponse.

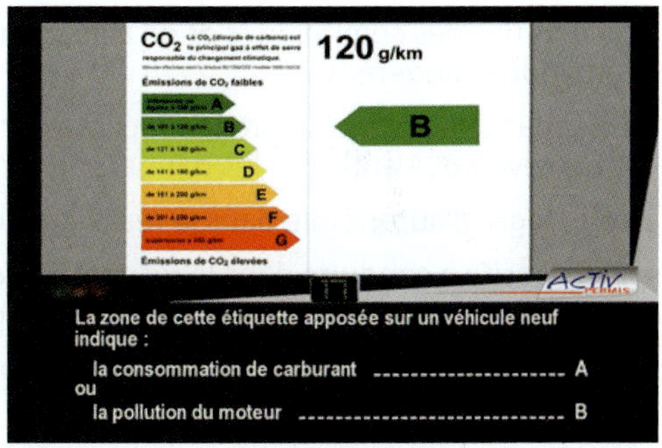

La moindre erreur entraîne une réponse fausse !

Les questions portent souvent sur des comportements. 4 questions sur les 40 sont animées (vidéo).

Le candidat doit toujours répondre comme s'il était un conducteur expérimenté (hors période probatoire).

Voici les 10 thèmes officiels du nouvel examen :

- **L** Dispositions légales en matière de circulation routière
- **C** Le conducteur
- **R** La route
- **U** Les autres usagers de la route
- **D** Réglementation générale et divers
- **A** Règles générales spécifiant le comportement que doit adopter le conducteur en cas d'accident
- **P** Précautions nécessaires à prendre en quittant le véhicule
- **M** Éléments mécaniques liés à la sécurité de la conduite
- **S** Équipements de sécurité des véhicules
- **E** Règles d'utilisation du véhicule en relation avec le respect de l'environnement

L'épreuve pratique

Si l'examen du code est réussi, le candidat peut alors se présenter à l'épreuve pratique, à partir de 17 ans dans le cadre de l'AAC, 18 ans en formation traditionnelle.

L'épreuve pratique permet d'évaluer :

- Le respect des dispositions du Code de la route ;
- Sa connaissance du véhicule et sa capacité à déceler les défauts techniques les plus importants ;
- Sa maîtrise des commandes et de la manipulation du véhicule pour ne pas créer de situations dangereuses ;
- Sa capacité à assurer sa propre sécurité et celle des autres usagers sur tout type de route, à percevoir et à anticiper les dangers engendrés par la circulation ;
- Son degré d'autonomie dans la réalisation d'un trajet ;
- Sa capacité à conduire dans le respect de l'environnement et à adopter un comportement courtois et prévenant envers les autres usagers, en particulier les plus vulnérables.

Déroulement de l'épreuve

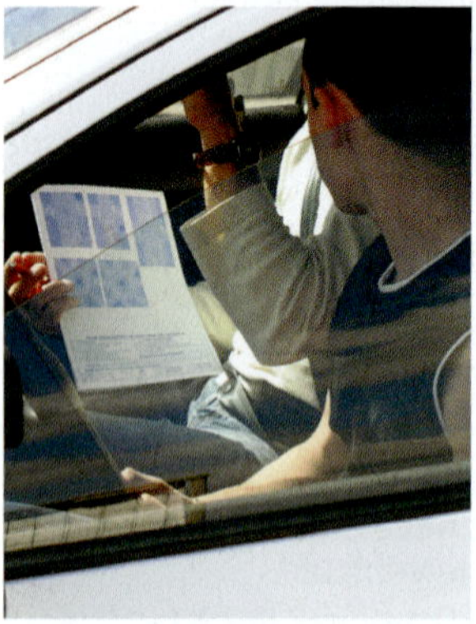

L'épreuve dure 32 minutes. Elle débute par l'accueil du candidat, qui doit présenter un document d'identité. Puis, les documents d'examen et le livret d'apprentissage (en cas d'apprentissage anticipé de la conduite) sont vérifiés.

Le candidat est installé au poste de conduite et l'expert lui présente l'épreuve, qui comporte notamment :

- La vérification d'un élément technique en relation avec la sécurité routière, à l'intérieur et à l'extérieur du véhicule ;
- La réalisation d'un arrêt de précision en circulation et d'une manoeuvre en marche arrière.

Le certificat d'examen du permis de conduire est ensuite établi, et est valable 4 mois dans l'attente du titre définitif. Un jeune ayant obtenu son permis avant l'âge de 18 ans (AAC) devra attendre sa majorité pour être autorisé à conduire seul.

Attention ! Les limitations de vitesse de la période probatoire doivent être respectées. Dans le cas où le candidat échoue cinq fois à l'épreuve pratique, il doit repasser l'ETG.

Équivalences permis

Les véhicules de la catégorie B

- une voiture ;
- une voiture automatique* ;

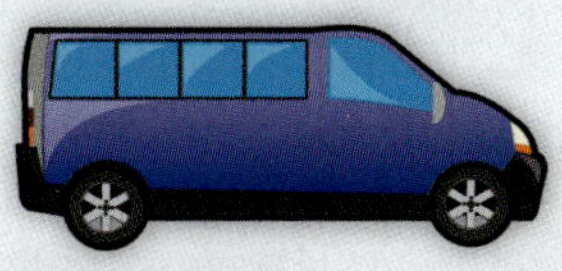

- un minibus (maxi 9 places assises, conducteur compris) ;

- une camionnette (PTAC de 3,5 t maximum) affectée au transport de marchandises ;

- un véhicule attelé d'une remorque lorsque le poids total autorisé en charge (PTAC) de la remorque est supérieur à 750 kg, à condition que la somme des poids totaux autorisés en charge (PTAC) du véhicule tracteur et de la remorque soit inférieure ou égale à 3,5 t.

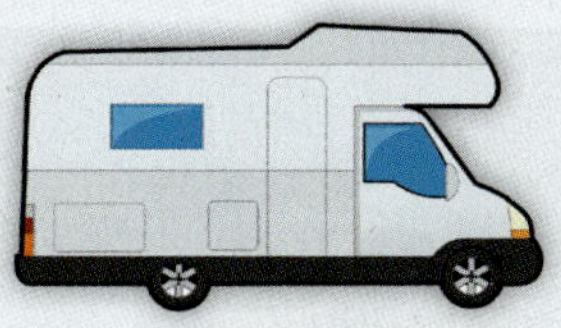

- une autocaravane (PTAC de 3,5 t maximum) ;

- un tricycle lourd ou quadricycle lourd à moteur.

* L'épreuve pratique du permis B peut se passer sur un véhicule muni d'un embrayage automatique. Le permis délivré n'est alors valable que pour la conduite de ce type de véhicule. Pour lever cette restriction, une formation de 7 heures en auto-école est requise après un délai de 3 mois. Le permis B permet la conduite de ces véhicules automatiques.

Voyager en Europe

Conduite apaisée

La règle, le bon sens et la courtoisie :

30 millions de voitures circulent en France ! 1 million de motos, 2 millions de cyclomoteurs, 20 millions de cyclistes et des dizaines de millions de piétons.

Sans compter les camions et les transports en commun...

A chacun son métier, à chacun ses raisons de déplacement. Il y a les conducteurs novices et les conducteurs expérimentés. Je peux être en bonne forme ou pas. Autant de comportements avec lesquels je dois composer sur la route.

La règle est donnée par le code de la route et tous doivent la suivre correctement afin que chacun s'y retrouve. Le bon sens doit s'appliquer lorsque la règle ne peut pas bien répondre à la situation qui se présente.

Enfin, la courtoisie résout toujours les problèmes non prévus ou pallie une erreur de l'autre usager. Parfois, il faudra aller jusqu'à céder un passage qui pourtant m'était dû...

Conduire :

La vision dynamique ou sportive de la conduite fait partie du sport automobile sur piste et non pas du domaine routier.

Cette attitude agressive au volant est dangereuse !

La voiture est aujourd'hui devenue un outil utile de déplacement, alliant l'agrément au confort, où un éventuel esprit de compétition doit faire place à la tolérance et à la courtoisie.

On y gagne en baisse du stress, en économie de carburant et en vies humaines.

Conduire est donc un état d'esprit qui prend en compte l'autre usager.

Je n'hésite pas à communiquer mes intentions à l'aide du clignotant, même si je pense qu'il n'y a personne...

Préparer son itinéraire

Le GPS :

Cet appareil fonctionne à l'aide de satellites. Il positionne le véhicule sur une carte routière intégrée. Je peux ainsi me laisser guider en affichant ma destination.

Il permet aussi de réguler son voyage en prévoyant des arrêts, en calculant la vitesse et en estimant la durée du parcours.

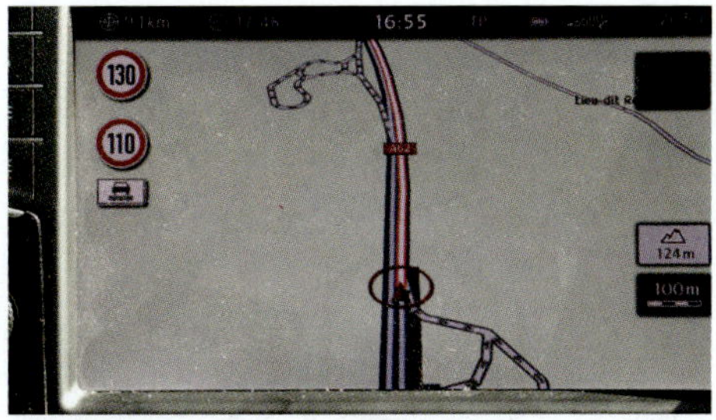

Les cartes :

Il en existe de divers formats. Le pays, les régions, les départements sont ainsi couverts afin de répondre aux besoins.

Une boussole n'est pas superflue. Je note sur une fiche les directions et étapes de mon voyage.

Internet :

Quelques adresses utiles :

- le Centre National d'Information Routière (CNIR) anime, coordonne et contrôle l'activité des sept Centres Régionaux d'Information et de Coordination Routières (CRICR). Ces informations alimentent Bison Futé ;
- depuis trente ans Bison Futé nous informe sur les conditions de circulation. www.bison-fute.gouv.fr/
- on peut imprimer son itinéraire et calculer le coût du voyage ; www.viamichelin.fr ; www.mappy.fr
- cartographies, topographie ; et la France vue du ciel. www.ign.fr

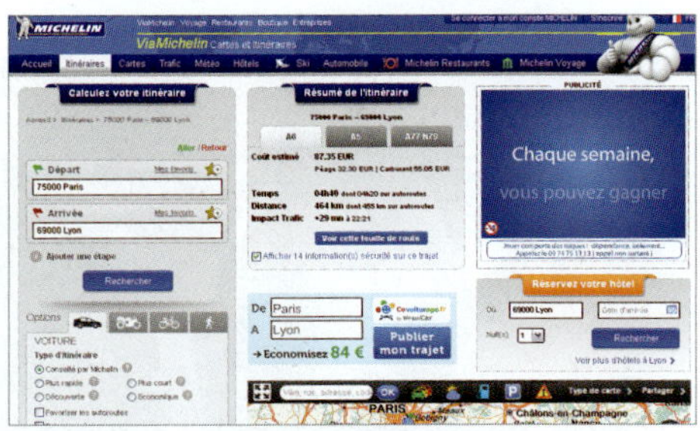

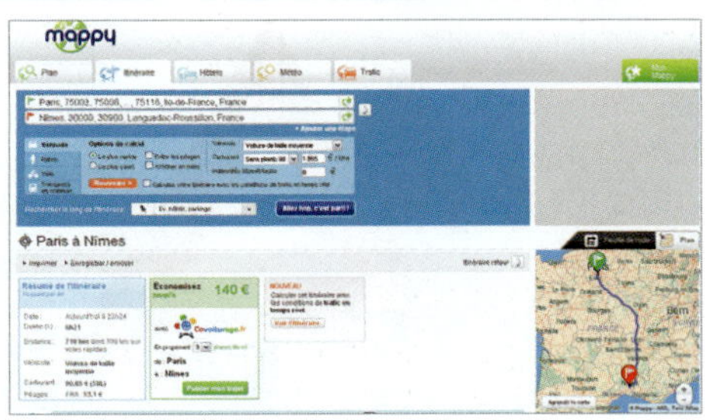

INSTITUT GEOGRAPHIQUE NATIONAL

Le voyage

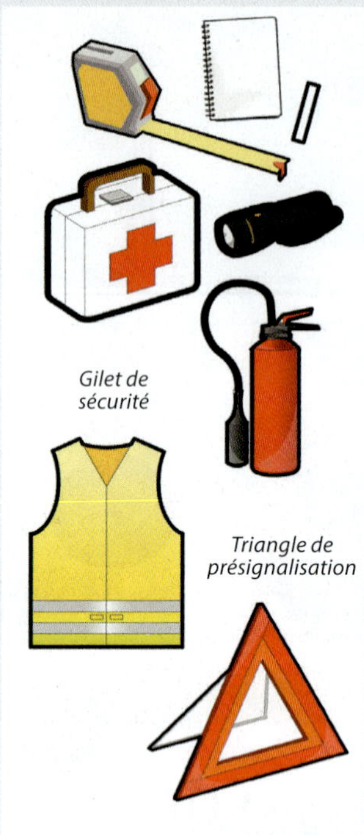

La voiture :

Les contrôles et entretiens sont effectués.
Il est obligatoire de posséder :

- Un triangle de présignalisation de danger homologué ;
- Un gilet de sécurité fluorescent homologué placé dans un endroit permettant de le prendre facilement avant de sortir du véhicule ;

Il est également recommandé d'avoir une roue de secours et le matériel nécessaire pour la changer dans son coffre.

Il reste à ajouter un matériel indispensable :

- Un extincteur ;
- Une boîte d'ampoules et de fusibles ;
- Un double-mètre et une craie en cas de constat amiable ;
- Un petit carnet pour noter les grandes lignes de son itinéraire et un crayon…
- Un éthylotest. L'éthylotest peut être chimique ou électronique, au choix du conducteur.

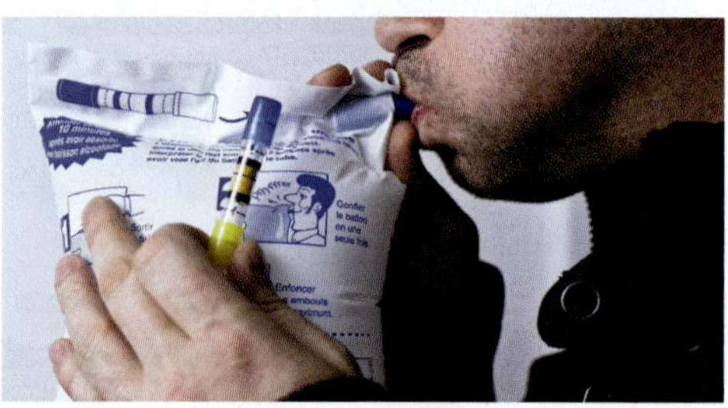

Le conducteur :

Je pars reposé, ce qui me permet de conserver longtemps une bonne vigilance.

J'effectue une pause toutes les deux heures.

L'alimentation est légère et je prévois des en-cas et une boisson désaltérante, non alcoolisée.

Un « poncho » ou un parapluie accessibles dans le coffre sont indispensables.

Les passagers :

Le passager m'aidera pour les directions à prendre et pour la surveillance des éventuels enfants.

Pour ces derniers, prévoir des jeux calmes et des boissons. Une pause toutes les heures est un bon rythme pour qu'ils se détendent sur des aires de repos.

Attention à l'utilisation de lecteur DVD ou de console de jeux vidéo, qui ne doivent pas être dans le champ de vision du conducteur.

Le téléphone :

Téléphoner au volant est dangereux, même en bluetooth. Tenu en main ou équipé d'une oreillette, il est interdit.

Outre un accident, je risque une amende et 3 points en moins sur mon permis. Si je suis attendu, je communique un créneau horaire tenant compte des arrêts, mais pas une heure fixe !

À moins de confier le téléphone portable au passager, je positionne celui-ci sur répondeur. Et je ne réponds pas !

La ceinture de sécurité :

La ceinture de sécurité d'un véhicule doit :

- Être ajustée au passager et adaptée à sa morphologie et à son poids ;
- Être mise tant à l'avant qu'à l'arrière du véhicule;

Tout enfant de moins de 10 ans doit être retenu par un système homologué adapté à sa morphologie et à son poids.

Le plein de carburant :

Je choisis le carburant préconisé par le constructeur.

L'ouverture de la trappe du réservoir est parfois commandée par une manette. Sinon, il faut la clé de contact pour ôter le bouchon.

Le moteur est arrêté, je ne fume pas, je ne téléphone pas !

Le GPL demande une procédure particulière expliquée sur le livret du véhicule.

La « clé » de contact :

Certains véhicules sont maintenant équipés d'une carte électronique commandant à distance l'ouverture et le verrouillage des portes.

Pour lancer le moteur, il faut enclencher la carte dans son logement et débrayer ou freiner tout en lançant le moteur.

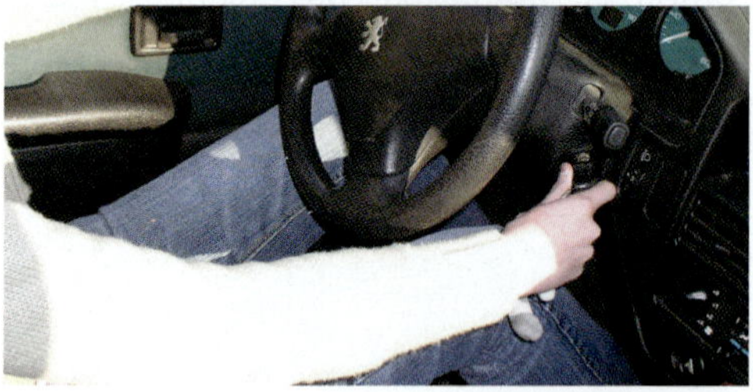

La clé classique sert aussi d'antivol (Park) en bloquant la direction. Lorsqu'elle est retirée, il faut tourner un peu le volant jusqu'à sentir le blocage. Pour déverrouiller, il faut tourner un peu le volant tout en tournant la clé.

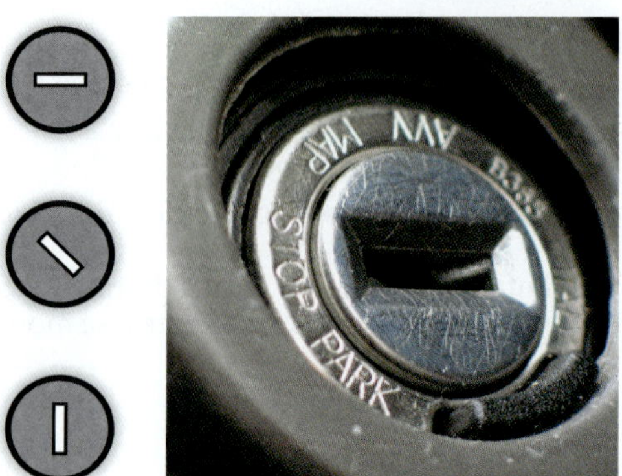

Une position sur le contact sert à utiliser les commandes électriques (dont l'autoradio) sans mettre sous tension le moteur.

Une position établit le contact du moteur.

Un cran supplémentaire lance le moteur.
Le retour est automatique.

Ne pas relancer le moteur lorsqu'il tourne !

Synthèse des différentes règlementations en Europe

Pays	Limitations de vitesse en Km/h				Alcoolémie mg/l d'air expiré (/ spécifique novice)	Gilet (G) Extincteur (E) Trousse secours (S) Ampoules (A) Triangle (T)	Feux de croisement
	Agglo-mération	Route	Chaussée séparée ou voie rapide	Autoroute			
Allemagne	*30 à 50*	*70 à 100*		*130+*	*0,25/0*	*S + T*	*non*
Autriche	*50*	*100*		*130*	*0,25/0,05*	*G + S + T*	*oui*
Belgique	*50*	*90*	*120*	*120*	*0,25*	*G + E + S + T*	*non*
Bulgarie	*50*	*80*		*130*	*0,25*	*G + S + T*	*oui*
Chypre	*50*	*80*		*100*	*0,25*		*non*
Danemark	*50*	*80*		*90/120*	*0,25*	*T*	*oui*
Espagne	*50*	*90*	*100*	*120*	*0,25/0,15*	*G + A + T (x2)*	*non*
Estonie	*50*	*90*	*110*	*90/120*	*0*	*S + T*	*oui*
Finlande	*50*	*80*	*100*	*100/120*	*0,25*	*T*	*oui*
France	*50*	*80*	*110*	*130*	*0,25/0,1*	*G + T*	
Grèce	*50*	*70/90*	*110*	*130*	*0,12*	*E + S + T*	*non*
Hongrie	*50*	*90*	*110*	*130*	*0*	*G + S + T*	*hors agglo.*
Irlande	*50*	*80*	*100*	*120*	*0,25/0,1*		*non, mais recommandé*
Italie	*50*	*90*	*110*	*130*	*0,25/0*	*G + T*	*voies rapides*
Lettonie	*50*	*90*	*100*		*0,25/0,1*	*G + E + S + T*	*oui*
Lituanie	*50*	*90*	*100*	*110/130*	*0,2/0*	*G + S + T*	*oui*
Luxembourg	*50*	*90*		*130*	*0,25/0,1*	*G + T*	*non*
Malte	*50*	*80*		*80*	*0,25*		*non*
Pays-Bas	*50*	*80*	*100*	*120*	*0,17/0*	*T + S (recommandée)*	*non, mais recommandé*
Pologne	*50*	*90*	*100*	*140*	*0*	*G+E + S + T*	*oui*
Portugal	*50*	*90*	*100*	*120*	*0,25*	*G + T*	*oui parfois*
Rép. tchèque	*50*	*90*		*130*	*0*	*G + S + A + T*	*oui*
Roumanie	*50*	*80*		*130*	*0*	*G+E + S + T*	*oui, hors agglomération*
Royaume-Uni (hors UE)	*48*	*80*	*112*	*112*	*0,4*	*E + S + A + T*	*non*
Slovaquie	*50*	*90*		*130*	*0*	*G + S + A + T*	*oct./mars*
Slovénie	*50*	*90*	*110*	*130*	*0,25/0*	*G + S + A + T*	*oui*
Suède	*50*	*90*	*110*	*110*	*0,1*	*T*	*oui*
Suisse (hors UE)	*50*	*80*	*100*	*120*	*0,25*	*T*	*recommandé*

Informations issues du ministère des Affaires Etrangères www.diplomatie.gouv.fr, de divers clubs automobiles de l'UE, sous réserve de modifications récentes. Les informations manquantes ne signifient pas l'absence de règles...
Double information de vitesse selon les lieux ou les horaires.

Notes

1 LA SÉRIE DES GRANDS TESTS

LE GRAND TEST N°1

1- Le système de galerie sur le toit augmente :

la consommation ____________________ A ❑
l'aérodynamisme ____________________ B ❑
la pollution ____________________ C ❑

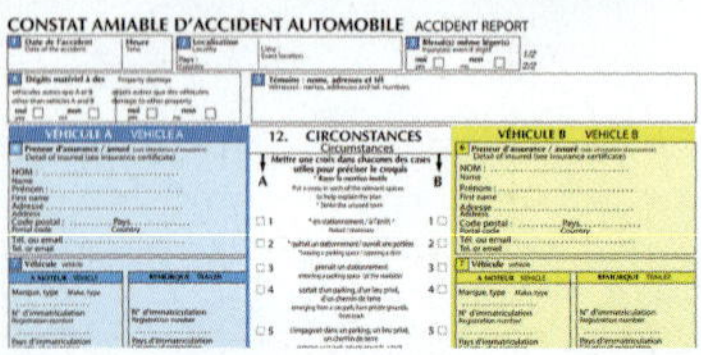

CONSTAT AMIABLE D'ACCIDENT AUTOMOBILE ACCIDENT REPORT
VÉHICULE A VEHICLE A
12. CIRCONSTANCES
VÉHICULE B VEHICLE B

2- Le constat amiable est obligatoire dans le véhicule :

OUI ____________ A ❑ NON ____________ B ❑

Je peux le remplir en partie à l'avance :

OUI ____________ C ❑ NON ____________ D ❑

3- Le voyant de carburant vient de s'allumer :

je continue à la même allure ____________ A ❑
j'accélère ____________________ B ❑
je réduis mon allure ____________________ C ❑

4- Pour effectuer un trajet d'un kilomètre, le moyen de transport le plus écologique et économique est :

l'autobus ____________________ A ❑
la marche à pied ____________________ B ❑
la voiture ____________________ C ❑

5- Cette limitation de vitesse prend effet après le panneau :

OUI ____________ A ❑ NON ____________ B ❑

Elle permet d'accroître la vigilance vis-à-vis des usagers fragiles :

OUI ____________ C ❑ NON ____________ D ❑

6- Cette commande, dans cette position, permet :

de désactiver l'airbag passager
OUI ______________ A ❑ NON ____________ B ❑

de transporter à l'avant un enfant dos à la route ______________________ C ❑

de transporter à l'avant n'importe quel passager______________________ D ❑

7- Je klaxonne ______________________ A ❑
Je m'arrête ______________________ B ❑
Je passe ______________________ C ❑

8- La ceinture de sécurité est obligatoire : pour les enfants

OUI ______________ A ❑ NON ____________ B ❑

en effectuant un très court trajet de l'école à la maison

OUI ______________ C ❑ NON ____________ D ❑

9- Dans cette situation, je m'attends à rencontrer :

des piétons ______________________ A ❑
des cyclistes ______________________ B ❑
des enfants ______________________ C ❑
personne ______________________ D ❑

10- Pour effectuer le plein, avant de quitter mon véhicule, je m'assure :

que le moteur est éteint ______________ A ❑
que les vitres sont fermées ____________ B ❑
que le contact est coupé ______________ C ❑

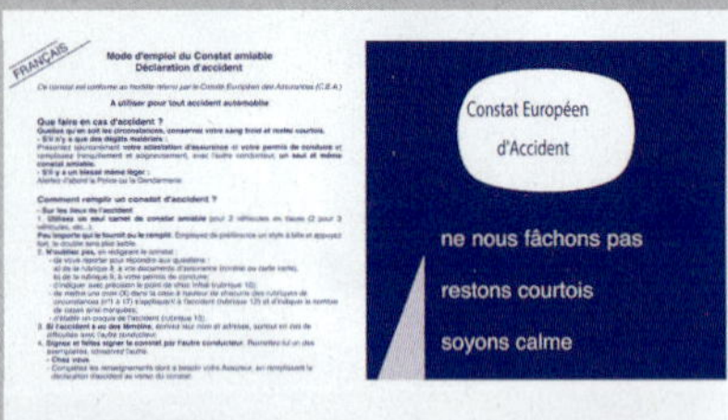

11- Je risque une amende si je n'ai pas de constat amiable dans mon véhicule :

OUI ______ A ❑
NON ______ B ❑

12- Des essuie-glaces défectueux :

font systématiquement du bruit ______ A ❑
laissent des traces d'eau sur le pare-brise ______ B ❑

Il est recommandé de les changer :

tous les ans ______ C ❑
tous les 2 ans ______ D ❑

13- En circulation, des fumées anormalement noires sortent du pot d'échappement. Cela peut provenir :

d'une erreur de carburant ______ A ❑
d'une surconsommation ______ B ❑
d'un échappement défectueux ______ C ❑
d'un dysfonctionnement du moteur ______ D ❑

14- Lorsque les feux passeront au vert :

je céderai le passage en face ______ A ❑
je devrai aller tout droit ______ B ❑
je devrai aller à gauche ______ C ❑

15- En tant que conducteur, je suis responsable pécuniairement des passagers qui n'ont pas attaché leur ceinture de sécurité s'ils ont :

21 ans

OUI ______ A ❑ NON ______ B ❑

17 ans

OUI ______ C ❑ NON ______ D ❑

16- Dans cette situation :
je ralentis et je m'arrête ________ A ❑
je ralentis et je m'écarte ________ B ❑
je passe sans ralentir ________ C ❑

17- Posséder dans son véhicule un constat amiable est :
obligatoire ________ A ❑
ou
facultatif ________ B ❑

18- Le voyant orange en bas à droite, sur mon tableau de bord, vient de s'allumer. Il s'agit du voyant :
d'huile ________ A ❑
de carburant ________ B ❑
de défaut de freins ________ C ❑

19- Le covoiturage permet :
de réduire les émissions de gaz polluants ________ A ❑
de partager les frais du trajet ________ B ❑
d'acheter une voiture à plusieurs ________ C ❑
de réduire les embouteillages dans les agglomérations ________ D ❑

20- A 80 km/h, ma distance de sécurité est ici :
normale ________ A ❑
insuffisante ________ B ❑
trop grande ________ C ❑

21- Le danger annoncé :
commence à 150 m
OUI ____________ A ❑ NON __________ B ❑
porte sur 10 km
OUI ____________ C ❑ NON __________ D ❑

22- J'approche d'une gare et cet autobus vient de s'arrêter.
Je concentre mon attention sur :
d'éventuels piétons ____________________ A ❑
d'éventuels mouvements de voiture ____ B ❑
rien, je maintiens mon allure ___________ C ❑

23- La nuit, par rapport au jour, sont altérés :
l'acuité visuelle ______________________ A ❑
le temps de réaction __________________ B ❑
l'évaluation des distances _____________ C ❑
l'évaluation de la vitesse ______________ D ❑

24- Je dois me placer dans la voie de droite si je circule :
à 70 km/h ___________________________ A ❑
à 50 km/h ___________________________ B ❑
à 40 km/h ___________________________ C ❑
à 30 km/h ___________________________ D ❑

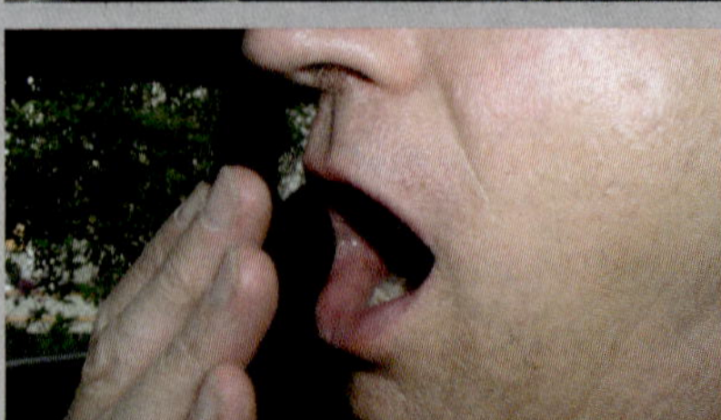

25- Les signes de la fatigue peuvent être :
des paupières lourdes__________________ A ❑
des bâillements_______________________ B ❑
une augmentation du rythme cardiaque_ C ❑

26- Le logo qui demande le plus d'attention vis-à-vis de la conduite est :
le logo de niveau 1 ________________ A ❑
le logo de niveau 3 ________________ B ❑

27- Le conducteur descend de son véhicule. Je mets le clignotant à gauche :
OUI ____________ A ❑ NON __________ B ❑

28- Le marquage au sol indique :
une route départementale ____________ A ❑
une route à caractère prioritaire ________ B ❑
des travaux __________________________ C ❑

29- Je dois circuler :
en feux de position seuls
OUI ____________ A ❑ NON __________ B ❑
en feux de croisement
OUI ____________ C ❑ NON __________ D ❑

30- L'alcool :
augmente le temps de réaction
OUI ____________ A ❑ NON __________ B ❑
provoque des troubles visuels
OUI ____________ C ❑ NON __________ D ❑

31- En période probatoire, je vais pouvoir circuler :

à 70 km/h ______ A ❑
à 80 km/h ______ B ❑
à 110 km/h ______ C ❑

32- Pour avertir de ma présence :

je klaxonne ______ A ❑
ou
j'effectue un appel de feux ______ B ❑

33- Je peux laisser passer le véhicule noir :

OUI ______ A ❑ NON ______ B ❑

34- A droite, je peux :

m'arrêter
OUI ______ A ❑ NON ______ B ❑
stationner
OUI ______ C ❑ NON ______ D ❑

35- Sur route mouillée, la distance de freinage est multipliée :

par 2 ______ A ❑
par 3 ______ B ❑
par 4 ______ C ❑

36- Le stationnement est interdit dans les emplacements à droite :

OUI ________________________________ A ❑
NON ________________________________ B ❑

37- La prise d'un seul cachet d'ecstasy peut être mortelle :

OUI ____________ A ❑ NON __________ B ❑

Les effets de cette drogue prennent fin plus rapidement que ceux de l'alcool :

OUI ____________ C ❑ NON __________ D ❑

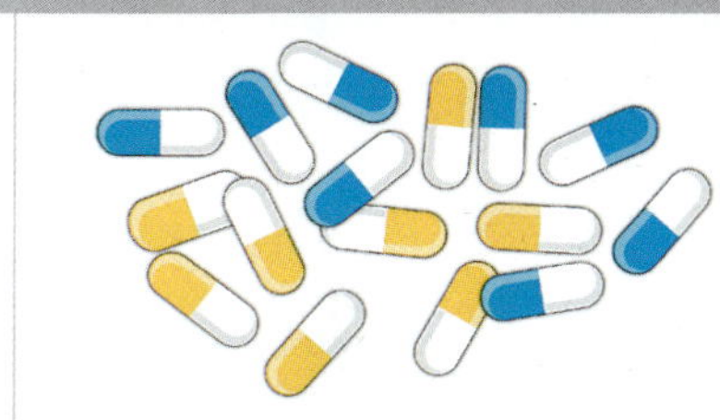

38- Par ces conditions météorologiques :
la distance de freinage est sensiblement la même que par temps de pluie :

OUI ____________ A ❑ NON __________ B ❑

j'utilise au maximum le frein moteur de mon véhicule à l'approche du sens giratoire :

OUI ____________ C ❑ NON __________ D ❑

39- Un enfant peut monter seul à l'avant d'un véhicule à partir de :

8 ans ________________________________ A ❑
10 ans ________________________________ B ❑
12 ans ________________________________ C ❑

40- Pour stationner en bataille à côté du véhicule à droite, je manoeuvre plutôt :

en marche arrière ____________________ A ❑
en marche avant ______________________ B ❑

QUESTION	RÉPONSE	THÈME
01	**AC**	*E*
02	**BC**	*D*
03	**C**	*M*
04	**B**	*E*
05	**BC**	*U*
06	**AC**	*S*
07	**B**	*U*
08	**AC**	*S*
09	**ABC**	*U*
10	**AC**	*P*
11	**B**	*D*
12	**BC**	*M*
13	**BD**	*M*
14	**C**	*L*
15	**BC**	*D*
16	**B**	*U*
17	**B**	*A*
18	**B**	*M*
19	**ABD**	*E*
20	**B**	*C*

QUESTION	RÉPONSE	THÈME
21	**AC**	*L*
22	**AB**	*U*
23	**ACD**	*C*
24	**BCD**	*L*
25	**AB**	*C*
26	**B**	*C*
27	**A**	*C*
28	**C**	*R*
29	**BC**	*R*
30	**AC**	*C*
31	**AB**	*L*
32	**B**	*C*
33	**A**	*C*
34	**BD**	*P*
35	**A**	*R*
36	**B**	*P*
37	**AD**	*C*
38	**BC**	*R*
39	**B**	*S*
40	**A**	*P*

2

LA SÉRIE DES GRANDS TESTS

LE GRAND TEST N°2

1- Un sous-gonflage des pneus peut entraîner un éclatement :
OUI ____________ A ❑ NON __________ B ❑
Il est recommandé de vérifier la pression des pneus :
tous les mois ______________________ C ❑
tous les 6 mois ____________________ D ❑

2- La chaussée sera à double sens de circulation :
à hauteur du panneau ________________ A ❑
à 150 m ___________________________ B ❑
à 200 m___________________________ C ❑

3- Dans le moteur, ce bouchon concerne :
le liquide de frein __________________ A ❑
le liquide de refroidissement _________ B ❑
l'huile ____________________________ C ❑
le liquide de lave-glaces _____________ D ❑

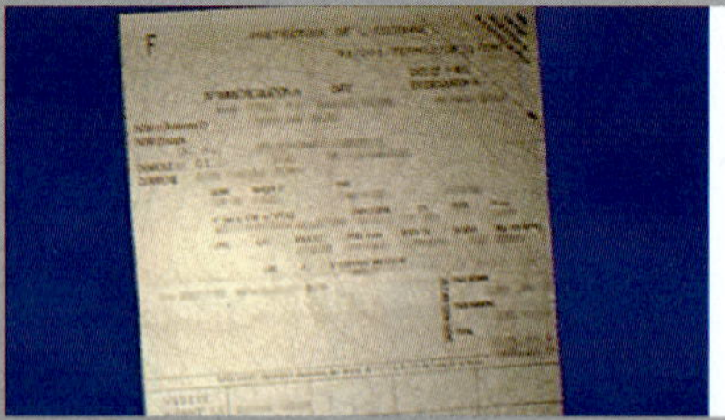

4- La carte grise est un document délivré par :
le vendeur _________________________ A ❑
la préfecture _______________________ B ❑
la mairie ___________________________ C ❑

5- Pour limiter les effets d'un éblouissement, je ralentis :
avant de sortir ______________________ A ❑
en sortant seulement _________________ B ❑
après être sorti ______________________ C ❑

6- La ceinture de sécurité est obligatoire :
OUI ____________ A ❑ NON __________ B ❑
Chaque année, dans les accidents de la route en France, le non-port de la ceinture de sécurité entraîne plusieurs centaines de personnes tuées :
OUI ____________ C ❑ NON __________ D ❑

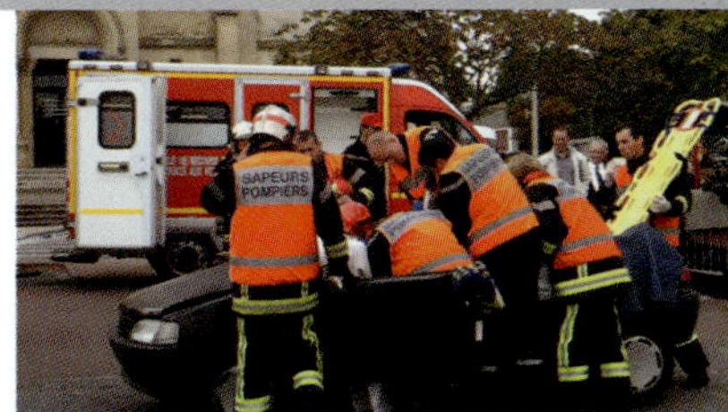

7- Je peux m'arrêter :
à gauche
OUI ____________ A ❑ NON __________ B ❑
à droite
OUI ____________ C ❑ NON __________ D ❑

8- Je transporte aujourd'hui quatre passagers.
Je pourrai négocier ce virage à la même vitesse que d'habitude :
OUI ____________ A ❑ NON __________ B ❑

9- Je viens de partir de chez moi et je suis en retard.
Si je roule vite avec le moteur froid, cela :
pollue plus ____________________ A ❑
pollue moins ____________________ B ❑
consomme moins ________________ C ❑
consomme plus _________________ D ❑

10- En circulation en ligne droite, mon véhicule a tendance à dévier vers la gauche.
C'est un problème :
d'équilibrage ___________________ A ❑
ou
de parallélisme _________________ B ❑

11- La vitesse est ici limitée à 50 km/h. Je roule 5 km/h de moins que l'allure maximale autorisée. Cela :

me fait perdre du temps ____________ A ❑
me permet de consommer moins ______ B ❑
me permet de polluer moins _________ C ❑

12- J'effectue la vérification du niveau d'huile :

à chaud __________________________ A ❑
à froid ___________________________ B ❑
sur sol plat ________________________ C ❑
en pente __________________________ D ❑

13- J'adapte mon allure principalement à cause :

de mon arrivée sur le passage à niveau __ A ❑
ou
de la présence d'éventuels piétons _____ B ❑

14- Par temps de pluie, je dois laisser deux traits de distance de sécurité :

OUI __________ A ❑ NON ________ B ❑

15- Des piétons peuvent surgir :

de droite __________________________ A ❑
de gauche _________________________ B ❑

Je ralentis maintenant :

OUI __________ C ❑ NON ________ D ❑

16- La commande de fermeture centralisée des portes :

empêche les enfants d'ouvrir de l'intérieur _A ❑

évite que quelqu'un ouvre de l'extérieur ___B ❑

remplace la sécurité enfant des portières __C ❑

17- Les feux jaunes clignotent.

Je ralentis et je passe ____________________A ❑

Je cède le passage à droite ______________B ❑

18- Quelle zone est la plus risquée ?

la zone 1 ________________________________A ❑

la zone 2 ________________________________B ❑

la zone 3 ________________________________C ❑

19- La balise indique le régime de priorité à appliquer à l'intersection :

OUI _____________A ❑ NON __________B ❑

Je devrai céder le passage à la voiture noire :

OUI _____________C ❑ NON __________D ❑

20- Mon véhicule a un PTAC de 2,8 tonnes. Je peux continuer :

OUI _____________A ❑ NON __________B ❑

21- Je suis le premier à arriver sur les lieux de cet accident. Je dois tout d'abord :
secourir les blessés ____________________ A ❑
appeler les secours ____________________ B ❑
baliser les lieux de l'accident ____________ C ❑

22- Le temps de conduite raisonnable entre deux arrêts est de :
4 heures ______________________________ A ❑
3 heures ______________________________ B ❑
2 heures ______________________________ C ❑
1 heure _______________________________ D ❑

23- Les véhicules n'avancent pas. J'utilise l'avertisseur sonore :
OUI ____________ A ❑ NON __________ B ❑

24- Je m'attends à ce que le cycliste reparte :
OUI ____________ A ❑ NON __________ B ❑
Je me prépare à m'arrêter :
OUI ____________ C ❑ NON __________ D ❑

25- Sur l'autoroute, je peux sans inconvénient repousser le moment de m'arrêter :
OUI ____________ A ❑ NON __________ B ❑

26- Un moteur consomme plus lorsqu'il est :
chaud ______________________________ A ❑
froid ______________________________ B ❑
il rejette plus de gaz polluants :
à froid ______________________________ C ❑
à chaud ______________________________ D ❑

27- En attendant que le véhicule finisse de me dépasser, je peux mettre le clignotant gauche :
OUI ____________ A ❑ NON __________ B ❑

28- Je m'arrête______________________________ A ❑
Je freine ______________________________ B ❑
Je maintiens mon allure ________________ C ❑

29- Les doses d'alcool servies chez soi sont souvent supérieures à celles servies dans un bar :
OUI ____________ A ❑ NON __________ B ❑

30- Je ralentis et je passe________________ A ❑
ou
Je passe sans ralentir ________________ B ❑

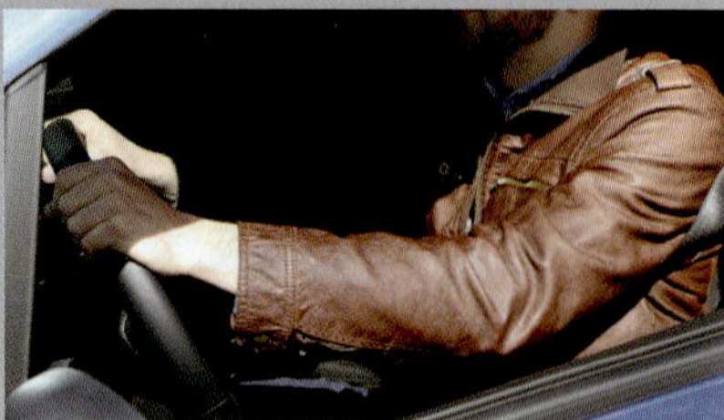

31- Ce conducteur est bien installé :
OUI ____________________ A ❑
NON ____________________ B ❑

32- Pour tourner à droite, je peux circuler sur le zigzag jaune :
OUI ________ A ❑ NON ________ B ❑

33- J'utilise ici les feux :
de position seuls ____________________ A ❑
de croisement ____________________ B ❑
de route ____________________ C ❑

34- La force centrifuge en virage varie en fonction de :
la masse du véhicule ____________________ A ❑
le rayon du virage ____________________ B ❑
la puissance du véhicule ____________________ C ❑
la vitesse du véhicule ____________________ D ❑

35- Je commets un délit si je m'enfuis après :
un accident matériel
OUI ________ A ❑ NON ________ B ❑
un accident corporel
OUI ________ C ❑ NON ________ D ❑

36- Je suis à une bonne distance du camion :
OUI ______________ A ❑ NON ______________ B ❑

37- Pour connaître le solde de points restant sur mon permis, je consulte :
le commissariat de police ______________ A ❑
la gendarmerie ______________ B ❑
la préfecture ______________ C ❑
une auto-école ______________ D ❑

38- Sur l'autoroute, je suis bien placé pour faire une pause :
OUI ______________ A ❑
NON ______________ B ❑

39- Cette sortie de secours peut permettre d'accéder :
à la sortie du tunnel
OUI ______________ A ❑ NON ______________ B ❑
à une galerie de sécurité
OUI ______________ C ❑ NON ______________ D ❑

40- Nous circulons au pas.
Pour mieux voir devant :
je me déporte un peu à gauche maintenant ______________ A ❑
ou
j'augmente d'abord la distance avec le camion ______________ B ❑

QUESTION	RÉPONSE	THÈME
01	**AC**	*M*
02	**C**	*L*
03	**C**	*M*
04	**B**	*D*
05	**A**	*C*
06	**AC**	*S*
07	**BD**	*P*
08	**B**	*C*
09	**AD**	*E*
10	**B**	*M*
11	**BC**	*E*
12	**BC**	*M*
13	**B**	*U*
14	**A**	*C*
15	**ABC**	*U*
16	**B**	*S*
17	**B**	*L*
18	**C**	*C*
19	**BD**	*L*
20	**A**	*L*

QUESTION	RÉPONSE	THÈME
21	**C**	*A*
22	**C**	*C*
23	**B**	*C*
24	**AC**	*U*
25	**B**	*C*
26	**BC**	*E*
27	**B**	*C*
28	**B**	*U*
29	**A**	*C*
30	**A**	*U*
31	**B**	*S*
32	**A**	*R*
33	**B**	*R*
34	**ABD**	*R*
35	**AC**	*D*
36	**A**	*C*
37	**C**	*D*
38	**B**	*P*
39	**AC**	*R*
40	**B**	*C*

Les contenus de cet ouvrage pédagogique ne sauraient se substituer aux textes officiels du Journal Officiel, consultables sur www.legifrance.gouv.fr, qui en sont la source. De ce fait, ils ne peuvent être opposés devant un tribunal. Les lois et les règlements étant sujet à modification, il est bon de s'assurer auprès d'un professionnel de la formation qu'un texte est toujours en vigueur. Les éditions successives actualisent les contenus en conséquence.

Vous pouvez également trouver ces évolutions et modifications sur le site www.activpermis.com, onglet « **INFO PRATIQUE** », rubrique « **EVOLUTION DES LOIS ET DES REGLEMENTATIONS** ».